Grundwissen Psychologie

- Ausgangsfragen
- Schlüsselthemen
- Praxisfelder

von
Burkhard Vollmers

hrsg. von
Richard Geisen

Ernst Klett Verlag
Stuttgart · Düsseldorf · Leipzig

Dr. Burkhard Vollmers
Lehrbeauftragter für Psychologie an der Universität Hamburg; Dozent in der Erwachsenenbildung

Dr. Richard Geisen, Dozent in der Erwachsenenbildung, Dortmund

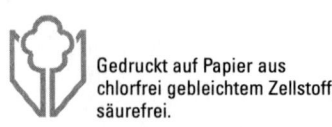
Gedruckt auf Papier aus
chlorfrei gebleichtem Zellstoff,
säurefrei.

1. Auflage   A 1   5   4   3   2   1 | 2002   2001   2000   1999

Die letzte Zahl bezeichnet das Jahr dieses Druckes.

© Ernst Klett Verlag GmbH, Stuttgart 1999.
Alle Rechte vorbehalten.
Internetadresse: http://www.klett-verlag.de

Redaktion: Manfred Ott
Grafik: Elmar Feuerbach
Satz: Fotosatz Kaufmann, Stuttgart
Druck: Mitteldeutsche Druckanstalt GmbH, Heidenau

ISBN 3-12-939604-7

Vorwort

Psychologie, die Wissenschaft vom Erleben und Verhalten, durchdringt alle Lebensbereiche. Neugierde und Angst – dieser Widerspruch kennzeichnet das Verhältnis vieler zur Psychologie und zu Psychologen. Sie glauben, Psychologen verfügten über geheimnisvolle Kenntnisse, seien Experten mit einem Röntgenblick für verborgene innere Probleme. Das vorliegende Buch räumt mit derartigen Vorurteilen auf. Psychologie ist eine Wissenschaft wie jede andere. Für alle Menschen sind grundlegende psychologische Kenntnisse hilfreich – privat wie beruflich.

„Grundwissen Psychologie" gibt einen kompakten Überblick über die universitär gelehrte Psychologie. Berücksichtigt sind auch die angewandten Bereiche der Psychologie: Klinische Psychologie, Pädagogische Psychologie, Arbeits- und Betriebspsychologie, Marktforschung und Werbung.

„Grundwissen Psychologie" richtet sich an Lernende an Schulen, Berufsschulen und Fachhochschulen sowie an beruflich Tätige, für die psychologisches Wissen von Bedeutung ist. Es eignet sich als Unterrichtsgrundlage für die gymnasiale Oberstufe, für die Ausbildung im sozialen wie im kaufmännischen Bereich und für die Erwachsenenbildung. Lernende die sich mit Psychologie beschäftigen, können den Band ideal zur Vorbereitung auf Prüfungen nutzen.

Ich danke allen, die mich beim Abfassen des Manuskripts unterstützt haben: Viele Gespräche mit Laien, Freunden und mit meinen Eltern haben mich für dieses Buch auf Ideen gebracht und dafür gesorgt, daß der Text allgemein verständlich blieb. Dank auch dem Herausgeber dieses Buches, Herrn Dr. Geisen, sowie Herrn Ott vom Ernst Klett Verlag für die gute Zusammenarbeit.

Burkhard Vollmers
im Oktober 1999

Lesehinweis

Dieser Titel aus der Reihe „Grundwissen" weist einige besondere Gestaltungsmerkmale auf:

- **Kurztexte in einer fortlaufenden Randspalte** beleuchten schlaglichtartig die auf der jeweiligen Seite behandelte Thematik, zum Beispiel mit
  - pointierten Nebenbemerkungen,
  - kurzen Zitaten und Aphorismen,
  - Verweisen und gedanklichen Brücken,
  - Zahlen, Daten, Fragen…

- **Beispieltexte** sind durchgehend mit dem Symbol gekennzeichnet.

- **Wichtig-Texte** sind an diesem Zeichen zu erkennen:
  Sie heben Wesentliches hervor, bündeln Vorhergehendes oder ziehen eine Schlussfolgerung.

I. Ausgangsfragen

Abgeschrieben werden kann das Leben nicht,
dazu ist es zu reich

MARIE V. EBNER-ESCHENBACH

Schreiben ist nichts anderes als eine endlose Reihe von Zweifeln,
die zugunsten eines Satzes schließlich überwunden werden müssen

JUREK BECKER

1. Was will Psychologie?

Psychologie gehört zu den wichtigsten Humanwissenschaften. Als Verhaltenswissenschaft beschäftigt sie sich zugleich mit dem ganz persönlich spürbaren, inneren Erleben und dem äußerlich beobachtbaren Verhalten der Menschen. Heute ist die Psychologie wohl die populärste Wissenschaft. Nur die Medizin erreicht eine ähnliche Präsenz in den Medien. Zeitungen, Illustrierte, Radio und Fernsehen räumen psychologischen Themen großen Platz ein. Psychologische Ratgeber und Bücher zur Lebenshilfe erreichen hohe Auflagen. Menschen versprechen sich von diesen Büchern Hilfe bei Lebenskrisen, Konflikten in der Partnerschaft, Sexualstörungen, Erziehungsproblemen, Lern- und Leistungsschwierigkeiten sowie anderen psychischen Beeinträchtigungen, die ihre Lebensqualität mindern. Versprochen wird in diesen Büchern eine Anleitung zum Glück.

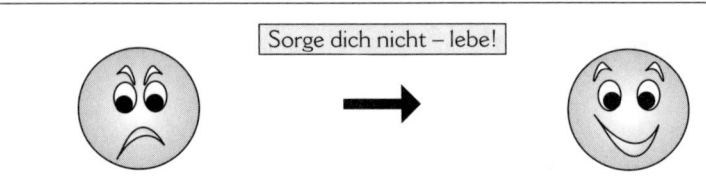

DALE CARNEGIES gleichnamiger Bestseller steht seit 20 Jahren Woche für Woche in der Liste der meistverkauften Bücher in Deutschland. Weltweit lockte seine einfache Mischung an Glücksversprechen bislang über 25 Millionen Buchkäufer.

Die wissenschaftliche, an der Universität gelehrte Psychologie unterscheidet sich von der Populärpsychologie. Der Wissenschaft geht es um eine systematische Analyse menschlichen Erlebens, Denkens und Handelns. Das Psychologiestudium bereitet auf praktische Tätigkeiten in verschiedenen Bereichen vor.
Es dominieren bei den Absolventen eines Psychologiestudiums Tätigkeiten der Therapie und der Beratung. Immer mehr Psychologen zieht es aber in die Wirtschaft. Dort arbeiten Psychologen bevorzugt in den Bereichen Personalschulung, Personalauswahl, Marktforschung und Werbung.

Das Studium der Psychologie dauert fünf bis sechs Jahre und endet mit dem Diplom. Der Titel „Diplom-Psychologe" ist eine Art Gütesiegel. Nur wer ein universitäres Studium abgeschlossen hat, kann sich damit schmücken. Der Bezeichnung „Psychologe" ist dagegen nicht gesetzlich geschützt. Jeder darf sich so nennen.

1.1 Was tun Psychologen und Therapeuten?

Bis 1998 unterlag der Titel „**Psychotherapeut**" keiner gesetzlichen Definition. Ein zusätzlicher akademischer Titel (Dipl.-Psych., Arzt, Dr. phil., Dr. med.) weist auf eine wissenschaftliche Qualifikation des Betreffenden hin. Ein nach jahrelangem Hin und Her erst seit 1998 geltendes **Psychotherapeutengesetz** macht den Beruf des Psychotherapeuten erstmalig in Deutschland zu einer anerkannten Berufsbezeichnung.

Therapeuten, die ein geeignetes Studium abgeschlossen haben, dürfen ihre Patienten auf Krankenschein behandeln, soweit sie mit von der Krankenkasse akzeptierten psychotherapeutischen Methoden arbeiten. Ein Studium der Medizin oder der Psychologie ist die Basis für den Beruf des Psychotherapeuten. Hinzu kommt eine im Anschluss an das Studium abgeschlossene Zusatzausbildung in einem psychotherapeutischen Verfahren.

Das Berufsbild des **Klinischen Psychologen** mit einer eigenen Praxis schwebt den meisten Studienanfängern der Psychologie vor. Fast die Hälfte der beruflich tätigen Psychologen arbeitet in diesem Bereich, wie die Ergebnisse einer für den **Berufsverband Deutscher Psychologen (BDP)** durchgeführten Umfrage zeigen (nach SCHORR 1991).

PSYCHOANALYSE, VERHALTENSTHERAPIE, GESPRÄCHSTHERAPIE UND FAMILIENTHERAPIE SIND DIE GÄNGIGSTEN VERFAHREN DER PSYCHOTHERAPIE. WER DARIN AUSGEBILDET IST, DARF AUF KRANKENSCHEIN BEHANDELN.

Berufliche Tätigkeiten von Diplom-Psychologen

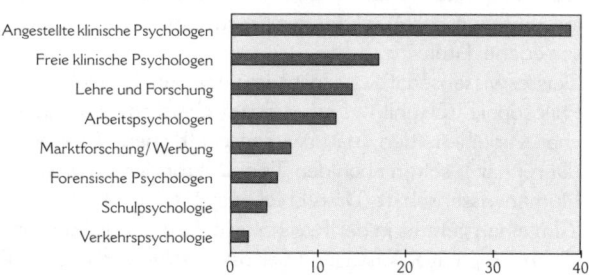

Das zweitgrößte **Arbeitsfeld** ist die **Industrie**. Dort beschäftigen sich Psychologen vor allem mit der Personalauswahl. Außerdem führen sie Fortbildungen und Trainings durch, um die Leistungsfähigkeit, die Kreativität, die Kommunikationsbereitschaft und überhaupt die zwischenmenschliche Kompetenz der Mitarbeiter zu erhöhen. Ein kleiner Teil der wirtschaftlich ausgerichteten Psychologen beschäftigt sich mit Marktforschung und Werbung.

Mit einer Habilitation verbaut man sich tendenziell Karrieren ausserhalb der Universität. Eine Habilitation dauert im Allgemeinen fünf Jahre. Erst mit Ende dreissig haben Nachwuchswissenschaftler heute diesen Schritt erreicht.

Psychologie ist weiblich. Das Verhältnis von Studentinnen zu Studenten beträgt 70 : 30. Der Professor bleibt aber männlich. Der Anteil der Frauen unter den Lehrenden im Fach Psychologie beträgt in Deutschland nur 10 Prozent.

Die Promotionsrate in der Psychologie ist mit etwa 5–10 Prozent pro Absolventenjahrgang gering.

Andere Bereiche psychologischer Tätigkeit treten gegenüber der Klinischen Psychologie und der Betriebspsychologie deutlich zurück.
Lehre und Forschung an Universitäten und Fachhochschulen bieten nur einer kleinen Gruppe der Absolventen Arbeitsplätze. Der Weg zu einer Universitätsprofessur ist zudem lang und beschwerlich, denn er führt über etliche akademische Zwischenschritte (Promotion, Habilitation, Berufung). Positionen im Forensischen Bereich, als Psychologe im Strafvollzug oder Gutachter vor Gericht, bieten nur verhältnismäßig geringe Verdienst- und Karrieremöglichkeiten.
Das wissenschaftliche Psychologiestudium soll gewährleisten, dass der beruflich Tätige sich mit den Konzepten und Methoden seiner Wissenschaft auskennt und nach bestem Wissen und Gewissen agiert, wenn er andere Personen psychologisch behandelt, therapiert, berät, begutachtet, schult oder trainiert. Er muss als Experte besser als Laien in der Lage sein, psychologische Urteile über das Leben anderer Menschen abzugeben und Entscheidungen zu fällen, die auf deren Leben unter Umständen immensen Einfluss nehmen.

1.2 Die universitäre Psychologie

Psychologie wird als Natur- und Sozial- bzw. Geisteswissenschaft betrieben. An der Universität gehört das Fach bisweilen zur naturwissenschaftlichen, meistens aber zur philosophischen Fakultät. Bei der **Promotion** verleiht sie verschiedene Titel.
Geisteswissenschaftliche Institute vergeben den Doktor der Philosophie (Dr.phil.). Naturwissenschaftliche Fachbereiche verleihen den naturwissenschaftlichen Doktorhut (Dr.rer.nat.), selten auch den Titel Doktor der biologischen Humanwissenschaft (Dr. rer.biol.hum.).
Zum einen geht es in der Psychologie darum, objektive und allgemein gültige Aussagen über psychische Vorgänge aufzustellen – am besten in Gesetzesform. So verstanden ist Psychologie eine **Naturwissenschaft.** Gleichzeitig muss aber auch das ganz persönliche innere Erleben von Menschen – ihre Gedanken, Gefühle, Interessen und ihre Bewertung der Umwelt – Berücksichtigung finden. Das macht die Psychologie zur **Geisteswissenschaft.**
Psychologie ist eine theoretische Wissenschaft über den Menschen. Das „wahre" Leben zu erklären, gelingt ihr nur zum Teil. Psychologische Berufseinsteiger erleben deshalb zu Beginn ihrer Erwerbsarbeit oft einen „Praxisschock".

Was sie an der Universität gelernt haben, erweist sich als überwiegend zu theoretisch, lebensfremd, abstrakt und wenig praxisrelevant. Der Grund für die Diskrepanz zwischen Wissenschaft und Praxis: Universitär vermitteltes Wissen ist spezialisiert. Als Fach zerfällt die Psychologie in zahlreiche Subdisziplinen, die sich jeweils auf nur wenige Aspekte menschlichen Erlebens und Verhaltens beziehen. Der praktisch arbeitende Psychologe ist aber als Therapeut, Berater, Trainer oder Gutachter immer mit dem Gesamt der Psyche von Menschen konfrontiert – ihrer Intelligenz, ihrem Charakter und ihren Verhaltensauffälligkeiten.

Wie andere Humanwissenschaften leidet die akademisch gelehrte Psychologie am Dilemma ihrer Spezialisierung. Sie zerfällt in Teilgebiete, die, obwohl miteinander zusammenhängend, in unterschiedlichen Seminaren gelehrt werden. Die universitär gelehrten **Teildisziplinen** sind: Allgemeine Psychologie, Differentielle Psychologie, Entwicklungspsychologie, Sozialpsychologie, Biopsychologie, Statistik, Klinische Psychologie, Arbeits- und Betriebspsychologie, Pädagogische Psychologie, Psychologische Diagnostik, Neuropsychologie, empirische Forschungsmethoden.

Allgemeine Psychologie
Sie beschäftigt sich mit den grundlegenden psychischen Funktionen: Wahrnehmung, Denken, Lernen, Motivation, Emotionen, Sprache und Motorik. Untersucht werden diese psychischen Prozesse vor allem mit Laborexperimenten.

Differentielle Psychologie
Diese Disziplin hat die Konstruktion und Anwendung psychologischer Testverfahren zum Thema, um die Charaktermerkmale und die intellektuelle Leistungsfähigkeit von Individuen zu ermitteln.

Sozialpsychologie
Wie verhält sich der Einzelne unter dem Einfluss der Gesellschaft in Beziehungen und in Gruppen? Um ihre Grundfrage zu beantworten, erforscht die Sozialpsychologie das Verhalten von Personen in Experimenten, die Alltagssituationen simulieren. Zentrale Themen sind die Bereitschaft zu Hilfeleistungen (Altruismus), das Bindungsverhalten und der Einfluss von Gruppennormen auf individuelle Entscheidungen.

GRAU, TEURER FREUND, IST ALLE THEORIE UND GRÜN DES LEBENS GÜLDNER BAUM —

GOETHE, FAUST

IN DER MEDIZIN IST DIE ZERSPLITTERUNG NOCH GIGANTISCHER: MEDIZINTUDENTEN LERNEN HEUTE IN DEUTSCHLAND FÜR 42 PRÜFUNGSFÄCHER.

DAS GESAMTE KAPITEL II BEHANDELT DIE VERSCHIEDENEN PSYCHISCHEN FUNKTIONEN.

Biopsychologie

Das Fach untersucht die biologischen Grundlagen menschlichen Erlebens und Verhaltens. Dazu nimmt sie Anleihen bei der Anatomie und der Physiologie, der Lehre von den Vorgängen in den Nervenbahnen und im Gehirn. Der Zusammenhang zwischen psychischen und zentralnervösen Vorgängen wird zumeist in Laborexperimenten mit Einzelpersonen untersucht.

> DIE WEITGEHEND UNGEKLÄRTE WECHSELWIRKUNG VON KÖRPER UND PSYCHE BESCHÄFTIGT DIE GESAMTE PSYCHOLOGIE.

Entwicklungspsychologie

Gemeinsamkeiten in der psychischen Entwicklung der Menschen zu erhellen ist ihr Anliegen. Ursprünglich vor allem mit der Entwicklung von Intelligenz, Sprache und Motorik im Kindes- und Jugendalter befasst, umspannt sie mittlerweile das gesamte menschliche Leben. Die wissenschaftliche Psychologie untersucht den menschlichen Lebenslauf mit der Methode der Längsschnittuntersuchung.

> DIE LÄNGSSCHNITTMETHODE WIRD IM KAP. 3.4 KURZ DARGESTELLT.

Statistik

Sie ist die wichtigste Hilfswissenschaft der Psychologie. Bei der Untersuchung von Menschen mittels Tests, Experimenten und Fragebögen fallen numerische Daten an, die verrechnet und interpretiert werden müssen. Die Auswertung geschieht heute zumeist mittels EDV.

> KNAPP DIE HÄLFTE ALLER STATISTIKEN, MIT DENEN WIR TÄGLICH KONFRONTIERT WERDEN, SOLL GEFÄLSCHT SEIN
> —
> HAMBURGER MORGENPOST, JUNI 1998

Klinische Psychologie

Die umfangreichste und bedeutendste Teildisziplin der Psychologie befasst sich mit der Diagnose und Behandlung psychischer Störungen. Psychologische Behandlung heißt Diagnostik, Beratung und Psychotherapie. Von der Fülle psychotherapeutischer Verfahren wird nur ein kleiner Teil an der Universität gelehrt.

Arbeits- und Betriebspsychologie

Sie beschäftigt sich mit den Möglichkeiten einer optimalen Gestaltung von Arbeitsplätzen und analysiert typische Stress- und Belastungsfaktoren für Arbeitnehmer. Methoden der Personalauswahl, der Organisations- und Praxisberatung werden auch an interessierte Studenten vermittelt.

Pädagogische Psychologie

Sie ist die Psychologie des Lernens und Lehrens. Studenten lernen psychologische Ansätze in der Erziehung und der Gestaltung von Unterricht (Didaktik). Praktische Übungen zur Vermittlung von Lernstoff, zur Kommunikation und Gruppenleitung gehören idealerweise zur Ausbildung in Pädagogischer Psychologie.

Psychologische Diagnostik
Dieses Fach im zweiten Studienabschnitt nach dem Vordiplom fußt auf der Differentiellen Psychologie, die am Studienbeginn gelehrt wurde. Neben der Anwendung von Tests steht nun die Erstellung psychologischer Gutachten über Einzelfälle (etwa vor Gericht) im Mittelpunkt.

Neuropsychologie
Sie ähnelt dem medizinischen Fach Neurologie. Psychologen interesssieren sich vor allem für die Möglichkeiten der psychischen und leistungsmäßigen Rehabilitation von neurologisch Kranken und Unfallopfern.

Forschungsmethoden
Das Psychologiestudium endet mit einer eigenen kleinen empirischen Forschungsarbeit, der Diplomarbeit. Psychologiestudenten lernen deswegen, wie psychologische Daten an einer größeren Gruppe von Menschen auf vielfältige Art und Weise erhoben und ausgewertet werden.

> IM STRAFRECHT GEHT ES BEI PSYCHOLOGISCHEN GUTACHTEN ZUMEIST UM DIE SCHULDFÄHIGKEIT DES ANGEKLAGTEN, IM FAMILIENRECHT UM DIE FRAGE, BEI WELCHEM ELTERNTEIL DAS KIND BESSER AUFGEHOBEN IST.

1.3 Erkenntnisziele der Psychologie

Die Aufsplitterung der Psychologie in Teildisziplinen ist historisch gewachsen. Sie erklärt sich aus dem Aufkommen verschiedener Praxisfelder für Psychologen in den letzten hundert Jahren und aus den diversen wissenschaftlichen Wurzeln der Psychologie, die sowohl in den Naturwissenschaften – vor allem Biologie und Medizin – wie den Geisteswissenschaften – namentlich der Philosophie – liegen. Unterschiedliche wissenschaftliche Ansätze in Natur- und Geisteswissenschaften sowie verschiedene Praxisfelder, in denen Psychologie angewendet wird, führen zu variierenden Erkenntnisinteressen.

Erwartungen von Laien
Die Erkenntnisziele der wissenschaftlichen Psychologie unterscheiden sich von den Fragen der Laien an die Psychologie. Laien möchten ihr eigenes Leben im Alltag besser bewältigen und suchen Hilfe bei der Lösung persönlicher und zwischenmenschlicher Probleme.
Das Erkenntnisinteresse von Laien richtet sich auf die Anwendung psychologischer Therapien, Konzepte und Techniken. Sie bewerten psychologische Angebote anhand des subjektiven Nutzens. Ihr vorrangiger Wunsch an die Psychologie ist Hilfe und Unterstützung.

> MAN VERSTEHT IN DER PSYCHOLOGIE ÜBERHAUPT NUR, WAS MAN SELBST ERLEBT HAT
> —
> C. G. JUNG

Partnerschaftsprobleme

Eine Frau wendet sich an eine psychologische Eheberatungsstelle. Sie leidet zunehmend unter dem Verhalten ihres Ehemannes. Nachdem dieser arbeitslos geworden ist, liegt er den halben Tag im Bett und trinkt sehr viel mehr Alkohol als früher. Unter Alkoholeinfluss wird er wütend; seine Frau hat er schon des Öfteren geschlagen. Zwar versprach er wiederholt Besserung, doch geschehen die aggressiven Ausbrüche immer häufiger. Die Frau möchte sich nicht trennen. Sie hat zwei kleine Kinder, die ihrer Meinung nach den Vater brauchen. Außerdem droht ihr Mann, es werde ein Unglück passieren, wenn sie mit den Kindern das gemeinsame Haus verlässt.

Das Erkenntnisinteresse der geplagten Ehefrau, ihre Fragen an die Psychologie, ist durch ihre ganz persönliche Lebenslage motiviert. Von den Psychologen der **Beratungsstelle** erhofft sie sich Informationen darüber, wie sie sich am besten ihrem Ehemann gegenüber verhalten soll. Sie möchte wissen, welches Handeln ihrerseits am besten wirkt, um den Ehemann in Zukunft vom Trinken abzuhalten.

Sie sucht außerdem nach einer Erklärung für das gewalttätige Verhalten. Deren Ursache möchte sie abgestellt wissen. Und vielleicht wünscht sie sich auch eine Prognose von den Psychologen der Beratungsstelle, ob sie den Ehemann in Zukunft dauerhaft vom Alkohol abhalten kann.

> Trinker finden immer einen Grund zum Trinken, allen Bemühungen ihrer Angehörigen zum Trotz. Die Vergeblichkeit der Hilfsbemühungen einer geplagten Ehefrau schildert Hans Fallada in seinem autobiographischen Roman „Der Trinker".

> Beratungsstellen werden gerne von Angehörigen Suchtkranker frequentiert. Psychologen können ihnen kaum helfen. Den Suchtkranken fehlt leider oft die Krankheitseinsicht.

Mögliche Erkenntnisziele Hilfesuchender	
Information:	Was kann ich tun, damit mein Ehemann nicht mehr gewalttätig ist? Was konkret bietet mir die Psychologie an Hilfe?
Bewertung (Evaluation):	Welches Verhalten verspricht den schnellsten und größten Erfolg, damit der Ehemann das Trinken lässt?
Vorbeugung (Prävention):	Was ist zu tun, damit es in Zukunft nicht wieder zum Trinken und den Gewaltausbrüchen beim Ehemann kommt?
Vorhersage (Prognose):	Wie wahrscheinlich ist es, dass das Trinken unterbleibt, wenn ich mich in bestimmter Weise verhalte?
Erklärung (Ursachenforschung):	Woran liegt es, dass mein Ehemann dieses Problemverhalten zeigt? Lassen sich diese Ursachen vollständig beseitigen?

Für sich ganz persönlich, für die Besonderheiten ihrer Lebenslage, suchen Laien Hilfe bei Psychologen. Das **Erkenntnisinteresse der wissenschaftlichen Psychologie** ist ein anderes. Sie sucht nach allgemeinen Mustern im Erleben und Verhalten, die zwar auch auf die besondere Lebenssituation einzelner zutreffen, zugleich aber auch darüber hinausgehen. Ihre Aussagen müssen wissenschaftlich gültig und nachprüfbar sein und auf große Gruppen von Menschen, idealerweise sogar auf die Gesamtbevölkerung, zutreffen.

Erkenntnisinteressen von Experten

Als Wissenschaft strebt die Psychologie nach objektiv gültigen Ergebnissen über die generelle Beschaffenheit der menschlichen Psyche und der grundsätzlichen Wirkungsweise psychologischer Konzepte und Techniken. Dazu untersucht sie Gruppen von Personen mittels verschiedener Methoden.

In der Zielrichtung gibt es aber dennoch etliche Parallelen mit den Interessen psychologischer Laien und Hilfesuchender. Ein Psychologe, der Menschen untersucht, muss sich zunächst ein Bild von Form und Ausmaß psychischer Störungen machen. Eingesetzt werden dazu vor allem psychologische Testverfahren, biografische Fragebögen und ausführliche Gespräche.

Die psychologische Untersuchung

Ein verhaltensauffälliger, zehn Jahre alter Junge kommt zum Schulpsychologischen Dienst. Die Lehrer wissen sich nicht mehr zu helfen: Das Kind ist permanent aggressiv, stört den Unterricht, provoziert und schlägt die Mitschüler. Gespräche, Ermahnungen und kleinere Strafen haben nicht gefruchtet. In letzter Zeit ist ein zunehmender Leistungsabfall des vormals guten Schülers zu beobachten, sodass die vorgesehene Aufnahme auf das Gymnasium gefährdet ist.

Der **Schulpsychologe** wird mit einem Gutachten über den Jungen beauftragt, das Empfehlungen geben soll, wie das Kind besser in den Klassenverband integriert werden kann. Außerdem soll er klären, worauf der plötzliche Einbruch in den schulischen Leistungen zurückzuführen ist.

Um seinen Auftrag zu erfüllen, führt der Schulpsychologe eine psychologische Untersuchung durch. Dazu gehören intensive Gespräche, um über die allgemeine Lebenssituation des Jungen Näheres zu erfahren. So entwickelt er mögliche Erklärungen für die Aggressivität und den Abbau der Leistungsfähigkeit. Außerdem wendet er verschiedene psycho-

> DIE WISSENSCHAFTLICHE PSYCHOLOGIE LÄUFT MIT IHREN UMFRAGEN, EXPERIMENTEN UND STATISTIKEN GEFAHR, DEN EINZELNEN MENSCHEN GANZ AUS DEN AUGEN ZU VERLIEREN.

> DER ABLAUF PSYCHOLOGISCHER UNTERSUCHUNGEN IST ÜBERALL ÄHNLICH. WELCHE TESTS UND WELCHE ART DER GESPRÄCHSFÜHRUNG EINGESETZT WERDEN, HÄNGT VOM ALTER UND DEN PROBLEMEN DER KLIENTEN AB.

15

> LEISTUNGSVERSA-
> GEN IN DER SCHULE
> HAT VIELE URSA-
> CHEN. AM HÄUFIGS-
> TEN SIND PROBLEME
> IM ELTERNHAUS.

logische Tests mit dem Kind an, um festzustellen, ob Intelligenz und Charakter von der Altersnorm auffällig abweichen. Auf Grund der Ergebnissen der Gespräche und Tests gibt der Psychologe Empfehlungen ab, welche schulische Maßnahmen für das Kind eine Hilfe darstellen.

Die Erkenntnisinteressen des wissenschaftlich ausgebildeten Psychologen gehen deshalb durchaus in eine ähnliche Richtung wie bei Laien. Es geht auch ihm um **Erklärung** und **Prävention** bei psychischen Störungen. Er nimmt auch eine **Evaluation** vor: Hilfsmaßnahmen bewertet er als wissenschaftlich ausgebildeter Experte ebenfalls vor allem in Hinsicht auf ihren Erfolg. Und schließlich gibt er mit dem Gutachten eine **Prognose** ab, inwieweit der Junge sein zukünftiges Verhalten verändern wird.

Welche Maßnahmen er im konkreten Fall empfiehlt, hängt ab von den Ergebnissen der Untersuchungen und von seinem Fachwissen. Auf Grund seiner Kenntnis psychologischer Theorien über Ursachen aggressiven Verhaltens bei Kindern und Jugendlichen empfiehlt er womöglich die Teilnahme an einem Anti-Aggressivitäts-Training. Vielleicht hält er auch eine Familientherapie für sinnvoll, falls die Gespräche ergeben, dass das familiäre Umfeld die Hauptursache für die Probleme des Kindes sind.

1.4 Erkenntnistheoretische Perspektiven

Immer steht die Psychologie im Dilemma, zugleich eine **Innen-** und eine **Außenperspektive** auf das menschliche Leben einnehmen zu müssen, will sie individuelles Verhalten einigermaßen vollständig beschreiben, verstehen und erklären. Mit der Innen- und Außenperspektive und der damit verbundenen eher geistes- bzw. naturwissenschaftlichen Orientierung gehen verschiedene Forschungsmethoden einher.

> DIE DIFFERENZ ZWI-
> SCHEN INNEREM
> ERLEBEN UND
> ÄUSSEREM VERHAL-
> TEN LÄSST SICH
> NICHT VOLLENDS
> AUFLÖSEN. JEDER
> MENSCH ERLEBT
> SICH ANDERS, ALS
> IHN DIE ANDEREN
> VON AUSSEN SEHEN.

Das Beispiel Angst

Ein junger Mann befindet sich in psychotherapeutischer Behandlung. Er klagt über wiederholt auftretende Angstzustände, die in diversen Situationen auftreten. Er wagt es nicht, über offene Plätze zu gehen. Er befürchtet Ohnmachts- und Erstickungsanfälle. Will er sich mit jungen Frauen unterhalten, wird er puterrot und sein Herz schlägt heftig. Vor dem Einschlafen verspürt er plötzlich Todesängste und sein Herz beginnt zu rasen. Außerdem ekelt er sich stark vor kleinen Tieren und gerät beim Anblick von Spinnen in Panik.

Der behandelnde Psychologe verwendet sowohl natur- als auch geisteswissenschaftliche Methoden, um sich ein genaues Bild über Art und Ausmaß der Störung beim Patienten zu machen. Naturwissenschaftliche Methoden liefern „harte", objektive Ergebnisse, zumeist in Zahlenform. Geisteswissenschaftliche Resultate sind dagegen „weiche" Daten. In ihnen spiegeln sich subjektive Eigenheiten und Befindlichkeiten. Sie enthalten zumeist vage formulierte Aussagen über innere, ganz individuell empfundene Zustände.

> DIE NATUR ERKLÄREN WIR, DEN GEIST VERSTEHEN WIR
> —
> WILHELM DILTHEY, DEUTSCHER PHILOSOPH

Um die Angst abzubauen, setzt der durchführende Psychologe Techniken aus der **Verhaltenstherapie** ein. Er geht mit dem Patienten über offene Plätze, zeigt ihm in der Therapie große Bilder von Spinnen und setzt später sogar eine lebende Spinne auf das Knie des Patienten. Direkt im Anschluss an die kleinen Experimente misst er mit entsprechenden Instrumenten die Herzfrequenz und, als Maß für die Schweißsekretion, den Hautwiderstand. Außerdem wird dem Patienten Blut abgenommen, um festzustellen, ob ein erhöhter Spiegel von Stresshormonen vorliegt.

Vor Beginn der psychotherapeutischen Behandlung muss der Angstpatient einen Fragebogen ausfüllen und Situationen, die von ihm als angstauslösend empfunden werden, eine Rangreihe von Zahlen zuordnen. Auf diese Weise wird eine numerische Hierarchie des Ausmaßes der subjektiv empfundenen Angst pro Situation erstellt.

Die Messung von Herzfrequenz und Hormonspiegel sowie die quantitative Bewertung angstauslösender Ereignisse gehören zu den naturwissenschaftlichen Methoden. Sie liefern genaue Zahlenwerte und geben Auskunft über biologische Vorgänge im Körper, die mit dem Angstgefühl einhergehen.

> NEGATIVE GEDANKEN FÜHREN ZU NEGATIVEN GEFÜHLEN. IN DER THERAPIE LERNT DER PATIENT, POSITIVER ZU DENKEN UND DAMIT SELBSTBEWUSSTER ZU WERDEN.

Doch zu einer profunden **Angstdiagnostik** gehört mehr. Dem Patienten muss Gelegenheit gegeben werden, seine Gedanken und Gefühle bei seinem Leiden darzulegen. Der Psychologe fordert ihn deshalb auf, zu erzählen, was ihm durch den Kopf geht, sobald er in angstbesetzte Situationen gerät. Er fragt außerdem nach der Biografie des Patienten, den typischen Ängsten im Kindesalter. Weiterhin erhält der Patient Gelegenheit, Träume zu erzählen, in denen Ängste eine große Rolle spielen. Gemeinsam bemüht man sich um eine Interpretation der oft widersprüchlichen, merkwürdig anmutenden Traumbilder.

> TRÄUME GELTEN TIEFENPSYCHOLOGEN ALS BOTEN DES UNBEWUSSTEN (VGL. KAP. 4.3). DAZU GEHÖREN AUCH DIE URÄNGSTE DER MENSCHEN.

Menschen als biologische und geistige Wesen

Der Streit um die richtigen, die menschliche Psyche am besten erfassenden Methoden ist so alt wie die wissenschaftliche Psychologie. An den Universitäten dominiert auf der ganzen Welt heute der naturwissenschaftliche Ansatz. Er hat sich nach dem 2. Weltkrieg unter dem Einfluss der anglo-amerikanischen Siegermächte auch in Deutschland durchgesetzt. Deutsche Studenten werden heute wie ihre Kollegen an amerikanischen Universitäten in der Durchführung naturwissenschaftlicher Experimente, der Konstruktion und Auswertung quantifizierender Tests und Fragebögen, sowie in Statistik und EDV unterrichtet. Geisteswissenschaftliche Methoden sind in den Hintergrund getreten.

Doch die Psychologie benötigt immer auch die Perspektive auf das ganz persönliche, innere Erleben. Scheinbar objektive naturwissenschaftlichen Daten sprechen nicht ohne weiteres für sich. Sie müssen mit der persönlichen Situation eines Menschen, dessen Gefühlen und Gedanken, in Zusammenhang gebracht werden. Dies zeigt sich exemplarisch an Angstneurosen mit Herzrasen als Symptom. Auch wenn Messinstrumente übereinstimmende Daten zu Herzfrequenz, Blutdruck und Hormonspiegel liefern, kann ganz unterschiedliches inneres Erleben dahinterliegen.

> Angst gehört zum menschlichem Leben und hat seinen Grund, denn das Leben ist gefahrvoll. Von einer Angstneurose spricht man, wenn Ängste auch in harmlosen Situationen (auf öffentlichen Plätzen, im Kontakt zu anderen Menschen) auftreten.

Gründe erhöhter Herzfrequenz	
Angst	Es wird etwas ganz Schlimmes passieren! O weh, mir ist Angst und Bange!
Stress/ Überforderung	Ich schaffe das einfach nicht! Das ist zu viel für mich! Ich breche zusammen!
Aufregung/ Anspannung	Heißa, gleich geht's los. Gleich passiert es!
Freude/ Spannungslösung	Ich hab's geschafft! Ich habe gewonnen!
Verliebtheit/ freudige Erwartung	Gleich werde ich sie/ihn wieder sehen! Was wir dann wohl Schönes anstellen?

Naturwissenschaftler und Mediziner interessieren sich für psychische und physische Vorgänge unter einem sachlich-objektiven Blickwinkel. Aus ihrer Sicht ist die körperliche, psycho-physische Angstreaktion eine Antwort des Körpers und der Psyche auf **Stress**, ein immer ähnlich ablaufender biologischer Prozess.

Biologische Stressreaktion

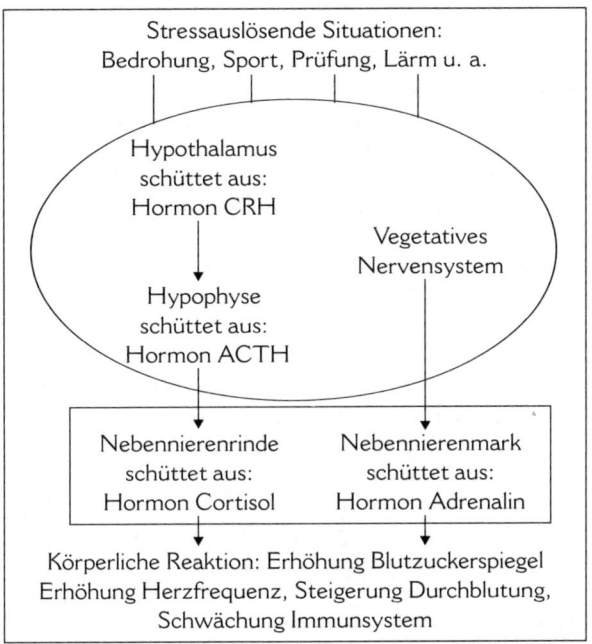

Körperliche Angst- und Stresssymptome wie Herzklopfen, Schwitzen oder Atemnot geben aber nicht unmittelbar Aufschluss über den entsprechenden emotionalen Zustand (Freude, Erregung, Anspannung, Überlastung, Angst). Und nicht nur das subjektive Erleben, auch die Bewertung eines Phänomens wie Angst oder Stress variieren. Wer sich in Behandlung begibt, bewertet seine Symptome als negativ, empfindet sie als Einengung der Lebensqualität. Doch ist auch eine positive Bewertung von Angst oder Stress möglich.

DIE MEDIZIN UNTERSCHEIDET POSITIVEN STRESS (EUSTRESS) UND NEGATIVEN STRESS (DYSSTRESS). STRESSITUATIONEN, DIE FREIWILLIG AUFGESUCHT WERDEN, DIE EIN AKTEUR ALS BEWÄLTIGBAR ERLEBT, HABEN POSITIVE EMOTIONALE QUALITÄT. EIN BEISPIEL SIND EXTREMSPORTARTEN (BERGSTEIGEN, DRACHENFLIEGEN).

Bewertungen von Angst- und Stresssymptomen	
Negativ:	Meine Angst / der Stress macht mich krank. Ich kann nicht mehr. Ich brauche Hilfe.
Positiv:	Stress spornt mich an. Ich muss die Angst / den Stress bewältigen. Ich schaffe es. Ich leiste etwas.
Neutral:	Herzrasen ist ein Warnsignal des Körpers, auf das ich achte. Es gehört einfach zu meinem Leben.

DER UNTERSCHIED GEHT AUF DEN PHILOSOPHEN WILHELM DILTHEY (1833–1911) ZURÜCK. GRUNDLAGE DER VERSTEHENDEN GEISTESWISSENSCHAFT MUSS DIE EINSICHT IN DIE GESCHICHTLICHKEIT DES MENSCHEN, SEINER EREIGNISSE UND PRODUKTIONEN, SEIN. DAS ÜBERSIEHT DIE EXPERIMENTELLE NATURWISSENSCHAFT.

VIELE NATURWISSENSCHAFTLER UNTERSTELLEN MIT IHREN MESSENDEN METHODEN EIN BEWUSSTSEINSLOSES, BIOLOGISCH DETERMINIERT HANDELNDES INDIVIDUUM.

Der Unterschied zwischen Natur- und Geisteswissenschaften wird auch als die Differenz zwischen einem erklärenden und einem verstehenden Ansatz in der Wissenschaft bezeichnet. Naturwissenschaft strebt danach, universell gültige Gesetze mittels Experiment und Messung zu ermitteln.- Der Mensch ist aber kein rein biologisches, sondern ein mit Bewusstsein ausgestattes, geistiges Wesen mit ganz subjektiven Motiven, Interessen und Gefühlen. Psychische Vorgänge auf bewusstseinslose, biologische Prozesse zu reduzieren, ist deshalb verfehlt. Mittlerweile ist unter Humanwissenschaftlern unstrittig, dass von einer komplizierten Wechselwirkung zwischen körperlichen und psychischen Vorgängen auszugehen ist.

Außerdem steht jedes Individuum in einem lebendigen Austausch mit anderen. Menschen schließen sich zu Gruppen, Gemeinschaften und Gesellschaften zusammen, um ihr Leben besser zu bewältigen. Wir sind soziale Wesen. Da sich individuelles Verhalten unter dem Einfluss anderer Personen und der Kultur formt und entwickelt, braucht die Psychologie die Erweiterung um soziale Perspektiven. So ist Psychologie immer auch Sozialwissenschaft.

Psychologie als Wissenschaft

In der Forschung dominiert die naturwissenschaftliche Herangehensweise, teils auch – mit der Verwendung von Methoden der empirischen Sozialforschung – die sozialwissenschaftliche Perspektive. In der Anwendung dagegen, in Beratung und Therapie, wenn es um das Verständnis eines komplexen Lebensschicksals geht, kommt geisteswissenschaftlichen Ansätzen, die innere Bewertungen und Konflikte thematisieren, besondere Bedeutung zu.

◆ Die biologischen Humanwissenschaften (Biologie, Medizin und zum Teil Psychologie) setzen den Akzent auf Erklärung und Vorhersage von Verhalten. Die Geisteswissenschaften bemühen sich um das Verstehen der Gewordenheit des Menschen.

2. Hauptströmungen

Psychologie ist Ausdruck der Reflexion der Menschen über ihre **Individualität**. Die europäische Geistesgeschichte – die neuzeitliche Wissenschaft ist ein Teil davon – hat mit der Aufklärung und Industrialisierung seit dem 19. Jahrhundert zu einer vollends **individualistischen Kultur** geführt. Der Einzelne gilt als selbstbestimmt, unabhängig und unverwechselbar. Diese uns heute selbstverständlich anmutende Ansicht ist menschheitsgeschichtlich jedoch noch jungen Datums und zudem spezifisch für den abendländischen Kulturkreis.

Die europäische Geistesgeschichte begann mit dem Aufblühen von Wissenschaft und Kunst in den antiken Stadtstaaten vor über 2000 Jahren. Griechische Philosophen schrieben die ersten wissenschaftlichen Lehrbücher. „Über die Seele" – so lautet das erste Psychologiewerk, geschrieben von ARISTOTELES (384–322 v. Chr.). Ihm ging es nicht um Charakterstudien, sondern um eine Bestimmung der Seele (gr. Psyché) als Phänomen. Ihr Wesen sei das Zusammenwirken dreier Kräfte (Ernährungs-, Wahrnehmungs- und Denkvermögen), die allen Lebewesen innewohnen. Aristoteles' Schüler entwickelten Lehren über die Verschiedenheit menschlicher Temperamente. THEOPHRAST (371–287 v.Chr.) schuf die erste Persönlichkeitstypologie, die modernen Typlehren ähnelt. Zuvor hatte der Arzt HIPPOKRATES (um 400 v. Chr.) die Lehre der vier **Temperamente** (Choleriker, Melancholiker, Sanguiniker, Phlegmatiker) aufgestellt, die er auf die angebliche Dominanz der vier Körpersäfte (Blut, Schleim, gelbe und schwarze Galle) bezog.

Antike Typologie

Choleriker   Melancholiker   Sanguiniker   Phlegmatiker

(aus: Hellmuth Benesch: dtv-Atlas Psychologie. Graphiken von Hermann und Katharina von Saalfeld © 1987 Deutscher Taschenbuch Verlag, München)

Zweitausend Jahre lang war Psychologie eine Sache der Philosophen. Erst in den letzten hundert Jahren etablierte sich die Psychologie an der Universität. Der Mediziner und Philosoph WILHELM WUNDT (1832–1920) gründete 1879 an der Universität Leipzig das erste psychologische Laboratorium. 1941, auf Grund der Nachfrage der Deutschen Wehrmacht nach Psychologen, trat schließlich eine für alle deutschen Universitäten gültige Diplom-Prüfungsordnung in Kraft.

2.1. Konkurrenz psychologischer Schulen

> EINE ZUTREFFENDE VORSTELLUNG VOM WESEN DER SEELE ZU ERLANGEN, GEHÖRT ABER ZU DEN ALLERSCHWIERIGSTEN AUFGABEN —
> ARISTOTELES IN „ÜBER DIE SEELE"

Ein einheitlich geregeltes Studium bedeutet noch keine einheitliche Wissenschaft. Psychologiestudenten begegnen einem Fach, das sich als ein Sammelsurium widerstreitender Lehren und Theorien darstellt. Es gebe, so schrieb 1927 der damals weltbekannte Psychologe KARL BÜHLER (1879–1963) in seinem Buch „Die Krise der Psychologie" nicht *eine* Psychologie, sondern eine Vielzahl unterschiedlicher Psychologien. BÜHLERS Diagnose hat bis heute Gültigkeit.

> AUF SEITE 132 FINDET SICH EIN ÜBERBLICK ÜBER PSYCHISCHE STÖRUNGEN, BEI DENEN PSYCHOTHERAPIE UNTER UMSTÄNDEN HILFREICH IST.

Dementsprechend unterschiedlich fallen auch die Annahmen über die Wurzeln und Ursachen psychischer Erkrankungen und psychosomatischer Störungen aus. Ebenso sind auch die Bausteine der Psychotherapie, die Techniken zur Milderung psychischer und psychosomatischer Beeinträchtigungen, von der Sichtweise auf den Menschen abhängig. Zu jeder Schulrichtung gehört mindestens ein, oft auch mehrere psychotherapeutische Verfahren.

▶ Jede psychologische Schule hat ein besonderes **Menschenbild**, eine spezifische Auffassung über das Wesen menschlichen Denkens, Handelns und Fühlens. Neben dem Persönlichkeitsmodell gehören die eigene Neurosentheorie und Therapiekonzeption dazu.

Die Strömungen der Psychologie haben sich in den letzten hundert Jahren entwickelt, als Reaktion auf Unzulänglichkeiten und Widersprüche ihrer Rivalen.
Wurzel fast aller modernen Psychologieschulen sind Überlegungen, die vor gut hundert Jahren der Wiener Arzt SIGMUND FREUD (1856–1939) über die Ursachen bestimmter psychischer Störungen, mit denen er in seiner Praxis als Nervenarzt konfrontiert war, anstellte. FREUD ist Begründer der **Psychoanalyse**, dem ersten umfassenden Konzept über die Psyche des modernen Menschen. Bis auf den heutigen Tag hat die Psychoanalyse viele Anhänger unter Ärzten, Psychologen und Psychotherapeuten. Andere haben sie zum Teil heftig bekämpft und davon abweichende Schwerpunkte gesetzt.

2.2 Psychoanalyse und Tiefenpsychologie

> ZUR PSYCHOANALYSE VGL. AUSFÜHRLICH KAP. 4.

Die Psychoanalyse ist sowohl eine Theorie über Aufbau und Funktion des Seelenlebens als auch eine Behandlungstechnik, eine Form der Psychotherapie.
Nach FREUD besteht die **menschliche Persönlichkeit** aus

drei Instanzen. Zwischen ihnen wird psychische Energie, der Antrieb allen Handelns, verschoben. Die Richtung der Energie bestimmt die Formen menschlichen Erlebens und Verhaltens, einschließlich seiner vom Normalen abweichenden Ausprägungen und krankhaften Störungen.

Triebe, Instanzen und Konflikte

Kern der psychischen Energie ist der **Sexualtrieb**, der sich in verwandelter, nicht-sexueller Form letztlich in allen Handlungen Bahn bricht. Später stellte FREUD dem Sexualtrieb einen **Aggressionstrieb** gegenüber und sah psychisches Geschehen als Ausdruck des Kampfes dieser beiden gegensätzlichen Triebe.

Das psychische System besteht aus Ich, Es und Über-Ich. Das **Ich** ist der Sitz des Bewusstseins, der Ort der Vernunft. Seine Aufgabe besteht darin, die aus dem Es strömenden Triebimpulse zu kanalisieren, sodass kein Schaden für Person und Umgebung entsteht. Das **Es** beinhaltet von Geburt an alle bewussten und unbewussten Triebregungen und ist gleichsam die biologische Grundausstattung des Menschen. Das **Über-Ich** umfasst die moralischen Gebote und Verbote. Gesteuert durch die Erziehung formt sich das Über-Ich allmählich aus der Hereinnnahme der Normen und Werte der Kultur, in der das Kind aufwächst.

Das in einer bestimmten Situation realisierte Handeln ist immer ein Kompromiss zwischen Wunsch und Realität. Es ist Ausdruck der vom Ich vorgenommenen Balancierung zwischen den wuchernden Triebwünschen aus dem Es einerseits sowie den Geboten des Über-Ichs und den in der jeweiligen Situation gegebenen Anforderungen der Umwelt andererseits. Gesellschaft und Über-Ich lassen keine spontane, direkte Triebbefriedigung zu. Der Mensch muss seine Sexualitäts- und Aggressionsimpulse bändigen und andere, kulturell angepasste Verhaltensweisen zeigen.

DER URGEWALT DER TRIEBE STEHT DIE MORAL, DIE MENSCHLICHEN VORSTELLUNGEN VON GUT UND BÖSE, GEGENÜBER. DIE PSYCHOANALYSE ZEIGT, DASS MENSCHEN BIOLOGISCHE UND GEISTIGE WESEN SIND. DAS ES IST DER BIOLOGISCHE, DAS ÜBER-ICH DER SOZIALE ANTEIL.

Psychoanalytisches Modell

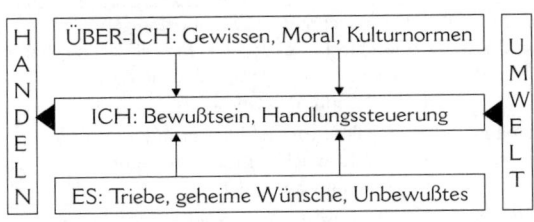

ANDERE PSYCHOLOGISCHE SCHULEN BESTREITEN ALLERDINGS AUSDRÜCKLICH DIE BEDEUTUNG VON VERDRÄNGUNGEN BEI DER ENTSTEHUNG VON NEUROSEN.

DER PSYCHOANALYTIKER UND ENTWICKLUNGSPSYCHOLOGE ERIK H. ERIKSON (1902–1994) ERWEITERTE FREUDS PHASENLEHRE AUF DEN GESAMTEN LEBENSLAUF. IN JEDER LEBENSPHASE GILT ES FÜR DIE PERSON, KONFLIKTE ZU LÖSEN UND DIE PERSÖNLICHE IDENTITÄT ZU BEWAHREN.

Verdrängung

Psychosomatische Beeinträchtigungen und psychische Störungen (z. B. Ängste, Zwänge, Sexualneurosen) entstehen laut FREUD aus der Verdrängung ursprünglich bewusster Strebungen, Wünsche und Gedanken in die unbewussten Teile des psychischen Apparats. Verdrängte, uneingestandene und nicht ausgelebte Triebwünsche führen dort ein Eigenleben. Sie wuchern im Unbewussten fort und brechen sich immer wieder Bahn in der Gestalt **neurotischer Symptome**. Im Laufe des Lebens kommt es zwangsläufig immer wieder zum Verdrängen von Triebimpulsen. Doch FREUD sprach den lebensgeschichtlich frühen Verdrängungen besonderes Gewicht zu. Die in der Kindheit nicht gelösten **Konflikte** zwischen Wunsch und Wirklichkeit bestimmen **Charakter** und **Persönlichkeit** eines Menschen, einschließlich seiner neurotischen, krankhaften Anteile. Aufgabe der psychoanalytischen Therapie sei es, die frühen Konflikte bewusst zu machen und nochmals zu durchleben. Auf diese Weise werde die an die neurotischen Symptome gebundene Energie freigesetzt und damit die Störung zum Verschwinden gebracht.

Triebziele

Triebwünsche haben Objekte zum Gegenstand. Sie sind auf Personen und Dinge aus der Umgebung bezogen, können sich aber auch unmittelbar auf die eigene Person und den Körper richten. In Abhängigkeit vom Lebensalter ist die **Libido**, wie FREUD die sexuelle Energie bezeichnet, an variierende Körperregionen gekoppelt und auf jeweils andere Objekte in der Umgebung konzentriert.

Richtungen der Libido und Lebensalter	
Orale Phase (0–1 Jahre):	Mund als Quelle der Befriedigung, durch Nahrungsaufnahme, Stimulation (Daumenlutschen) und Umweltkontakt (Saugen an Brust, Flasche, Deckenzipfel).
Anale Phase (2–3 Jahre):	Lustgewinn und Befriedigung durch Ausscheiden und Kontrolle über Exkremente.
Phallische bzw. ödipale Phase (4–6 Jahre):	Untersuchung und Stimulation genitaler Geschlechtsteile (Penis, Klitoris), heimlicher Wunsch, mit gegengeschlechtlichem Elternteil intim zu werden.
Latenzphase (7–12):	Sexualität tritt in Hintergrund, Befriedigung durch Entwicklung der Fähigkeiten und Spiele mit Kameraden.
Genitale Phase (ab 12/13):	Aufnahme genital-sexueller Kontakte mit dem anderen Geschlecht.

2.3 Behaviorismus und kognitive Ansätze

Während die Psychoanalyse unser Verhalten als Ausdruck verborgener innerer Strebungen deutet, definiert der Behaviorismus jedes beobachtbare menschliche Verhalten als umweltgesteuert. Es wird ganz und gar durch äußere Einflüsse bestimmt.

Als Gegenstand psychologischer Betrachtung sieht der Behaviorismus allein äußerlich sichtbares Verhalten. Da für andere unzugänglich, sei über das subjektive innere Erleben eines Menschen keine verlässliche Aussage möglich. Alle Theorien über das Innere des Menschen, wie sie u. a. die Psychoanalyse aufstellt, seien spekulativ und wissenschaftlich nicht belegbar. Das Innere das Menschen – Bewusstsein, Gedanken und Gefühle – schließt der klassische Behaviorist aus der Betrachtung aus. Es gelte, die Reaktion auf vorausgehende Umweltreize und nachfolgende Konsequenzen zu analysieren. Ziel der Psychologie sei es, eindeutige Gesetzesaussagen über Zusammenhang und Abfolge von **Reiz** und **Reaktion** aufzustellen.

Der Behaviorismus hat seinen Namen von „behavior" (deutsch: Verhalten).

Psychoanalyse und Behaviorismus sind zwei feindliche Brüder. Die Psychoanalyse thematisiert vor allem die inneren Konflikte und Widersprüche, der Behaviorismus leugnet deren Bedeutung für unser Verhalten.

Reiz-Reaktions-Verknüpfung

Schlüsselbegriff der Behavioristen ist die **Konditionierung**. Sie besagt, dass ein Umweltreiz mit einer Verhaltensweise eines Organismus fest verknüpft wird, sodass sich zukünftig – bei Auftreten des Reizes – das jeweilige Verhalten einstellt. Konditionierung ist eine Form des Lernens bzw. Trainierens.

Man unterscheidet klassische und operante Konditionierung. Bei der **klassischen Konditionierung** fungieren die einem Verhalten vorangehenden Reize als Steuerungsinstanz für das Handeln. Bei der **operanten Konditionierung** sind es dagegen die Folgen der durch das Verhalten ausgelösten Veränderungen in der Umwelt. Sie wirken dann auf das Verhalten zurück, setzen es erneut in Gang oder unterdrücken es.

Klassische Konditionierung

Zur klassischen Kondtionierung gehört ein **unbedingter Reiz** (engl. *unconditioned stimulus*, abgekürzt **US**), der eine **unbedingte Reaktion** (abgekürzt **UR**) auslöst. Der US wird im Laufe der Konditionierung durch einen **neutralen Reiz (NS)** ersetzt, der ursprünglich keine oder andere Reaktionen hervorgerufen hat. Man bietet den NS in Versuchsreihen mehrmals kurz vor der Präsentation des US dar, bis er allein zur Auslösung der Reaktion ausreicht. Der vormals neutrale Reiz (NS) wurde zum **konditionierten Reiz** (engl. *conditioned stimulus*, abgekürzt **CS**). Die damit neu gekoppelte, in der Form unveränderte Verhaltensweise, heißt nun **konditionierte Reaktion (CR)**.

Für den Behaviorismus waren Tierexperimente des russischen Physiologen IWAN PETROWITSCH PAWLOW (1849–1936) maßgebend, für die er sogar mit dem Nobelpreis geehrt wurde. Hunde waren seine bevorzugten Versuchstiere. Der US war in seinen Untersuchungen das Futter im Maul des Hundes, der die UR Speichelsekretion auslöste. Zum **konditionierten Stimulus (CS)** wurden u. a. akustische Signale und Personen. Ursprünglich zusammen mit dem Futter dargeboten, lösten sie schließlich allein das Verhalten der Speichelsekretion aus.

WÄHREND DER VERSUCHE WAREN DIE HUNDE VON PAWLOW ANGEKETTET. DIE SITUATION WAR GANZ UND GAR UNNATÜRLICH.

Klassische Konditionierung

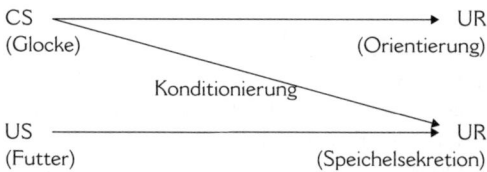

Die Koppelung **Reiz-Reaktion** hat nicht ewig Bestand. Wird der CS nicht immer aufs Neue präsentiert, verschwindet die Verknüpfung. Die entsprechende Reaktion tritt nicht mehr ein. Man spricht von einer **Löschung** des Verhaltens.

Operante Konditionierung

Die operante Konditionierung, auch als **instrumentelle Konditionierung** bezeichnet, rückt die Folgen eines Verhaltens in den Mittelpunkt der Betrachtung. Diese – und nicht die vorangehenden Reize – haben entscheidendes Gewicht, ob das in Rede stehende Verhalten beibehalten wird oder verschwindet.

Die Konsequenzen des Verhaltens, die „Rückmeldungen" aus der Umwelt, heißen Verstärker. **Positive Verstärker** belohnen ein Verhalten, das deshalb in der Folge häufiger auftritt. **Negative Verstärker** sind dagegen Reize, deren Entfernung die Häufigkeit des vorangegangenen Verhaltens erhöht. Die dritte Form instrumenteller Konditionierung ist die **Bestrafung**. Aversive, abschreckende Reize sorgen dafür, dass das entsprechende Verhalten unterbleibt.

Die instrumentelle Konditionierung geht auf den amerikanischen Psychologen FREDERIC SKINNER (1904–1990) zurück. Er experimentierte bevorzugt mit Tauben und Ratten. Letztere sollten zum Beispiel den Weg durch ein Labyrinth finden. Als positive Verstärker wirkten Futtergaben an verschiedenen Orten, die die Laufrichtung förderten. Unterblieben diese, eine negative Verstärkung, versagten die Tiere auch in der Aufgabe, den Ausgang zu finden. Stromstöße, eine Form der Bestrafung, sorgten dafür, dass die Tiere bestimmte Bereiche des Labyrinths mieden und so ebenfalls nicht den richtigen Weg lernten.

Operante Konditionierung

Verhalten$_1$ → Verstärkung + → Verhalten$_1$
Verhalten$_1$ → Verstärkung − → anderes/gleiches Verhalten
Verhalten$_1$ → Bestrafung → Verhalten unterbleibt

Lassen sich die Ergebnisse derartiger Tierversuche auf den Menschen übertragen? Der Mensch ist im Unterschied zu Tieren ein bewusstes Wesen. Er reagiert nicht unmittelbar auf Umweltreize, sondern bewertet diese gedanklich. Gleiches gilt für Signale aus seinem Körperinneren.

Bewertung von Umwelt und Verhalten

Ein Mensch steht vor einem Getränkeautomaten und wirft eine Münze ein. Er erhält ein Erfrischungsgetränk. Sein Verhalten, eine Münze einzuwerfen, wird positiv verstärkt. In der Logik des Behaviorismus müsste er erneut eine Münze einwerfen. Dieser Verhaltensablauf wiederholt sich, bis der Automat streikt. Tatsächlich wird aber nur ein extrem durstiger Mensch mehrmals hintereinander ein Getränk ziehen. Außerdem haben nur wenige Lust, sich längere Zeit einem Getränkeautomaten zu widmen. Das Verhalten hängt also ab von der Bewertung des inneren Zustands (Habe ich noch Durst?) und der Umwelt (Möchte ich mich hier noch aufhalten?).

SKINNER HAT VIELE BÜCHER GESCHRIEBEN UND DIE ERGEBNISSE SEINER LABORVERSUCHE AN TIEREN UNBESEHEN AUF MENSCHEN ÜBERTRAGEN.

EIN BELIEBTER SCHERZ ÜBER DIE SKINNER-EXPERIMENTE: ZWEI RATTEN SITZEN IM LABYRINTH UND FRESSEN IHR FUTTER. SAGT DIE EINE ZUR ANDEREN: „UNSEREN VERSUCHSLEITER HABEN WIR ABER GUT KONDITIONIERT. IMMER WENN WIR LOSRENNEN, GIBT ER UNS FUTTER!"

Der innere Zustand eines Menschen hat Einfluss auf die Wahrnehmung der Umweltreize und das Verhalten. Behavioristen kommen nicht umhin, in ihre Modelle Überlegungen über den Ablauf gedanklicher Prozesse und zur inneren Steuerung des Verhaltens einzubauen. Man bezeichnet diese Modelle als kognitive Ansätze. **Kognitionen** sind Gedanken.

> Klassische und operante Konditionierung, deren Annahmen auf Tierversuchen basieren, missachten die Bedeutung innerer Bewertungen und Einstellungen.

Kognitive Ansätze

Der Handelnde nimmt die äußeren Reize und Folgen seines Verhaltens wahr. Er bewertet sie als positiv oder negativ, als für ihn persönlich wichtig oder unwichtig. Gleichzeitig vernimmt er auch sein Inneres – Gefühle, Wünsche sowie biologische Körpersignale. Schließlich weiß die Person auch um die eigenen Fähigkeiten und Handlungspotenziale. Das Resultat, das Verhalten, ist Produkt der bewussten, gedanklich vorgenommenen Verrechnung aller auf das Bewusstsein einströmenden Reize, begleitet von der Einschätzung persönlicher Potenziale.

Achtsamkeit bedeutet, uns unserer Stimmung als auch unserer Gedanken über diese Stimmung bewusst zu sein
— Daniel Goleman

Bewertung von Reizen und Verhaltensfolgen

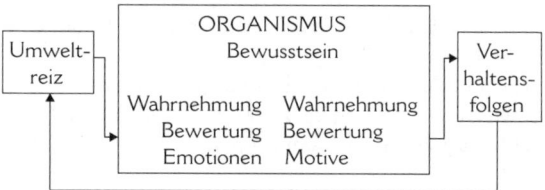

Nachgeben oder Standhalten bei Bedrohung

Ein Mann wird von drei Jugendlichen bedroht. Sie haben sich vor ihm aufgebaut und fordern sein Geld. Der Bedrohte bewertet seine Möglichkeiten (Beweglichkeit, Kraft, Mut), schätzt die Jugendlichen (Gewaltbereitschaft, Körperkraft) und die Situation (Fluchtmöglichkeit, Hilfe von Dritten) ein. So kommt er zu dem Entschluss, seine Geldbörse den Jugendlichen widerstandslos auszuhändigen.

Informationsverarbeitung

Eine Fülle von Eindrücken aus der Umgebung und von inneren Signale und Gedanken ist bei der Handlungsregulation zu berücksichtigen. Alle diese Informationen müssen be- und verarbeitet werden. Denken, so sagen viele kognitive Psychologen, sei nichts anderes als Informationsverarbeitung. Zwischen verschiedenen Instanzen im Bewusstsein findet ein Datenaustausch statt. Als kognitives Wesen gleiche der Mensch einem Computer, der mit einem Speicher, dem Gedächtnis, und einem Prozessor, dem Großhirn, ausgestattet ist.

Mechanistisches Menschenbild

Behaviorismus und kognitive Modelle sehen sich der Kritik ausgesetzt, ein unfreies, mechanistisches Menschenbild zu vertreten. Die Person reagiere entweder wie ein Sklave auf äußere Reize (das Modell des klassischen Behaviorismus) oder gleiche einem leblosen Computerautomaten, der kalt berechnend verfährt – ohne innere Anteilnahme und höhere Ziele.

Als Gegenbewegung dazu entstand deshalb die **Humanistische Psychologie**. Sie bezeichnet sich auch als „dritte Kraft" in der Psychologie. Sie setzt sich nicht nur vom Behaviorismus ab, sondern ebenso von der Psychoanalyse.

2.4 Humanistische Psychologie

Den beiden „unfreien", negativen Menschenbildern, die das Individuum als Sklave der Umwelt (Behaviorismus) oder als Knecht der Triebe (Psychoanalyse) begreifen, stellt die Humanistische Psychologie ihre Idee der selbstverantwortlichen, aus höheren Idealen heraus handelnden Person gegenüber.

Grundlegend für alle Menschen sei ein Streben nach Wachstum und Entfaltung der persönlichen Anlagen und Möglichkeiten. Alles Handeln der Menschen sei von Natur aus positiv motiviert. Negatives und Destruktives (Gewalttaten oder Selbstschädigungen) haben ihre tieferen Ursachen im – durch die Umwelt bedingten – Verfehlen positiver Antriebe.

Gleiches gelte für psychische Störungen und Neurosen.

In deren Behandlung setzt die Humanistische Psychologie darauf, dass der Patient zu seinen ganz persönlichen Wünschen zurückfindet. Der amerikanische Psychologe CARL ROGERS (1902–1991) entwickelte das Konzept der Ge-

---

DEM MENSCHEN IST – IM GEGENSATZ ZUM TIER – EINE BEWUSSTE, GEISTIGE BEZUGNAHME ZUM LEBEN MÖGLICH. ZUM INNEREN ZUSTAND GEHÖREN AUCH LANGFRISTIGE ZIELE UND HÖHERE IDEALE.

IN DEUTSCHLAND WURDE DIE HUMANISTISCHE PSYCHOLOGIE DURCH REINHARD TAUSCH BEKANNT. ER PROPAGIERTE DIE GESPRÄCHSPSYCHOTHERAPIE. ABER AUCH ANDERE PSYCHOTHERAPIEFORMEN FUSSEN AUF DEM MENSCHENBILD DER HUMANISTISCHEN PSYCHOLOGIE: GESTALTTHERAPIE, KÖRPERTHERAPIE, THEMENZENTRIERTE INTERAKTION, TRANSAKTIONSANALYSE U. A.

> ELEFANTEN VERSUCHEN NICHT, GIRAFFEN ODER SCHWALBEN ZU WERDEN. ABER WIR VERSUCHEN ZU SEIN, WAS WIR NICHT SIND. WIR ERSTICKEN IN DEN IDEALEN, DIE UNERREICHBAR SIND. WIR GEHEN AUF ZEHENSPITZEN, UND WERDEN SCHLIESSLICH ÄRGERLICH AUF UNSERE ZEHEN, WENN SIE WEH TUN
>
> — BRUNO PAUL DE ROECK, GESTALTTHERAPEUT

sprächspsychotherapie. In Gesprächen soll der Klient, unterstützt durch die Anteilnahme des Therapeuten, zu sich selbst finden und Klarheit über eigene Wünsche und Interessen gewinnen. Deren Umsetzung führt zur **Selbstverwirklichung**, der Basis psychischer Gesundheit und gelingenden Lebens.

Selbstaktualisierung

Die Ideen der Sinnorientierung und Selbstverwirklichung der ganzen, nach Entfaltung persönlicher Potenzen strebenden Person sind tragende Pfeiler der Humanistischen Psychologie. Sie geht von einer **ganzheitlichen Harmonie** aus, einer Einheit positiver Gedanken, Motive und Gefühle. Kritik hat dieses optimistische Menschenbild nicht nur wegen des Ausblendens destruktiver, dunkler Seiten der menschlichen Psyche erfahren. Fraglich ist vor allem die Annahme einer weitgehenden Unabhängigkeit der psychischen Entwicklung von Umwelt und Biologie. Die Idee der Ganzheitlichkeit teilen auch systemtheoretische Menschenbilder.

2.5 Systemtheorie und Konstruktivismus

> BIOLOGIE UND MEDIZIN BESCHREIBEN MIT SYSTEMTHEORETISCHEN MODELLEN KÖRPERFUNKTIONEN WIE Z. B. DIE REGELUNG DES PUPILLENREFLEXES.

Aus Biologie und Kybernetik stammen Modelle, die Erleben und Verhalten als Teil eines Regelkreises, eines Systems, begreifen. Abweichungen werden über Rückkoppelung registriert: Daraufhin wird das System als ganzes neu „eingestellt". Durch diesen dauerhaften Rückkoppelungsprozess bleibt der gesamte Organismus oder eine Teilfunktion im Gleichgewicht.

Biologisches System

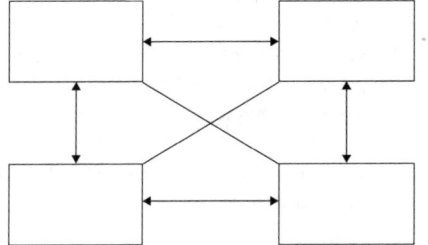

Verhalten ist in systemischer Sicht zugleich Ursache und Folge. Ein einseitig kausales Denken lehnt die Systemtheorie ab.

Eine Familie als System

Jedes Familienmitglied reagiert auf andere und setzt bei den anderen Personen, allesamt Teile des Systems, Verhaltensprozesse in Gang. Besteht eine Familie etwa aus einem schweigsamen Vater, einer migränekranken Mutter, einem aggressiven und einem depressiven Kind, so sind die verschiedenen Verhaltensweisen jeweils als Folge und Ursache des Verhaltens der anderen zu sehen. Eine dauerhafte Veränderung eines Teiles des Systems bewirkt auch Änderungen bei den anderen. Das System kommt in ein neues Gleichgewicht.

DER GLAUBE AN DEN KAUSALNEXUS IST EIN IRRGLAUBE

—

LUDWIG WITTGENSTEIN

Familiäres Verhaltenssystem

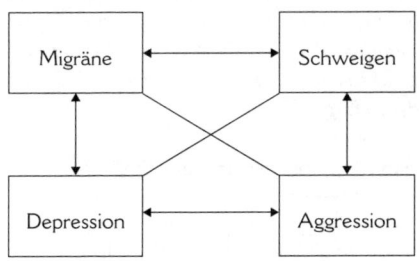

Kognitive Systemtheorie

Der österreichisch-amerikanische Psychologe KARL PRIBRAM (geb. 1919) entwickelte die TOTE-Einheit, einen **psychologischen Regelkreis**. Hier wird das Individuum als System betrachtet. Die Psyche ist ein Feed-back, ein Regelkreis mit fortwährenden Rückkoppelungen zwischen Denken und Handeln. TOTE steht als Abkürzung für die englischen Begriffe „*Test, Operation, Test, Exit*" also „Prüfen, Ausführen, Prüfen, Abschluss".

Ausführungen von Handlungsplänen zerfallen in zwei permanent aufeinander folgende Phasen, die kognitive Prüfphase und die praktische Handlungsphase. Solange bei dieser Überprüfung eine Abweichung, eine Inkongruenz, zwischen dem Handlungsziel und dem registrierten Effekt festgestellt wird, bleibt die jeweils aktuelle TOTE-Einheit als Rückkoppelungsinstanz wirksam.

Handlungsregelkreis

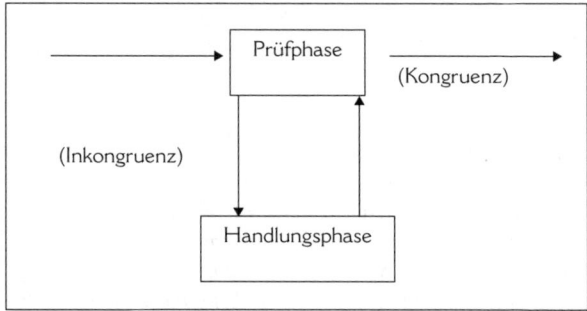

(aus: VOLLMERS 1997, S. 81)

Handlungen im Alltag bestehen aus einer Fülle derartiger TOTE-Einheiten.

Ein Besucher im Park

Ein Parkbesucher, dessen Mütze an einem stürmischen Herbsttag auf einen Baum geweht wurde, möchte diese mit einem Steinwurf herunterholen. Zunächst muss er den richtigen Abstand taxieren. Es realisiert die TOTE-Einheit „Abschreiten der richtigen Distanz".

Handlungsplan „Abschreiten der Distanz"

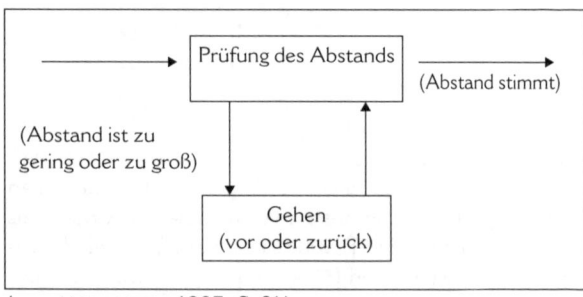

(aus: VOLLMERS 1997, S. 81)

AUSSERDEM KOMMEN NOCH VIELE ANDERE TOTE-EINHEITEN DER BEWEGUNGSKOORDINATION ZUM EINSATZ, ETWA DAS ARMHEBEN, DAS TAXIEREN DES WURFZIELES, DIE BLICKRICHTUNG DER AUGEN USW.

	Die Steuerung in Prüf- und Handlungsphasen	
1.	Prüfe den Abstand:	„Zehn Meter – das ist zu weit weg."
2.	Gehe näher heran:	Die Person tut das.
3.	Prüfe den Abstand:	„Fünf Meter – das ist noch zu weit."
4.	Gehe näher heran:	Der Betreffende macht es.
5.	Prüfe den Abstand:	„Wohl ein Meter – das ist zu nah."
6.	Gehe zurück:	Die Handlung wird ausgeführt.
7.	Prüfe den Abstand:	„Gut drei Meter – das passt."
8.	Hebe den Arm:	Das geschieht.
--	Nun beginnt die TOTE-Einheit des Armhebens.	

Nicht allein die kognitive Steuerung muss funktionieren, auch die biologische. Der Blutkreislauf bedarf einer optimalen Einstellung, und eine Erhöhung des Blutzuckerspiegels ist notwendig, damit muskuläre Leistungen ausgeführt werden. Handlungen unterliegen einer Fülle sich überlagernder psychischer und biologischer Regelkreise. Das Gehirn verarbeitet die über die Sinnesorgane einströmenden Reize. Eine **Hormonreaktion**, ausgelöst vom limbischen System im Gehirn, lenkt die Höhe des Blutzuckerspiegels, der sich bei muskulärer Anstrengung erhöht.

DIE HORMONREAKTION ENTSPRICHT WEITGEHEND DER STRESSREAKTION BEI ANGSTZUSTÄNDEN (VGL. ABBILDUNG IN KAP. 1.4).

Motive des Parkbesuchers

Die Hormonreaktion wird subjektiv als Veränderung der Emotions- und Motivationslage empfunden. So entsteht beim Parkbesucher das Motiv, sich um die entrissene Mütze zu bemühen. Nach der Handlung, falls er die Mütze wieder in den Händen hält, stellt sich ein positives Gefühl ein. Alle diese psychischen, physiologischen und hormonellen Systeme üben regulierende Einflüsse aus.

Vernetzung der Systeme

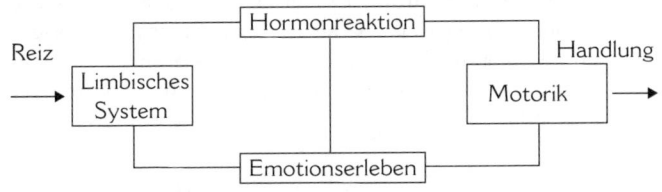

Die **biologische Systemtheorie** erhellt organismische und innerpsychische Wirkungslinien. Ungelöst bleibt aber die Leib-Seele-Problematik. Der Zusammenhang zwischen subjektiven Erlebnissen (Kognitionen, Emotionen und Motivationen) einerseits sowie organismischen Regelungsprozessen andererseits bleibt unklar. Außerdem fehlt auch hier die Beziehung zur Umwelt. Menschen sind keine abgeschotteten, sondern **offene Systeme,** die Informationen von außen aufnehmen und im Austausch mit anderen Individuen stehen.

Konstruktiv-interaktionistische Systemtheorie

SYSTEMTHEORIE UND KONSTRUKTIVISMUS SIND DIE THEORETISCHEN GRUNDLAGEN DER FAMILIENTHERAPIE (VGL. KAP. 10.4).

Interaktionistische und konstruktivistische Systemtheorien sehen den Einzelnen als Teil verschiedener Systeme und Beziehungen. Individuelles Verhalten ist zugleich Element und Ausdruck der Beziehungen in einem System. Innerhalb einer Gruppe, zum Beispiel der Familie, lebt die Person in und durch die Beziehungen zu anderen. Alle diese Relationen haben eine bestimmte Gestalt. **Strukturdiagramme** fungieren als Landkarten zur Orientierung. Psychologen analysieren damit die Beziehungsstruktur in Familien, Gruppen und Organisationen.

Netzwerk familiärer Beziehungen

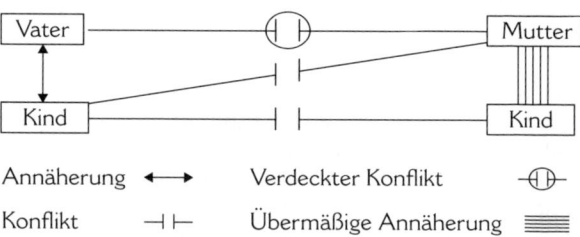

Annäherung ⟷   Verdeckter Konflikt   ─⊕─
Konflikt   ⊣⊢   Übermäßige Annäherung ≡

Störungen und Verhaltensauffälligkeiten einer Person sind in systemischer Sicht Teil und Folge bestimmter Beziehungformen, Kommunikations- und Interaktionsmuster. Der Symptomträger trägt nicht allein an seiner Misere Schuld. Seine Störung hat im Gesamtgefüge des Systems Familie eine bestimmte Funktion. Um zu Veränderungen zu gelangen, ist deshalb eine Behandlung des gesamten Systems erforderlich.

Jugendliche Autoaggression I

Ein dreizehnjähriges Mädchen hat Anfälle von Jähzorn. Dabei verhält es sich autoaggressiv. Es schlägt mit dem Kopf an die Wand und zerrt an den eigenen Haaren. Zusammen mit der Familie (Vater, Mutter, jüngere Schwester), die sich keinen Rat weiß, besucht es die Familientherapie. Die Anamnese des Therapeuten ergibt, dass die zehnjährige Schwester auf Grund ihrer bestechenden Schulleistungen zum Liebling der Mutter geworden ist. Die ältere fühlt sich zurückgesetzt. Zwischen den Eltern besteht ein verdeckter Konflikt über den Umgang mit den zwei unterschiedlichen Töchtern. Der Konflikt zwischen den beiden Mädchen – täglich kommt es zwischen ihnen zu lauten Streitigkeiten – ist dagegen offen (vgl. Diagramm oben).

Systemische Neurosenkonzepte stehen in der Kritik, den Einzelnen zu sehr von seiner Verantwortung zu entlasten. Außerdem zeigen viele Menschen immer wieder die gleichen neurotischen Verhaltensmuster, trotz des Wechsels ihrer Beziehungen. Personen sind nicht allein Opfer, sondern zugleich Schöpfer ihrer – gesunden wie kranken – Beziehungen zu anderen. Jeder konstruiert die Welt, in der er lebt. Diese Sichtweise vertritt der **Konstruktivismus**. Er betont die schöpferische Kraft des Einzelnen stärker als die biologische Systemtheorie, unter Beibehaltung kybernetischer Ideen.

Jugendliche Autoaggression II

Die Konfliktlage der Familie stellt sich aus Sicht der jüngeren Schwester anders dar. Sie hat mit ihren Schulleistungen die ältere Schwester überholt und spürt deren Neid. Mutter und Vater zeigen ihr gegenüber, wie sie meint, allerdings keine größere Sympathie als vorher. Sie hält die Beschwerde der älteren Schwester, ihre Eltern würden sie vorziehen, für unbegründet.

Laut Systemtheorie haben psychische Probleme ihre Ursache in gestörten Beziehungen in Systemen. *Alle Teile des Systems bedürfen einer Therapie.*

VIELE MENSCHEN MIT PROBLEMEN MACHEN ES SICH LEIDER SEHR LEICHT: SCHULD SIND IMMER DIE ANDEREN! BESONDERS UNTER SUCHTKRANKEN IST DER VORWURF AN DIE ANGEHÖRIGEN BELIEBT: „ICH MUSS TRINKEN, WEIL DU ..."

DIE UMWELT, SO WIE WIR SIE WAHRNEHMEN, IST UNSERE ERFINDUNG

—

PAUL WATZLAWICK, PSYCHOTHERAPEUT UND KONSTRUKTIVIST

3. Methoden der Psychologie

Jede Disziplin setzt bestimmte Instrumente und Verfahren ein, um Erkenntnisse über ihren Gegenstand zu gewinnen. Entsprechend der Mittelstellung der Psychologie zwischen Natur- und Geisteswissenschaft operiert sie mit Methoden aus dem nahezu gesamten Wissenschaftsspektrum, um Erleben und Verhalten zu studieren.

Naturwissenschaftliche Psychologen untersuchen Menschen mithilfe von Messinstrumenten und Apparaten im **Labor**. Geisteswissenschaftlich orientierte Psychologen führen oft lange, intensive **Gespräche**, um psychische Phänomene zu verstehen. Als Sozialwissenschaft schöpft die Psychologie auch aus dem großen Methodenarsenal der empirischen Sozialforschung, der aus der Soziologie stammenden **Markt- und Meinungsforschung**. Umfragen, Fragebögen und Interviews mit einer großen Zahl von Personen sind ihre Domäne.

Die vierte bedeutende Gruppe psychologischer Methoden stellen die **Testverfahren** dar. Sie umfassen Leistungs- und Intelligenztests sowie klinische Tests und Persönlichkeitstests. Aussagekraft und ethische Vertretbarkeit psychologischer Tests sind stark umstritten. Dennoch: Die Entwicklung, Vermarktung und Anwendung von Testverfahren ist für viele Psychologen die Hauptbeschäftigung.

Psychologie versteht sich als eine empirische Wissenschaft. Ihre Ergebnisse müssen auf lebendigen, von vielen Menschen geteilten Erfahrungen beruhen und dürfen nicht Produkt von Spekulationen einzelner sein. Methodische Instrumente, die auch andere Personen bei ihren Untersuchungen einsetzen können, garantieren eine allgemeine Gültigkeit und Nachprüfbarkeit der Ergebnisse.

Viele Instrumente in der Psychologie sind standardisiert und normiert. Einmal entwickelt, greifen Anwender immer wieder auf sie zurück. Messinstrumente werden an einer großen Gruppe von Personen, einer Eichstichprobe, normiert. Jedes Messergebnis lässt sich damit vergleichen. Messen bedeutet, zwischen numerischen Skalenwerten und psychischen Eigenschaften einen Zusammenhang herzustellen.

Messrelation

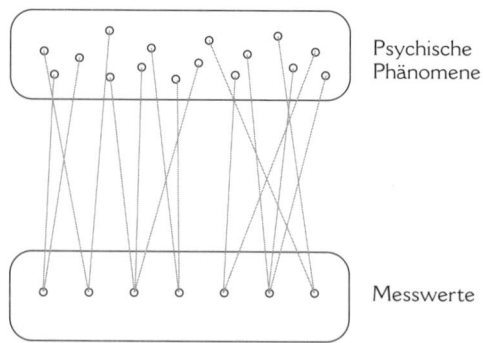

Psychische Phänomene

Messwerte

3.1 Psychologische Tests

Ein Test ist ein Prüfverfahren zur Ermittlung psychischer Eigenschaften bei einer Person. Dieser Proband löst Aufgaben, kreuzt Antwortvorgaben an oder kommentiert vorgelegte Aussagen und Bilder. Tests werden in Forschung und Praxis angewendet. Klinische Psychologen ermitteln mit Tests Art und Ausmaß psychischer Störungen, Verkehrspsychologen überprüfen damit die Persönlichkeit auffällig gewordener Kraftfahrer. Werbepsychologen untersuchen die Käufermotivation und das Produktimage über Tests, Betriebspsychologen das Potenzial der Arbeitnehmer. Gerichtlich bestellte Psychologen diagnostizieren mittels Tests die Persönlichkeit von Straftätern.

Man unterscheidet zwischen **metrischen** und **projektiven Testverfahren**. Metrische Tests messen die Psyche des Probanden. Die Ergebnisse werden in Skalen quantifiziert, sodass eine Aussage über den Ausprägungsgrad bestimmter Eigenschaften beim Probanden, verglichen mit Bezugsgruppen aus der Eichstichprobe, möglich ist. Bei projektiven Tests äußert sich die Testperson dagegen frei. Sie teilt ihre ganz persönlichen Ideen und Assoziationen zum Testmaterial mit.

Intelligenztests, die bekanntesten metrischen Tests, konzentrieren sich auf intellektuelle Leistungen. Die zweite Gruppe sind die **Persönlichkeitstests**. Ihnen geht es um die Charakterstruktur und klinische Auffälligkeiten. Weitere metrische Tests messen Sinnesleistungen (neuropsychologische Tests) oder ermitteln Interessen und Neigungen (Berufseignungstests). Einige Verfahren bestimmen Arbeitsleistungen und Führungsfähigkeiten (Assessment-Center). Wichtigste – und am meisten kritisierte – Funktion metrischer Tests ist die Auswahl, die Selektion von Personen und ihre Zuweisung zu Aufgaben und Positionen. Vor allem Institutionen, die über Berufschancen entscheiden, setzen Tests ein. Lehrer und Psychologen testen Kinder auf ihre Schuleignung, Wirtschaft und Industrie angehende Auszubildende, Bundeswehr und Polizeibehörden zukünftige Offiziere und Polizisten. Ärzte und Psychologen untersuchen Patienten mit Tests, um psychische Störungen festzustellen.

Angehende Medizinstudenten mussten in Deutschland bis vor kurzem den Test für Medizinische Studiengänge (TMS) absolvieren. Der TMS ist eine Batterie von Leistungstests mit naturwissenschaftlichem Schwerpunkt.

Tests sind kulturabhängige Messinstrumente. Sie messen den Verstand so, wie die westliche Kultur den Menschen sieht. „Culture-Free-Tests", die nur aus bildlich-anschaulichem Material bestehen, sollen auch die Testung von Personen aus nicht individualisierten Kulturen ermöglichen.

Intelligenztests

In Intelligenztests dominieren Aufgaben, die sprachliche, rechnerische und räumlich-anschauliche Fähigkeiten unter-

LEISTUNGSTESTS SIND TRAINIERBAR. GEÜBTE PERSONEN ERZIELEN BESSERE ERGEBNISSE ALS UNGEÜBTE.

suchen. Personen, die sich einem Intelligenztest unterziehen, müssen Rechenaufgaben lösen, Gesetzmäßigkeiten in Zahlenreihen erkennen, zu Begriffen Analogien ersinnen, geometrische Figuren identifizieren, Gemeinsamkeiten und Unterschiede zwischen zwei Bildern auflisten und dergleichen.

Aufgaben aus Intelligenztests

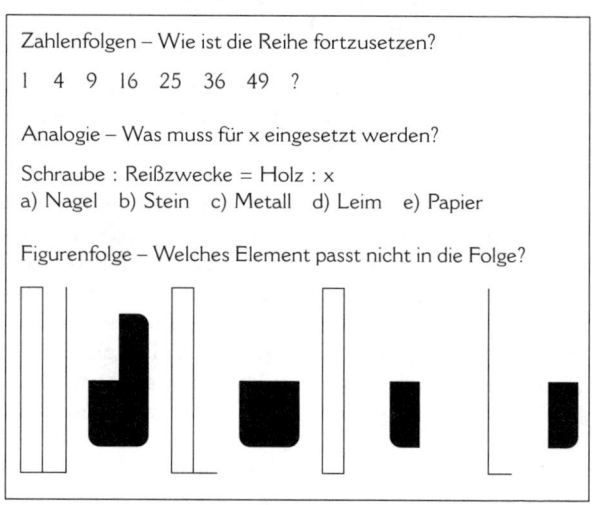

Zahlenfolgen – Wie ist die Reihe fortzusetzen?
1 4 9 16 25 36 49 ?

Analogie – Was muss für x eingesetzt werden?

Schraube : Reißzwecke = Holz : x
a) Nagel   b) Stein   c) Metall   d) Leim   e) Papier

Figurenfolge – Welches Element passt nicht in die Folge?

(aus: VOLLMERS 1997, S. 166)

Die Auswertung der Tests konzentriert sich auf die Auszählung richtiger und falscher Lösungen. Als Summe ergibt sich ein Gesamtwert. Testkonstrukteure glauben, dass sich die Testwerte innerhalb der gesamten Bevölkerung in Form einer glockenförmigen Kurve verteilen.

Normalverteilung

In einem Koordinatensystem kann man auf der senkrechten Achse die Häufigkeiten, die Anzahl der Personen, die einen Testwert erreichen, abtragen. Die waagerechte Achse zeigt die Testwerte, die Ausprägungen des Intelligenzquotienten.

ES HERRSCHT UNTER PSYCHOLOGEN UNEINIGKEIT, WAS INTELLIGENZ IST. MAN NIMMT HILFLOS ZUFLUCHT ZU DER RESIGNIERENDEN DEFINITION AMERIKANISCHER PSYCHOLOGEN: INTELLIGENZ IST DAS, WAS DER INTELLIGENZTEST MISST.

Intelligenzquotient ist eine irreführende Bezeichnung, denn es handelt sich um einen Skalenwert. Der Begriff IQ geht zurück auf WILLIAM STERN (1871–1938), den deutschen Pionier der Intelligenzmessung. STERN wollte das Testalter der untersuchten Kinder durch ihr jeweiliges Le-

Normalverteilung der Intelligenz

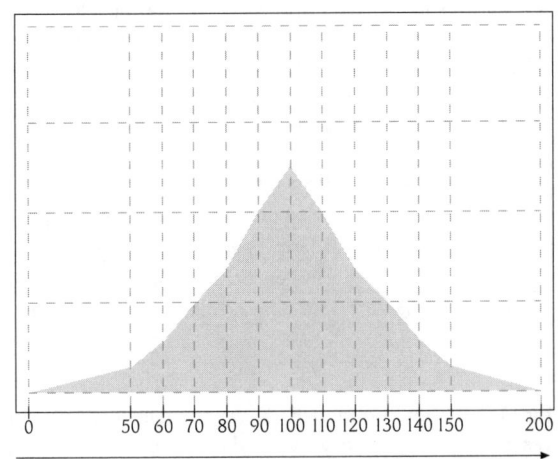

(aus: VOLLMERS 1997, S. 177)

bensalter teilen, um die Testergebnisse über verschiedene Lebensalter hinweg zu vergleichen, also IA : LA = IQ. Löst beispielsweise ein Zwölfjähriger Aufgaben, die eigentlich für einen Fünfzehnjährigen gedacht sind, ergibt sich 15 : 12 = 1,25. Bei durchschnittlichen Leistungen, wenn das Kind gerade alle Aufgaben bewältigt, die für seine Altersgruppe und Jüngere bestimmt sind, beträgt der IQ genau 1. Heute wird der Intelligenzquotient als Abweichung vom Durchschnitt der Bezugsgruppe definiert. Der mittlere Wert, der die Normalverteilung (s. o.) in zwei gleich große Hälften teilt, ist 100. Fünfzig Prozent der Bevölkerung liegen darüber, die andere Häfte darunter.

Intelligenztests sollen **Minder-** und **Hochbegabungen** diagnostizieren. Als normal gilt ein IQ zwischen 75 und 125. Nur jeweils 5 Prozent der Bevölkerung befinden sich mit ihrem IQ oberhalb und unterhalb dieses Spektrums. Mit einem IQ ab 130 zählt der Betreffende zur Elite der Hochbegabten. Ein IQ unter 75 bedeutet eine geistige Behinderung.

EIN TEST IST NICHT EINE KENNTNIS-, SONDERN EINE FÄHIGKEITSPRÜFUNG
—
WILLIAM STERN
(TESTAUFGABEN SOLLTEN DESHALB KEINE QUIZAUFGABEN SEIN.)

IDEEN SIND STÄRKER ALS KÖRPERKRAFT
—
SOPHOKLES

Schwachsinn und geistige Behinderung	
IQ 50–75	leichte geistige Beeinträchtigung
IQ 35–50	deutliche geistige Behinderung
IQ 20–35	schwere geistige Behinderung
IQ < 20	Schwachsinn (Debilität)

> „EMOTIONALE INTELLIGENZ" WURDE IN DEN LETZTEN JAHREN MIT DEM GLEICHNAMIGEN BESTELLER VON DANIEL GOLEMAN ZU EINER ZAUBERFORMEL. WER ERFOLG HABEN WILL, MUSS INTELLIGENT MIT SEINEN GEFÜHLEN UMGEHEN KÖNNEN.

Intelligenztests konzentrieren sich auf wenige Bereiche der menschlichen Intelligenz. Funktionen, die nicht auf abstrakten Symbolen beruhen und mehr den unmittelbaren Ausdruck und den Umgang der Menschen miteinander thematisieren, klammern sie aus. Doch zur Intelligenz gehören auch soziale und kommunikative Fähigkeiten, Kreativität und künstlerische Fertigkeiten.

Intelligenz, die in IQ-Tests fehlt	
Musikalität	Komponieren, Musizieren, Singen
Bewegungsfähigkeit	Tanz, Sport, Rhythmusgefühl
Kunstbegabungen	Malen, Schauspiel, Literatur
Lebenserfahrung	Weisheit, Problemlösekompetenz
Soziale Intelligenz	Einfühlungsvermögen, Toleranz

Ein Teil dieser Funktionen fällt unter die **Persönlichkeitstests** (s.u.). Kommunikative und kreative Fähigkeiten misst die Psychologie mit speziell konstruierten Tests. **Kreativitätstest** untersuchen schöpferische Prozesse und messen den Einfallsreichtum. Neben der Anzahl von Lösungen gilt auch die Originalität als Maßstab der Kreativität.

Bei der folgenden Aufgabe aus einem Bildergänzungstest erhält der Proband die Aufforderung, die Vorlage nach eigenem Gutdünken zu vollenden.

> WIR SOLLTEN UNSERE EIGENEN IDEEN EBENSO KRITISCH BETRACHTEN WIE DIE IDEEN, GEGEN DIE WIR KÄMPFEN
> —
> KARL POPPER

Beispiel aus Kreativitätstest

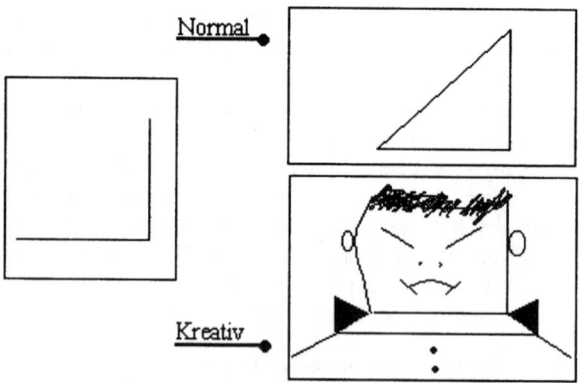

(aus: VOLLMERS 1997, S. 185)

Soziale Intelligenz untersucht das **Assessment-Center**, kurz AC genannt. Die Probanden werden als Gruppe gemeinsam, in einer möglichst alltagsnahen Situation, verschiedenen Aufgaben ausgesetzt. Typischerweise gehören dazu Rollenspiele, die Moderation von Diskussionen, die Präsentation eines Themas in freier Rede und die Bearbeitung von Fallstudien. Das AC soll Leistungsanforderungen der Arbeitswelt simulieren und gilt als optimale Methode der Führungskräfteauswahl.

Persönlichkeitstest

Metrische Persönlichkeitstests ermitteln die Ausprägungsgrade diverser Eigenschaften einer Person. Der Proband äußert zu einer Aufgabenreihe seine Zustimmung bzw. Ablehnung. Oder die Testperson gibt auf einer mehrstufigen Skala an, inwieweit die Aussage auf sie zutrifft. Die Richtigkeit der Ergebnisse hängt ab vom Wahrheitsgehalt der Angaben. Bewusste Verfälschungen lassen sich nicht immer ausschließen, da die Aufgaben häufig durchschaubar sind. Deshalb sollten metrische Persönlichkeitstests nur ausgewertet werden, soweit man der Kooperationsbereitschaft des Probanden vertrauen kann.

> IN JEDERMANN IST
> ETWAS KOSTBARES,
> DAS IN KEINEM
> ANDEREN IST
> —
> MARTIN BUBER

Fragen aus metrischen Persönlichkeitstests
a) Mit Zustimmung oder Ablehnung: Ich kann oft meine Wut nicht beherrschen – Ja / Nein Ich grüble viel über mein Leben nach – Ja / Nein Ich blicke mit Zuversicht in die Zukunft – Ja / Nein
b) Mit Auswahl eines Skalenwertes: Ich halte mich selten – 3 2 1 0 1 2 3 – oft für bedrückt Ich suche eher – 3 2 1 0 1 2 3 – meide eher Gesellichkeit Ich mache mir selten – 3 2 1 0 1 2 3 – oft Selbstvorwürfe

Metrische Persönlichkeitstests sehen die Persönlichkeit als eine Hierarchie. Die Aufgaben des Tests repräsentieren das Verhalten der Person im Alltag. Darauf bauen die höheren Ebenen, die Persönlichkeitsfaktoren, auf.

Persönlichkeitsmodell metrischer Tests

(aus: VOLLMERS 1997, S. 169)

> DIE IDEEN SIND
> NICHT FÜR DAS
> VERANTWORTLICH,
> WAS MENSCHEN AUS
> IHNEN MACHEN
> —
> WERNER
> HEISENBERG

DAS FPI WURDE VON DEN FREIBURGER PSYCHOLOGEN JOACHIM FAHRENBERG UND HERBERT SELG ENTWICKELT. SEHR BEKANNT IST AUCH DER GIESSEN-TEST (GT), DEN DER PSYCHOANALYTIKER HORST-EBERHARD RICHTER ENTWICKELT HAT. DEM GT LIEGT – WIE BEI PROJEKTIVEN VERFAHREN – DIE PSYCHOANALYTISCHE PERSÖNLICHEITSTHEORIE (VGL. KAP. 4) ZUGRUNDE.

In Deutschland ist das **Freiburger Persönlichkeitsinventar (FPI)**, aus dem die ersten drei Fragen in der Tabelle auf S. 41 stammen, verbreitet. Auf der Basis von 212 Fragen zum Alltagsverhalten zerlegt es die Persönlichkeit in die Faktoren **Extraversion** und **Introversion**. Wer stärker der Extraversion zuneigt, ist gesellig, fröhlich, unternehmungslustig und zeigt offen seine Emotionen. Introvertierte Menschen verhalten sich im Gegensatz dazu eher zurückhaltend und unterdrücken ihre Gefühlsregungen.

Projektive Verfahren
Eine besondere Gruppe unter den Persönlichkeitstests bilden die projektiven Verfahren. Sie gehen davon aus, dass der Proband seine unbewussten Persönlichkeitsanteile in das vorgelegte Material hineinlegt. Das Hineindeuten eigener Anteile in etwas Fremdes nennt die Psychoanalyse **Projektion**. Die Persönlichkeitstheorien der Tiefenpsychologie standen Pate bei der Entwicklung vieler projektiver Tests. Hinter den von der Testperson gegebenen Deutungen des Testmaterials verberge sich, so die Annahme, die Persönlichkeit des Probanden.

Zu den ältesten Projektivtests gehört der **Rorschachtest**, ein Formdeuteverfahren. Die Probanden erhalten Tafeln mit gefalteten Tintenklecksen. Die Testperson teilt mit, was diese aus ihrer Sicht bedeuten könnten. Aus ihren Bilddeutungen schließt der Psychologe auf den Charakter der Testperson.

Bei den **Gestaltungstests**, ein Beispiel ist der **Wartegg-Zeichentest**, werden den Versuchspersonen unfertige Skizzen vorgelegt, die diese zu einem vollständigen anschaulichen Bild ergänzen soll. Inhalt und Art der persönlichen Gestaltung offenbaren zentrale Persönlichkeitszüge.

Die **Erzähltests** verlangen von den untersuchten Personen, dass sie Geschichten zu Personen und Ereignissen auf Bildern erfindet. Beim **Thematischen-Apperzeptions-Test (TAT)** wird den Probanden eine Serie mehrdeutiger Situationen zwischen Menschen vorgelegt, mit der Aufforderung, dazu eine Geschichte zu erzählen. Die Auswertung bezieht sich auf die den Figuren unterlegten Gedanken, Gefühle, Bedürfnisse und Konflikte.

Projektive Testaufgaben

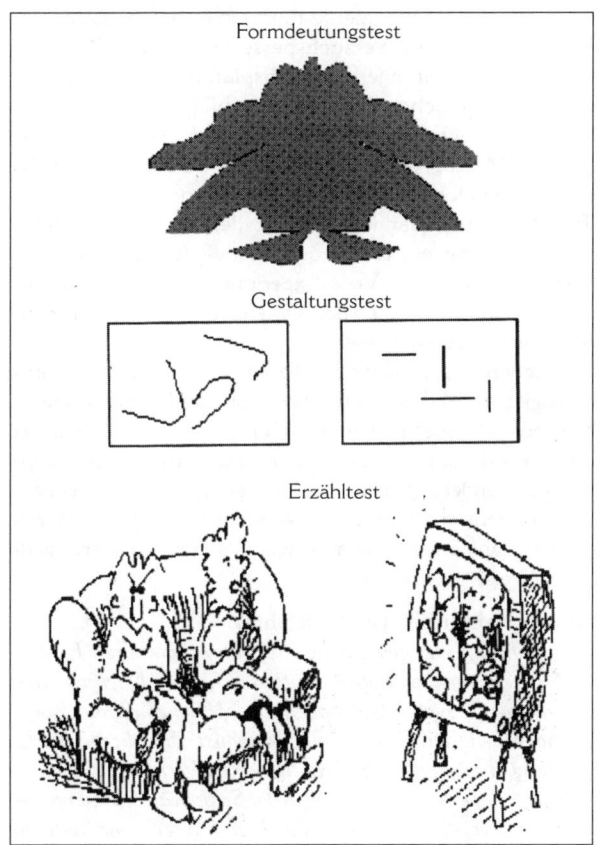

(aus: VOLLMERS 1997, S. 185)

Die Kritik an den projektiven Verfahren konzentriert sich auf die Abhängigkeit der Ergebnisse vom Testauswerter. Deren Annahmen über die sich im Testmaterial offenbarende Persönlichkeit des Probanden sei subjektiv und spekulativ. Ein anderer Psychologe käme zu ganz anderen Schlüssen. Projektive Verfahren werden deshalb heute selten und nur als Ergänzung zu metrischen Verfahren verwendet.

◊ Tests sind unsichere Messinstrumente. Intelligenztests sind trainierbar und beziehen sich nur auf einen kleinen Ausschnitt menschlicher Fähigkeiten. Metrische Persönlichkeitstest sind leicht zu durchschauen, projektive Tests unklar in der Auswertung.

ZU DEN TEST-KURIOSITÄTEN GEHÖRT DER BAUM-TEST. DIE TESTPERSONEN SOLLEN BÄUME MALEN. KURT KOCH, DER TESTAUTOR, UNTERSTELLT, DASS SICH IN DEN BAUMZEICHNUNGEN DIE TIEFEN DER SEELE OFFENBAREN.

3.2 Experimente

DAS EXPERIMENT IST IN DEN NATURWISSENSCHAFTEN (MEDIZIN, BIOLOGIE, PHYSIK, CHEMIE) DIE METHODE DER WAHL.

Psychologische Experimente führt ein Experimentator, der **Versuchsleiter**, an **Versuchspersonen** durch. Der Versuchsleiter erstellt einen **Versuchsplan** über Art und Zeitpunkt der **Versuchsreihen**. Zur Durchführung sind oft eine Reihe von Hilfsmitteln erforderlich. Dazu gehören hauptsächlich Messapparate, medizinische Geräte (EEG, EKG u. a.), psychologische Tests, Computer und Fragebögen. Teil der Versuchsplanung ist die Festlegung von Wirkfaktoren, den Variablen. Deren quantitative Ausprägung misst man im Experiment. Viele Experimente dienen dazu, Zusammenhänge zwischen den Variablen, die der Experimentator vermutet, zu messen.

DIE AUSWERTUNG VON EXPERIMENTEN GESCHIEHT MITTELS MATHEMATISCH-STATISTISCHER VERFAHREN.

Oft stehen Experimente im Dienste der Überprüfung psychologischer Maßnahmen, etwa von Erziehungsprogrammen oder Psychotherapie. Als abhängige Variable definiert man die Wirkung, gemessen als Persönlichkeits- oder Stimmungsveränderung. Die unabhängige Variable ist das Programm. Verglichen werden zwei oder noch mehr Personengruppen, an denen die unabhängige Variable in unterschiedlicher Weise gewirkt hat.

Training fahrauffälliger Kraftfahrer

Fahrauffällig gewordene Kraftfahrer, die ihren Führerschein verloren haben, müssen sich einer Nachschulung unterziehen. Psychologen haben ein spezielles Trainingsprogramm entwickelt. Es zielt im Unterschied zur üblichen Nachschulung, die sich auf die Vermittlung von Verkehrsregeln konzentriert, auf eine Veränderung in der Selbstwahrnehmung. Eine Gruppe von 200 Personen, die ihren Führerschein verloren haben, wird mit dem psychologischen Programm getestet. Nach einem Jahr ermittelt man die Anzahl der davon erneut fahrauffällig gewordenen Personen. Sie wird verglichen mit der entsprechenden Anzahl aus einer Vergleichsgruppe.

Bei diesem Beispiel ist das Programm die unabhängige Variable (UV) und der Trainingserfolg, definiert als Zahl der nach einem Jahr erneut fahrauffällig gewordenen Personen, die abhängige Variable (AV). Man spricht auch von einem experimentellen Design, einer **Versuchsanordnung**, mit **Versuchsgruppe** (Trainingsteilnehmer) und **Kontrollgruppe** (Nicht-Teilnehmer). Ist der Unterschied zwischen Versuchs- und Kontrollgruppe hinreichend groß, gilt die Wirksamkeit der UV als wissenschaftlich abgesichert.

Versuchs-Kontrollgruppe im Experiment

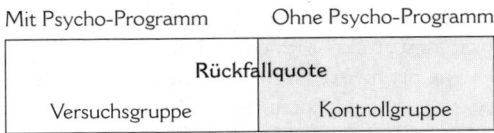

Experimentelle Studien mit Versuchs- und Kontrollgruppen dienen dazu, Effekte nachzuweisen. Die Anzahl der Versuchsgruppen und Messzeitpunkte kann leicht gesteigert werden. Die Menge der dann anfallenden Daten ist jedoch immer schwerer zu bewältigen. Außerdem muss jede Versuchsgruppe aus einer ausreichend großen Zahl an Personen bestehen.

OB JEMAND ERNEUT FAHRAUFFÄLLIG WIRD, HÄNGT NATÜRLICH NEBEN DER TEILNAHME AN DER SCHULUNG NOCH VON EINER VIELZAHL ANDERER FAKTOREN AB. INNERHALB DES EXPERIMENTS WERDEN DIE ANDEREN FAKTOREN ALS „STÖRVARIABLEN" IN IHRER WIRKUNG KONTROLLIERT.

Therapieerfolg

Es gilt, in der Behandlung schwerer Angstzustände die Wirksamkeit dreier verschiedener Psychotherapieformen (Verhaltenstherapie, Gesprächspsychotherapie, Psychoanalyse) und eines Medikaments experimentell zu überprüfen. Die zu behandelnden Patienten verteilen sich auf vier verschiedene Gruppen, die drei Therapieformen und das Medikament. Weitere Gruppen könnten durch die Kombination von Medikament und Psychotherapie als Behandlungsform gebildet werden. Mit einem Fragebogen wird das Ausmaß der Angst gemessen. Es sind mindestens zwei Messzeitpunkte notwendig, einmal vor Therapiebeginn und einmal nach Abschluss der Therapie. Weitere Messzeitpunkte, um Langzeiteffekte und Rückfälle zu ermitteln, schließen sich an.

Versuchsgruppen und Messzeiten

Psychologische Experimente lassen sich nach verschiedenen Gesichtspunkten klassifizieren. Gängig ist die Unterscheidung zwischen **Feld-** und **Laborexperiment**, die den Durchführungsort als Kriterium definiert. Obige Beispiele zählen – wie die meisten Wirksamkeitsstudien in der Psychologie – zu den Feldexperimenten.

Simulationsexperimente haben die Funktion, die komplexe Wirklichkeit im Labor oder auf dem Computer nachzustellen. Psychologen und Ingenieure stellen künstlich Unfälle (Flugzeug, Auto) her, um Risikofaktoren und Unfallursachen auf die Spur zu kommen. Versuchspersonen werden am Computer komplexe Wirklichkeitszusammenhänge (z. B. Situationen als Entwicklungshelfer) präsentiert, um deren Entscheidungsverhalten zu analysieren und Schulungsprogramme zu entwerfen.

> PROJEKTIVE TESTS (VGL. KAP. 3.1) SETZEN PSYCHOLOGEN GERNE ALS EINE ART ERKUNDUNGSEXPERIMENT BEI IHREN KLIENTEN EIN, UM MIT IHNEN INS GESPRÄCH ZU KOMMEN.

Erkundungsexperimente sind spielerische Versuchsanordnungen. Sie sind in Beratung und Therapie beliebt, um sich ein erstes Bild von den Problemen des Patienten zu machen.

Erkundungsexperimente in der Diagnostik

In der Therapie (vermutlich) sexuell missbrauchter Kinder arbeiten Psychologen mit Puppen. Das Kind soll mit diesen Puppen, denen es Personen zuordnet, Situationen aus dem Alltag, vor allem Erlebnisse mit anderen Personen, nachspielen.

Erkundungsexperimente dienen der ersten Orientierung für den Untersucher. Sie müssen mit anderen Instrumenten eingesetzt werden. Die Befragung, das intensive Gespräch mit dem Patienten, bildet die Basis aller psychologischen Untersuchungen.

3.3 Befragung und Beobachtung

> WISSEN IST DAS KIND DER ERFAHRUNG
> —
> LEONARDO DA VINCI

Befragungen sind in der empirischen Sozialforschung die wohl am meisten verwendete Methode. Befragungen finden mündlich – direkt oder telefonisch – oder schriftlich statt. Eingesetzt werden dazu Fragebögen mit Antwortvorgabe, bei denen die befragte Person etwas ankreuzt. Beobachtungen führen Sozialwissenschaftler oft in Alltagssituationen durch, um zu Erkenntnissen über die soziale Wirklichkeit zu gelangen. In der Psychologie sind Laboratorien und Therapieräume beliebtester Beobachtungsort.

Befragung

Befragungen dienen dazu, Einstellungen gegenüber Personen, Dingen und Sachverhalten zu ermitteln. Beliebtheit und Akzeptanz von Gegenständen oder Personen messen Soziologen und Psychologen mit quantifizierenden Fragebögen.

Konsumentenbefragung

Ein Schokoladenhersteller beabsichtigt, eine neue Sorte auf den Markt zu bringen. Sie unterscheidet sich geschmacklich nur wenig von den bereits gut am Markt platzierten, bewährten Produkten des gleichen Herstellers, ist aber anders verpackt. Ein Marktforschungsinstitut spricht auf der Straße Passanten an, ob sie zu einer Produktbefragung bereit sind. Wer mit ins Büro geht, erhält eine Gratisprobe der neuen Sorte und soll Geschmack und Verpackungsdesign bewerten.

IN MARKTFORSCHUNG UND WERBUNG SIND BEFRAGUNGEN VON KUNDEN DIE HAUPTMETHODE, UM DIE AKZEPTANZ VON PRODUKTEN ZU TESTEN.

Fragebogen für eine Konsumentenbefragung
1) Welche Note geben Sie der Verpackung (1 – 6)?
2) Wählen Sie, um den Geschmack optimal zu beschreiben, zwei der folgenden Worte aus: fruchtig – süß – leicht – schwer – ungewöhnlich – zart.
3) Vergleichen Sie die Geschmacksnote mit der bekannten Schokolade x.   Schmeckt diese Sorte besser, gleich gut oder schlechter?
4) Wie beurteilen Sie den Preis: zu teuer, gerade richtig, zu billig?
5) Würden Sie die Schokolade kaufen (Ja - Nein - Vielleicht)?

Die Prognose über zukünftige Entwicklungen, psychologischer oder sozialer Art, ist ebenfalls Anliegen umfangreicher Fragebogenerhebungen. Dazu werden die bei einer Befragung ermittelten Daten hochgerechnet, um den Trend für die Zukunft abzuschätzen.

Wahlprognosen

Meinungsforschungsinstitute führen im Auftrag von Parteien und Zeitungen in regelmäßigen Abständen Umfagen unter der Bevölkerung durch, um die Beliebtheit von Parteien und Politikern zu ermitteln. An Wahltagen wird eine Gruppe von 1000–2000 Personen, die repräsentativ für die Bevölkerung ist, anonym ausgewählt, ihre Stimme nochmals abzugeben. Diese Gruppe bildet die Basis der ersten Prognosen, die unmittelbar nach Schließung der Wahllokale bekannt gegeben werden. Diese reichen zumeist recht gut an die folgenden

PROGNOSEN ÜBER DIE WIRTSCHAFTLICHE ENTWICKLUNG (ARBEITSLOSENZAHL, BRUTTOSOZIALPRODUKT, PREISENTWICKLUNG) WERDEN UNBRAUCHBAR, WENN UNVORHERSEHBARE EREIGNISSE EINTREFFEN WIE DIE DEUTSCHE VEREINIGUNG ODER DIE EINFÜHRUNG DER EUROPÄISCHEN WÄHRUNGSUNION.

> Es ist mir rätselhaft, dass man herausbringt, was sechzig Millionen Menschen denken, wenn man zweitausend Menschen befragt. Erklären kann ich das nicht – Elisabeth Noelle-Neumann, Pionierin der Meinungsforschung in Deutschland.

Hochrechnungen und das amtliche Endergebnis heran, sodass die Wahlsieger zumeist schon vor Abschluss der Auszählungen feststehen.

Beobachtung

Beobachtungen können mit oder ohne Kenntnis der Personen, die beobachtet werden, durchgeführt werden. Beobachtungen sind deshalb offen oder verdeckt.

Verdeckte Beobachtung in Therapieausbildung

Innerhalb von Ausbildungen zur Psychotherapie ist es üblich, dass Therapeuten die Sitzungen hinter einem Einwegspiegel verfolgen. Im Therapiezimmer merkt man davon nichts, die Beobachtung ist also verdeckt. In der Regel sind aber die Therapeuten und Patienten vor dem Spiegel darüber informiert, dass es Zuschauer gibt.

Offene Beobachtungsformen haben den Nachteil, dass die beobachteten Personen womöglich ein Verhalten zeigen, dass sie ohne Anwesenheit des Beobachters nicht an den Tag legen würden. Die Ergebnisse sind verfälscht, da ein sozial erwünschtes Verhalten vorgespielt wird. Deshalb entscheiden sich viele Journalisten und Wissenschaftler für ein verdecktes Vorgehen.

> Egon Erwin Kisch (1885–1948), der als „Rasender Reporter" berühmt wurde, mischte sich für seine spannenden Reportagen unters Volk und gab sich – im Gegensatz zu Günter Wallraff heute – durchaus offen zu erkennen. Seinem Material hat das nicht geschadet.

Verdeckte Recherche

Der Journalist GÜNTER WALLRAFF hat sich durch spektakuläre Reportagen einen Namen gemacht. Unter Vortäuschung einer falschen Identität arbeitete er zum Beispiel als (vermeintlicher) türkischer Gastarbeiter in einer Leiharbeitsfirma, die in Industrieanlagen, auch in Kernkraftwerken, unter haarsträubenden Arbeitsbedingungen Reinigungsarbeiten durchführte. Er berichtete darüber in dem Bestseller „Ganz unten" (WALLRAFF 1985).

Fraglich bleibt, ob die Täuschung der Betroffenen moralisch zu rechtfertigen ist. Das Aufdecken von Missständen und eine Verbesserung der Lebensumstände von Benachteiligten und Unterdrückten dient verdeckt operierenden Beobachtern im Allgemeinen als Rechtfertigungsgrund ihres Handelns.

Zu unterscheiden ist bei der Beobachtungsmethode noch, ob der Beobachter im Feld selbst eine Aufgabe, neben seiner Funktion als Wissenschaftler oder Journalist, übernimmt. In diesem Fall spricht man von **teilnehmender Beobachtung**.

Hält sich der Untersucher ganz aus den sozialen Prozessen heraus und beschränkt sich allein auf die Beobachtung, schlüpft er in die Rolle des **nicht-teilnehmenden Beobachters**.

> Es gibt vier Formen der Beobachtung: Verdeckt-teilnehmend, offen-teilnehmend, nicht-teilnehmend-verdeckt und nicht-teilnehmend-offen.

3.4 Spezielle Methoden

Eine Reihe von Methoden wurde in speziellen Bereichen der Psychologie entwickelt, um den jeweiligen Besonderheiten Rechnung zu tragen. In der Entwicklungspsychologie geht es um das Studium langer Zeiträume. Um den menschlichen Lebenslauf in seiner Gesamtheit zu analysieren, benötigt man **entwicklungsbezogene Methoden**, vor allem den Längsschnittansatz.

Wenn es um die Untersuchung und Beratung von Institutionen und Gruppen geht, etwa in der Sozialpsychologie und Klinischen Psychologie, arbeiten Psychologen mit **gruppenbezogenen Methoden**. Soziogramme und Organigramme dienen der Veranschaulichung der Gruppen- und Organisationsstruktur.

Schließlich gewinnen **qualitative Forschungsmethoden** immer mehr an Bedeutung. Im Bewusstsein, dass psychisches Erleben widersprüchlich, vage und subjektiv ist, haben Sozialwissenschaftler qualitative Verfahren entwickelt. Sie sollen Gewähr leisten, dass die untersuchten Personen in ihrer Ganzheitlichkeit und unbeeinflusst von einengenden wissenschaftlichen Vorannahmen zu Wort kommen.

Gruppenbezogene Verfahren

Ihnen geht es darum, Prozesse, Kommunikations- und Interaktionsformen in Institutionen, Organisationen und Gruppen zu analysieren. Die Beschreibung von Abläufen und Hierarchien in Organisationen und Gruppen ist notwendig, um Probleme zu erkennen und Interventionen durchzuführen. Institutionen und Arbeitsgruppen wenden sich an externe Berater, um Probleme zu bearbeiten. Diese führen Befragungen an den Organisationsmitgliedern durch.

Arbeitsgruppen im psycho-sozialen Bereich suchen häufig um Unterstützung bei Supervisoren nach, wenn Teamkonflikte nachhaltig das Arbeitsklima stören. Eine Möglichkeit,

VGL. KAP. 9.4: GRUPPENSTRUKTUREN SIND IMMER DURCH LEITUNG UND UNTERORDNUNG GEPRÄGT.

MENSCHEN LEBEN UND ARBEITEN IN GRUPPEN. IN ALLEN ARBEITSGRUPPEN KOMMT ES ZU KONFLIKTEN. DOCH IN INDUSTRIELL-WIRTSCHAFTLICHEN ARBEITSBEREICHEN BEMÜHT MAN SICH SELTENER UM PSYCHOLOGISCHE HILFE ALS IM PSYCHOSOZIALEN BEREICH.

die Struktur von Arbeitsgruppen zu analysieren, ist das **Soziogramm**. Zunächst werden die Gruppenmitglieder unabhängig voneinander befragt, wer ihnen in der Gruppe besonders sympathisch bzw. unsympathisch ist und mit wem sie gern zusammenarbeiten. Dies verdeutlicht Positionen von Lieblingen und Außenseitern.

Im folgenden Zielscheibensoziogramm hat die Person G die meiste Sympathie geerntet. Etliche andere Gruppenmitglieder würden am liebsten mit ihr zusammenarbeiten. Die Person C ist dagegen völlig unbeliebt. Sie hat keine Sympathiewahlen erhalten.

Soziogramm

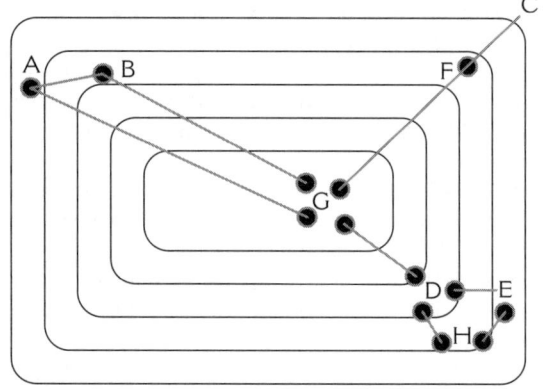

WER VERANTWORTUNG TRÄGT, WIRD ERDRÜCKT. WER KEINE VERANTWORTUNG TRÄGT, WIRD UNTERDRÜCKT
—
WOLFRAM LOTZE

Organigramme dienen der Beschreibung von Hierarchien und Arbeitsabläufen in Institutionen. Mit Organigrammen macht man sich ein Bild über Zuständigkeit und Zuordnung von Vorgesetzten und Untergebenen. Stabstellen, in der folgenden Abbildung mit S gekennzeichnet, liegen außerhalb der formellen Hierarchie von Untergebenen (U) und Vorgesetzten (V).

Organigramm

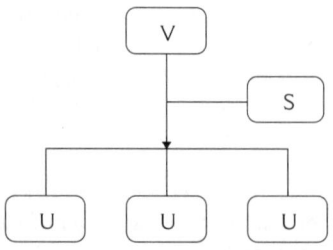

Entwicklungsbezogene Methoden

Längsschnittuntersuchungen, auch **Longitudinalstudien** genannt, wollen Verläufe in der Intelligenz- und Persönlichkeitsentwicklung über große Zeiträume hinweg erfassen. Dazu ist es notwendig, in annähernd gleich großen Abständen die selbe Personengruppe immer wieder zu untersuchen.

Von Bedeutung ist die Längsschnittuntersuchung auch in der **Zwillingsforschung,** um Unterschiede und Übereinstimmung in der Entwicklung von eineiigen und zweieiigen Zwillingen festzustellen. So soll es möglich sein, Anlage- und Umweltfaktoren bei der Entwicklung zu unterscheiden.

Längsschnittuntersuchung

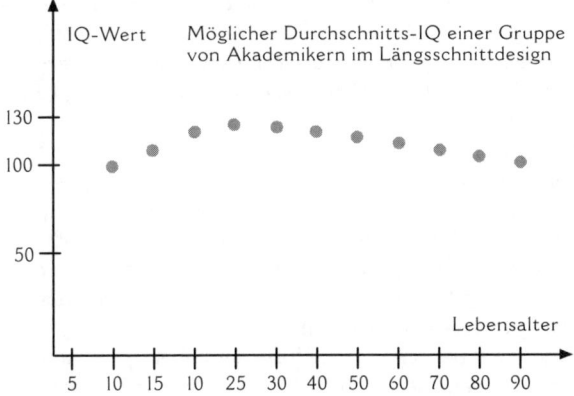

TEILNEHMER AN LÄNGSSCHNITTSTUDIEN WERDEN OFT IHR GANZES LEBEN LANG BEFORSCHT, UM ENTWICKLUNGS- UND ALTERUNGSPROZESSE ZU ERFASSEN. DIE BEKANNTESTE LÄNGSSCHNITTUNTERSUCHUNG IN DEUTSCHLAND IST DIE BONNER GERONTOLOGISCHE LÄNGSSCHNITTSTUDIE (BOLSA), DIE VON HANS THOMAE UND URSULA LEHR VOR VIERZIG JAHREN BEGONNEN WURDE.

Qualitative Methoden

Qualitative Methoden erfreuen sich zunehmender Beliebtheit in Psychologie und Sozialwissenschaften. Sie sind offener und flexibler als quantitativ-standardisierte Methoden. An jenen bemängeln qualitativ orientierte Sozialwissenschaftler, dass sie den Blickwinkel verengen, die Forschungsfragen zu sehr eingrenzen und der subjektiven Sichtweise der betroffenen Personen zu wenig Gewicht einräumen.

Qualitative Erhebungsinstrumente sind deshalb nicht normiert und standardisiert, sondern werden speziell konstruiert, um den Besonderheiten der jeweiligen Forschungsfrage, der beteiligten Personen und des Umfeldes Rechnung zu tragen. Die Auswertungen der Daten, die in der Form von

DIE ANTEILE DER ERB- UND UMWELTFAKTOREN LASSEN SICH NICHT PROZENTUAL AUFSCHLÜSSELN. INSGESAMT SPIELEN UMWELTFAKTOREN WOHL EINE GRÖSSERE ROLLE. VERERBT WERDEN BANDBREITEN DES VERHALTENS UND ANFÄLLIGKEITEN FÜR PROBLEME UND KRANKHEITEN.

Wortprotokollen vorliegen, geschieht mittels qualitativer Textanalyse.

Grundformen der Datenerhebung sind, wie in der quantitativen Sozialforschung, die **Befragung**, die **Beobachtung** und das **Experiment**.

Eine qualitative Befragung

Die Soziologin CHRISTA HOFFMANN-RIEM *untersuchte bei Ihrer Untersuchung „Das adoptierte Kind" (Hoffmann-Riem 1984) Paare, die Kinder adoptiert hatten. Dazu ließ sie sich die gesamte Vorgeschichte des Paares ausführlich schildern. Die befragten Personen erhielten nur eine einzige Frage vorgelegt. Diese lautete:*
„Ich (als Forscherin) möchte wissen, warum Sie sich zur Adoption eines Kindes entschlossen haben. Erzählen Sie mir bitte alle Ereignisse und Erfahrungen, die zu Ihrer Entscheidung geführt haben. Alle Details sind wichtig, soweit Sie aus Ihrer ganz persönlichen Sicht der Dinge irgendwie von Bedeutung gewesen sind."

> WIR BENÖTIGEN PERSONEN, DIE GERNE ERZÄHLEN. WORTKARGE SOLLEN BESSER FRAGEBÖGEN AUSFÜLLEN
> —
> SPRUCH UNTER QUALITATIVEN FORSCHERN

Derartig offene Fragen führen zu längeren Erzählpassagen der Interviewten. Diese protokolliert der Forscher mit, ggf. per Tonaufnahmegerät. Der Verzicht auf Fragen mit Antwortvorgabe, wie sie bei quantitativen Befragungen üblich sind, gewährleistet, dass die gesamte Lebenssituation der Befragten zur Sprache kommt.

Interviews, bei denen große Teile der Lebensgeschichte erzählt werden, heißen narrative oder **biografische Interviews**. Ohne Antwortvorgaben durch den Interviewer kommt der Befragte uneingeschränkt zu Wort. Bei Leitfadeninterviews, auch **Tiefeninterviews** genannt, hat der Interviewer eine kleine Liste offener Fragen vor sich liegen, die verschiedene Aspekte des Forschungsthemas zum Inhalt haben. Auch bei Leitfadeninterviews antwortet der Befragte frei in längeren Passagen.

> WENN EINER NUR ZAHLEN UND ZEICHEN IM KOPF HAT, KANN ER NICHT DEM KAUSALZUSAMMENHANG AUF DIE SPUR KOMMEN
> —
> ARTHUR SCHOPENHAUER

Bei qualitativen Beobachtungen und Experimenten kommt der Lebensnähe und Ganzheitlichkeit ebenfalls besondere Bedeutung bei der Untersuchung zu. Experimente und Beobachtungen werden nicht im Labor, sondern im Alltag ohne Messinstrumente durchgeführt.

Qualitative Experimente und Beobachtungen

Der Psychologe JEAN PIAGET (1896–1980) *war der bedeutendste qualitative Sozialforscher dieses Jahrhunderts. Einen Großteil seiner qualitativen Beobachtungen und*

Experimente führte er an seinen eigenen drei Kindern durch. Schon gleich nach der Geburt begann sein intensives Studium der motorischen, sensorischen und intellektuellen Fähigkeiten des Kleinkindes. Die Studien PIAGETS, seine Beobachtungen und Experimente, glichen oft Spielen. Bei seinen Untersuchungen zur Objektkonstanz (PIAGET 1936), wollte er ergründen, inwieweit Kinder Gegenstände, die nicht mehr in ihrem unmittelbaren Sehfeld liegen, wieder finden. Dazu versteckte er Spielzeug hinter dem Rücken des Kindes, verbarg es unter einer Decke oder nahm es an sich. Erst ab einem gewissen Alter sucht das Kleinkind danach. Zuvor hat es noch nicht begriffen, dass Gegenstände unabhängig von seiner persönlichen Wahrnehmung existieren und unveränderlich sind.

Das qualitative Experiment entspricht äußerlich dem Erkundungsexperiment. Jedoch ist die Variation, die Veränderung der experimentellen Bedingungen, erheblich systematischer. Längere Versuchsreihen zielen auf objektive, allgemein gültige Erkenntnisse. Die Zahl der Versuche ist groß, die Zahl der Versuchspersonen dagegen klein.

Auswertung qualitativer Daten

Die Auswertung der Protokolle von qualitativen Beobachtungen, Befragungen und Experimenten geht in verschiedene Richtungen. Gemeinsamkeiten, Typisches, Interaktionsweisen, Erzählmodi – das Auswertungsziel ist abhängig von den Erkenntnisinteressen der Wissenschaftler. Qualitative Daten können auch quantitativ ausgewertet werden.

▶ Qualitative Methoden betonen die geisteswissenschaftliche Sichtweise in der Psychologie. Das Leben der Person soll in seiner Geschichte und Komplexität verstanden werden.

BEIM SPIEL KANN MAN EINEN MENSCHEN BESSER KENNEN LERNEN ALS IM GESPRÄCH IN EINEM JAHR
—
PLATON

QUANTITATIVE DATEN (ZAHLEN UND STATISTIKEN) SIND EINFACHER ZU HANDHABEN UND SCHNELLER ZU VERARBEITEN ALS QUALITATIVE, DIE SICH NICHT PER EDV VERRECHNEN LASSEN.

II. Schlüsselthemen

> Nun bemerke ich hier, dass zwischen Geist und Körper insofern ein großer Unterschied besteht, als der Körper seiner Natur nach stets teilbar, der Geist hingegen durchaus unteilbar ist. Denn, in der Tat, wenn ich diesen betrachte, d. h. mich selbst, insofern ich nun ein denkendes Wesen bin, so kann ich in mir keine Teile unterscheiden, sondern erkenne mich als ein durchaus einheitliches und ganzes Ding. Und wenngleich der ganze Geist mit dem ganzen Körper verbunden zu sein scheint, so erkenne ich doch, dass wenn man den Fuß oder den Arm oder irgendeinen anderen Körperteil abschneidet, darum nichts vom Geiste weggenommen ist. Auch darf man nicht die Fähigkeiten des Wollens, Empfindens, Erkennens usw. als seine Teile bezeichnen, ist es doch ein und derselbe Geist, der will, empfindet und erkennt.
>
> RENÉ DESCARTES, 1641

4. Bewusstsein und Unbewusstes

Jeder Mensch ist sich seiner Existenz bewusst. Wir haben ein Bewusstsein von uns und der Welt um uns herum. Das Bewusstsein ist ein Erlebnis, etwas Psychisches. Es hat eine biologische Basis, das Gehirn, ist aber nicht mit Gehirnprozessen identisch. Körper und Geist sind zwei verschiedene Bereiche. Psychische Prozesse werden von körperlichen Vorgängen, vor allem durch das Nerven- und Hormonsystem, beeinflusst und umgekehrt. Die Forschungsbereiche im Schnittfeld von Psychologie, Medizin und Biologie – das sind besonders Psychosomatik, Neuropsychologie, Stressforschung und die moderne Krebsforschung – widmen der Wechselwirkung von Körper und Seele ihre besondere Aufmerksamkeit.

Die meisten Psychologen betrachten die menschliche Psyche weitgehend unabhängig von ihrem organischen Fundament. Körperliche Vorgänge bei Mensch und Tier zu analysieren, ist im arbeitsteiligen Wissenschaftsbetrieb Sache von Biologen und Medizinern. Die Mehrzahl der Humanwissenschaftler neigt zu der schon von dem Philosophen RENÉ DESCARTES (1596–1650) vertretenen Ansicht, dass Körper und Geist, Organismus und Psyche, grundsätzlich – zumindest für wissenschaftliche Zwecke – unterscheidbar sind.

In diesem Kapitel geht es um das Bewusstsein des Menschen und dessen Fuktionen. Die Psychologie als Wissenschaft unterteilt die Psyche des Menschen in verschiedene, scheinbar genau abgrenzbare Funktionen. Tatsächlich bilden die im Folgenden getrennt behandelten Teile der Psyche aber ein komplexes Ganzes.

Alle psychischen Funktionen vollziehen sich zu einem Großteil unbewusst. Der **Bereich des Unbewussten** und die Verdrängung bewusster Anteile ins Unbewusste ist die Domäne der klassischen Tiefenpsychologie, der Psychoanalyse in der Nachfolge von SIGMUND FREUD *(Kapitel 4)*. Als menschliche **Persönlichkeit** gilt die Einheit im Erleben und Verhalten jenseits aller Lebenswandlungen *(Kapitel 5)*. **Emotion** und **Motivation** bilden die – zum Teil unbewussten – Antriebe unser Handlungen *(Kapitel 6)*. **Wahrnehmung** und **Lernen** *(Kapitel 7)* stehen im Dienst der Auffassung der Realität und der Anpassung an neue Situationen. **Denken** und **Gedächtnis** steuern die Verarbeitung und Speicherung der für unsere Lebensbewältigung relevanten Informationen *(Kapitel 8)*.

Der einzelne lebt nicht isoliert, sondern ist auf Kontakt und Austausch mit anderen angewiesen. Das betonen in der Psychologie die Sprach- und Sozialpsychologen. **Kommunikations-** und **Gruppenprozesse** umreißen die offensichtlich sozialen Anteile des menschlichen Lebens *(Kapitel 9)*.

4.1 Der Mensch – ein unbewusstes Wesen?

Wir leben in einer Gesellschaft, die der Idee des frei, selbstbestimmt und rational, gemäß seinen Interessen und Bedürfnissen agierenden Individuums huldigt. Jeder erwachsene Mensch trägt die volle Verantwortung für sein Handeln. Der menschliche Geist, die Vernunft, hat seit der Aufklärung im 18. Jahrhundert große Erfolge im Kampf gegen die das Leben bedrohenden Naturgewalten errungen. Gewaltige technische Erfindungen künden vom scheinbaren Fortschritt, der mit der Ausbildung und Kultivierung der menschlichen Rationalität in den letzten 200 Jahren, mit der Epoche von Aufklärung und industrieller Revolution, einhergeht.

Es mutet wie ein hinterhältiger, feindlicher Überfall auf die sich in Sicherheit wiegende Menschheit an, wenn die **Tiefenpsychologie** behauptet, dass der größte Teil des menschlichen Erlebens und Verhaltens rationaler Grundlagen entbehrt und unbewusster Art ist. Die Seele des Menschen, sagt die Psychoanalyse, gleicht einem Eisberg, dessen größter Teil, das **Unbewusste**, verborgen unter der Wasseroberfläche liegt. Nur die Spitze dieses Eisberges ist für die Person selbst und ihre Mitmenschen sichtbar.

SIGMUND FREUD (1856–1939) und viele andere ihm nachfolgende Psychoanalytiker und Tiefenpsychologen richteten ihre ganze Kraft darauf, den riesigen Sockel des Eisbergs zu erkunden und dem allgemeinen Bewusstsein, der Vernunft aller Menschen, zugänglich zu machen. Gegenstand der Tiefenpsychologie sind die unbewussten, unzugänglichen Anteile der Psyche und ihr Verhältnis zum bewussten, dem Verstand unmittelbar zugänglichen Teil.

Unbewusstes und Bewusstes in der Psyche

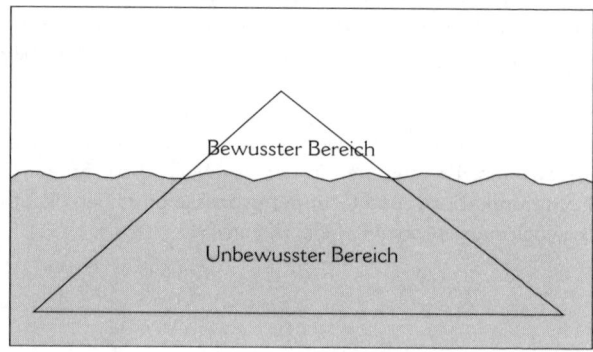

> AUFKLÄRUNG IST DER AUSGANG DES MENSCHEN AUS SEINER SELBST VERSCHULDETEN UNMÜNDIGKEIT. UNMÜNDIGKEIT IST DAS UNVERMÖGEN, SICH SEINES VERSTANDES OHNE LEITUNG EINES ANDEREN ZU BEDIENEN
> —
> IMMANUEL KANT

> DIE ANALYTISCHE EINSICHT IST WELTVERÄNDERND; EIN HEITERER ARGWOHN IST MIT IHR IN DIE WELT GESETZT, EIN ENTLARVENDER VERDACHT, DIE VERSTECKTHEITEN UND MACHENSCHAFTEN DER SEELE BETREFFEND
> —
> SIGMUND FREUD

4.2 Ausdehnung des Unbewussten

Innerhalb des psychischen Gesamt, das Freud als Zusammenwirken der drei Instanzen Ich, Es und Über-Ich beschreibt, erstreckt sich das Unbewusste in jeweils unterschiedlichem Ausmaß. Das Es, Sitz der Triebe und verdrängten Wünsche, hat das Unbewusste nahezu vollständig in Beschlag genommen. Im Über-Ich, der Gesamtheit der ethisch-moralischen Überzeugungen, hat es, ebenso wie im Ich, nur einen – wenn auch beträchtlichen – Teil eingenommen. Nur im Ich, das unser Verhalten lenkt, kann der bewusste Bereich der Psyche die Oberhand über das Unbewusste gewinnen.

> Die subjektive Moral, das Über-Ich, sollte sich an der objektiven, allgemeinen Ethik ausrichten. So formulierte Immanuel Kant seinen allgemeinen Verhaltenskodex: Handle so, dass die Maxime deines Handelns jederzeit zugleich als Prinzip einer allgemeinen Gesetzgebung gelten könnte.

Verteilung Unbewusstes und Bewusstes

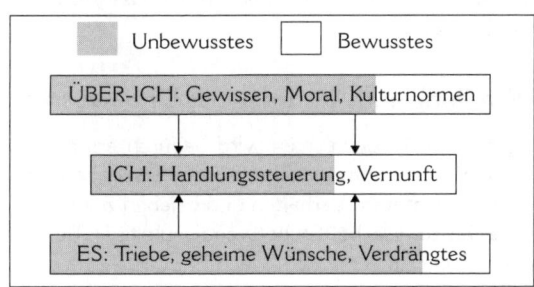

Im Alltag vollzieht sich unser Verhalten größtenteils unbewusst. Gehen wir unseren täglichen Verpflichtungen, Zerstreuungen und Vergnügungen nach, sei es Arbeit, Sport, Hobby oder Haushalt, geschieht die Regulation unseres Handelns unbewusst im Hintergrund. Häufig ist erst die Widerständigkeit der Umwelt, das Auftreten eines Problems, der Anlass, sich mit dem eigenen Unbewussten auseinander zu setzen.

Das Nachsinnen über das eigene Tun, das Hinterfragen von Handlungen und Erlebnissen des Scheiterns, sowie das Reden über Probleme mit anderen – beides eröffnet den Zugang zum eigenen Unbewussten.

Zugang zum Unbewussten

Eine junge Mutter wendet sich mit ihrem verhaltensauffälligen Kind an eine Erziehungsberatungsstelle. Ihr achtjähriger Sohn hat immer wieder Anwandlungen von Angst und Kontaktscheu. Er zieht sich dann von allen Menschen zurück, setzt sich in die Ecke und sagt kein Wort. Die Psychologen un-

> Auch über das Lesen psychologischer Fachbücher oder von Romanen findet man Zugang zum eigenen Unbewussten.

tersuchen den Erziehungsstil der jungen Mutter. Sie finden heraus, dass die Frau extrem autoritär ist, das Kind anschreit, wenn es sich nicht sofort ihren Anweisungen fügt. Sie sprechen die Mutter darauf an. Die junge Frau ist überrascht, denn sie zeichnet von sich das Bild einer liebevollen, einfühlsamen Mutter. Doch hat sie unbewusst Normen und Verhalten ihrer eigenen Mutter übernommen, die sehr herrisch und brutal war. Im Überich der jungen Frau hat sich, auf Grund der eigenen Erfahrungen als Kind in der Herkunftsfamilie, als Norm ein autoritärer Erziehungsstil durchgesetzt. Dieser unbewusste Teil des Überich wird durch Gespräche mit Psychologen und Reflektion über das eigene Erziehungsverhalten dem Bereich des bewussten Teils der Psyche zugänglich. In der Folge achtet die Mutter stärker auf ihr Verhalten im Umgang mit dem Jungen und zügelt ihre Wutausbrüche. Die Symptome des Kindes gehen daraufhin bald zurück.

4.3 Wandlung und Ausdruck des Unbewussten

ALLE MENSCHEN TRÄUMEN – DOCH NICHT AUF GLEICHE WEISE. WER DES NACHTS TRÄUMT, IN DEN VERSTAUBTEN WINKELN SEINES HIRNS, ERWACHT AM TAG, NUR UM ZU FINDEN, DASS ALLES NICHTIG WAR, DIE TAGTRÄUMER JEDOCH SIND GEFÄHRLICHE MENSCHEN, DENN SIE KÖNNEN IHRE TRÄUME MIT OFFENEN AUGEN ERLEBEN, UM SIE MÖGLICH ZU MACHEN
—
T. E. LAWRENCE

Der Zugang zum Unbewussten wird dadurch erschwert, dass es sich oft nicht unmittelbar, sondern verschoben, verformt und verdichtet im Verhalten und Erleben zeigt. Umfangreiche **Deutungsarbeit** ist notwendig, um es als Betroffener oder Helfer zu verstehen. Nach FREUDS Auffassung zeigt sich das Unbewusste, wenn auch stets verschlüsselt, in einigen Alltagsphänomenen besonders prägnant. Dazu zählt FREUD Versprecher im täglichen Reden, das Entstehen von Komik bei Witzen und vor allem die Träume.

Träume
Die Verwandlungen des Unbewussten in den nächtlichen Traumbildern hat Tiefenpsychologen sehr interessiert. Viele Psychoanalytiker waren Traumforscher, in der Hoffnung, aus der Entschlüsselung der uns merkwürdig anmutenden Traumsprache wesentliche Hinweise über die allgemeine Funktionsweise der Seele zu erhalten.
Die Tiefen der Seele offenbaren sich in unseren oft konfusen und widersprüchlichen Träumen. Deren Sinn muss entschlüsselt, gedeutet werden. Dies geschieht unter Umständen in einer Psychotherapie, um die tiefere Ursache des eigenen Lebensschicksals zu verstehen und Probleme und Krisen besser zu bewältigen.

Unbewusstes und Symbol

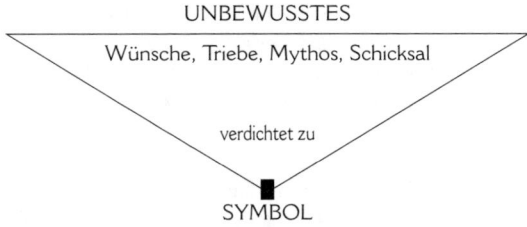

In unseren Träumen spricht neben dem Unbewussten auch der Tagesrest. Das sind Gedanken, die dem Träumer vor dem Einschlafen durch den Kopf gehen. Sie umfassen Erinnerungen an Vergangenes oder Gedanken an bevorstehende Ereignisse. Der Tagesrest vermischt sich in den Traumbildern mit dem Unbewussten. Um den Traum zu verstehen, müssen beide Ebenen, die gemeinsam den erlebten, manifesten Trauminhalt bilden, voneinander getrennt werden. Aus der **Entschlüsselung** der Traumgeschichte und der **Traumsymbole** ergibt sich der verborgene, wahre, für das Bewusstsein nicht direkt zugängliche, latente **Trauminhalt**.

JEDER TRÄUMT IM SCHLAF, VOR ALLEM IN DEN REM-PHASEN, WIE DIE MODERNE SCHLAFFORSCHUNG BELEGT (REM = RAPID EYE MOVEMENT). VIELE MENSCHEN ERINNERN SICH JEDOCH NICHT DARAN. DURCH TRAINING LÄSST SICH DIE TRAUMERINNERUNG VERBESSERN. IM RAHMEN EINER PSYCHOTHERAPIE WERDEN PATIENTEN DAZU ANGELEITET.

Traumdeutung

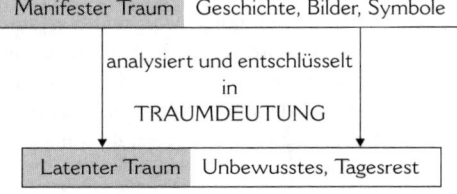

Traumdeutung

FREUD *berichtet in seinem Buch „Die Traumdeutung" über die Träume seiner Patienten. Eine Lehrerin erzählt (FREUD 1900, S. 198), sie habe geträumt, dass sie eine Kerze in einen Leuchter steckte. Die Kerze sei dabei abgebrochen, sodass sie nicht gut in der Fassung stand. Ihre Schülerinnen beobachteten das Missgeschick und tadelten sie wegen ihrer Ungeschicklichkeit. Sie erwiderte verzweifelt, sie träfe daran keine Schuld.*

WILLST DU DEINEN TRAUM VERWIRKLICHEN, DANN ERWACHE
—
RUDYARD KIPLING

> EIN UNGEDEUTETER TRAUM GLEICHT EINEM UNGELESENEN BRIEF. EIN MENSCH LIEST SEINEN TRAUM, UM SICH SELBST KENNEN ZU LERNEN
> —
> ERICH FROMM

> DIE UNZÄHLIGEN TRAUMLEXIKA FÜR LAIEN TAUGEN WENIG, DA SIE NUR EINZELNE SYMBOLE, LOSGELÖST VOM GESAMTEN TRAUMINHALT, AUFLISTEN. EINE ALLGEMEINVERSTÄNDLICHE EINFÜHRUNG IN DIE GANZHEITLICHE TRAUMINTERPRETATION GIBT ERICH FROMM IN „MÄRCHEN, MYTHEN, TRÄUME".

> ALLE ERWEITERUNG UNSERER ERKENNTNIS ENTSTEHT AUS DER BEWUSSTMACHUNG DES UNBEWUSSTEN
> —
> FRIEDRICH NIETZSCHE

FREUDS Deutung: Der Tagesrest ist der Rahmen der Geschichte, ihr Ablauf im Ganzen. Tags zuvor hatte die Lehrerin zu Hause tatsächlich eine Kerze in einen Leuchter gesetzt, woran sie sich wohl vor dem Einschlafen erinnerte. Die Kerze symbolisiert aber nicht dieses Erlebnis, sondern vielmehr die Impotenz ihres Mannes. Ihr unbewusster Wunsch sei es, in dieser Hinsicht schuldlos zu sein.

Bilder und Symbole in Träumen, Märchen und Mythen sind vieldeutig. Oft sind ganz verschiedene Deutungen möglich und plausibel. Psychotherapeut und Klient müssen zu einer gemeinsamen **Deutung** gelangen, die befriedigende Antworten auf die Fragen und Nöte der Patienten gibt.

4.4 Die Abwehr des Unbewussten

Der bewusste Bereich des Ich lässt nicht ohne weiteres zu, dass sich die Impulse aus dem Unbewussten in ihm ausbreiten und bewusst von der Person wahrgenommen wird. Es wehrt die hinaufdrängenden Affekte aus dem Unbewussten ab. Dazu bedient sich das Ich einer Reihe von **Abwehrmechanismen**.

Verdrängung

Zu den krankmachenden, selbstschädigenden Abwehrmechanismen gehört die Verdrängung. Wunschvorstellungen in der Fantasie und real erlebte, an zurückliegende Ereignisse gekoppelte Emotionen, werden aus dem Bewusstsein getilgt. Das führt oft zu quälenden Symptomen, da die verdrängte psychische Energie in der Gestalt neurotischer Symptome hervorbricht.

Angstneurose durch Verdrängung

Eine junge Frau begibt sich in psychoanalytische Behandlung. Sie klagt über plötzlich auftretende Angstzustände. Wenn sie über offene Plätze geht, ergreift sie ein Gefühl hilfloser Panik. Sie fühle sich der bedrohlichen Situation vollständig ausgeliefert. Mit pochendem Herzen tastet sie sich dann an Hauswänden und Geländern entlang. Mehrmals erleidet sie Ohnmachtsanfälle. Außerdem überkommt sie immer wieder der gleiche Alptraum. Ein zunächst freundlich aussehender Mann tritt auf sie zu, verwandelt sich plötzlich in eine hässliche Fratze und sticht mit einem Messer auf sie ein. Mithilfe der psychoanalytischen Therapie gelingt es der Frau, sich an verdrängte Kindheitserlebnisse zu erinnern. Ihr Vater hatte sie mehrmals vergewaltigt. In den Alpträumen und Angstzuständen wiederholen sich die Gefühle des Ausgeliefertseins und der Bedrohung.

Spaltung

Die **Ich-Spaltung** ist ein Abwehrmechanismus, der noch radikaler als die Verdrängung persönliche Erlebnisse aus dem Bewusstsein verbannt. Die Erlebnisse werden als nicht mehr der Person zugehörig definiert. Wenn diese Erlebnisse aus dem Unbewussten plötzlich die Oberhand gewinnen, glaubt die betreffende Person jemand anders zu sein. Sogar Personen ihres Umfeldes mutet dann das Verhalten der Betreffenden als persönlichkeitsfremd an.

Bei Persönlichkeitsspaltungen schlummern mehrere Seelen in der Brust des Betreffenden. Heute stellen Psychiater in solchen Fällen gerne die Diagnose „Multiple Persönlichkeit".

Dr. Jekyll und Mr. Hyde

Die gleichnamige Romanfigur des Schriftstellers Robert Louis Stevenson (1850–1894) gibt eine populäre Beschreibung des Vorgangs der Ich-Spaltung. Die Person spaltete sich in ein gutes und ein böses Selbst. Dr. Jekyll ist ein angesehender, hilfsbereiter Arzt und fürsorgender, liebevoller Gatte. Durch die Einnahme einer Substanz verwandelt er sich in ein böses Ungeheuer. Dieses zweite Ich hat den Namen Mr. Hyde. In dieser Gestalt greift er grundlos fremde Menschen an und lässt sich schließlich, nachdem er die Substanz immer wieder zu sich genommen hat, zum Morden hinreißen.

Projektion

Das Abspalten eigener Persönlichkeitsanteile – vor allem destruktiver Züge, die mit dem Selbstbild nicht übereinstimmen – führt oft dazu, dass der Betreffende sie in andere Gegenstände und Personen hineinlegt. Tiefenpsychologen nennen den Vorgang des Hineindeutens eigener Wesenszüge in etwas Fremdes Projektion.

Um abgespaltene, unbewusste Persönlichkeitsanteile zu entdecken, arbeiten Tiefenpsychologen bevorzugt mit **projektiven Testverfahren**. Die vom Patienten gemalten Bilder werden psychoanalytisch gedeutet. Oder man legt dem Patienten fremde Bilder vor, damit er sie beschreibt oder dazu eine Geschichte erzählt. Auf diese Weise projiziert er sein Unbewusstes in das Material. Verborgene Persönlichkeitsanteile werden sichtbar und damit der Bearbeitung und Umgestaltung zugänglich.

Vgl. Kap. 3.1 zu Projektiven Testverfahren

Projektionsvorgänge spielen auch in der Wahrnehmung fremder Personen eine Rolle. Eigene, unbewusste Charakterzüge werden anderen Personen zugesprochen. Wenn diese Zuschreibung einseitig ist, bilden sich Vorurteile ge-

Wahrnehmung ist immer subjektiv gefärbt (vgl. Kap. 7.3). Eine andere Person nehmen wir so wahr, wie wir sie sehen wollen, nicht wie sie wirklich ist.

61

genüber der verzerrt wahrgenommenen anderen heraus. Diese Vorurteile stehen im Dienste der **Abwehr** des eigenen Unbewussten.

Projektionen im Rechtsradikalismus

🌑 *Vorurteile, Hass und Aggressionen ausländischen Jugendlichen gegenüber beruhen bei rechtsradikalen deutschen Jugendlichen zum Teil auf Projektionen. Pauschal wird den anderen zugesprochen, was im Grunde für die eigene Gruppe gilt: Gewaltbereitschaft, Ignoranz, Intoleranz und Egoismus. Bei sich selbst werden dieses Eigenschaften geleugnet, dafür aber bei den anderen, willkürlich in dieser Weise wahrgenommenen Personen umso schärfer verfolgt.*

Die Abwehrmechanismen des Ich zeitigen allerdings nicht nur schädigende Wirkungen. Sie stehen zugleich, wenn sie keine Extremformen annehmen, im Dienste des Erhalts der persönlichen Identität und sichern psychische Gesundheit. Traumatische Erlebnisse müssen oft vergessen oder abgespalten werden. Die permanente Erinnerung daran würde andernfalls als zentnerschwere Last das Leben beeinträchtigen. Entlastend wirkt auch die Projektion, da das fortdauernde Bewusstsein eigener Negativität einem gesunden Selbstwertgefühl entgegensteht.

◆ Zu den Abwehrmechanismen des bewussten Ichs gehören die Projektion, die Ich-Spaltung und die Verdrängung. Sie haben für die Person nicht nur einschränkende Funktionen, sondern dienen auch der Entlastung und Befreiung.

4.5 Erweiterungen der Tiefenpsychologie

> SEX IST LÄSTIG, DENN ER ZERKNITTERT DIE GARDEROBE
> —
> JACKIE KENNEDY

FREUD, der die meisten psychischen Probleme als Folge von Verdrängungen, vor allem sexueller Art, wertete, sah sich schon bald Angriffen seiner Schüler und Nachfolger ausgesetzt. ALFRED ADLER (1870–1937) und CARL GUSTAV JUNG (1875–1961) taten sich unter den Kritikern besonders hervor.

Minderwertigkeitsgefühl

ADLER sah ein durchgängiges Minderwertigkeitsgefühl, das auf Grund negativer frühkindlicher Erfahrungen im Umgang mit Bezugspersonen entsteht und sich allmählich verfestigt, als Hauptursache psychischer Störungen. Zurücksetzungen und Ausgrenzungen haben entscheidendes Gewicht. Kinder, die auf Grund mangelnder motorischer Fähigkeiten oder Andersartigkeit aus Gruppen ausgegrenzt werden, erleben sich als minderwertig. Gleiches gilt für ältere Geschwister, die, nachdem das Neugeborene auf die Welt gekommen ist, plötzlich nicht mehr im Mittelpunkt der elterlichen Aufmerksamkeit stehen.

Im Bemühen, das Gefühl der eigenen Minderwertigkeit auszugleichen, greift das Individuum zu „ungesunden" Handlungsweisen. ADLER analysierte vor allem das gemeinschaftsschädigende Streben nach Macht, Dominanz und Unterdrückung, führte aber auch Neurosen (Ängste, Depressionen, Zwänge) auf die Unfähigkeit zum Eingliedern in die Gemeinschaft zurück.

Gesund sind Personen, die in die soziale Gemeinschaft aller aufgehen und sich den angebotenen Aufgaben stellen, soweit sie ihren Möglichkeiten entsprechen. Ihnen liegt es fern, sich zum Herrscher über andere aufzuspielen. Sie verhalten sich demokratisch und tolerant. Die bereitwillige Übernahme sozialer Aufgaben sieht ADLER als den Sinn des Lebens an.

ADLER HAT – WIE VIELE PSYCHOLOGEN – IN SEINER THEORIE WOHL EIGENE KINDHEITSERFAHRUNGEN VERARBEITET. ER WAR EIN SCHWÄCHLICHER JUNGE, LITT AN ATEMNOT UND KONNTE NICHT MIT ANDEREN KINDERN HERUMTOLLEN.

Gemeinschaftliches Unbewusstes

CARL GUSTAV JUNG bestimmte die von FREUD geprägten Begriffe der Libido und des Unbewussten neu. JUNG verstand unter Libido ein allgemeines menschliches Streben nach Sinn. Das Handeln eines Menschen ist weniger der persönlichen Lebensgeschichte, den prägenden Kindheitserfahrungen geschuldet, sondern vielmehr Ausdruck eines **kollektiven Unbewussten**. Dies umfasst die Erfahrungen aller lebenden und toten Menschheitsgenerationen. Wichtigster Bestandteil des kollektiven Unbewussten sind die **Archetypen**. JUNG verstand darunter die „Urmuster" menschlichen Erlebens und Handelns, die im Laufe der Menschheitsgeschichte entstanden sind und von Generation zu Generation weitergegeben werden. Die Archetypen sind keiner unmittelbaren Erfahrung zugänglich. Sie können nur indirekt aus ihren Manifestationen, ihrer Offenbarung in Bildern und Symbolen, erschlossen werden. In den Träumen, Mythen, Märchen, Ritualen und Kunstwerken verschiedener Kulturen zeigt sich auf verschlüsselte Weise das kollektive Unbewusste der Menschheit.

JUNG HATTE ZU ANFANG DES JAHRHUNDERTS IN DER PSYCHOANALYTISCHEN GESELLSCHAFT DIE ROLLE DES „KRONPRINZEN" INNE. EINE GEMEINSAME AMERIKAREISE IM JAHR 1909 FÜHRTE DANN ZUM ZERWÜRFNIS MIT FREUD. GRUND WAR, DASS FREUD EINEN TRAUM JUNGS SO DEUTETE, DASS JUNG FREUD DEN TOD WÜNSCHE.

Gemeinsamkeiten aller Psychoanalytiker

Trotz der Abweichungen von FREUD zählen die Theorien von JUNG und ADLER, ebenso wie diejenigen anderer Psychoanalytiker – bekannte Namen sind ERICH FROMM

FREUD WURDE IMMER MEHR ZUM KULTURPESSIMISTEN UND DEUTETE SCHLIESSLICH ALLES LEBEN, UND EBENSO GESCHICHTE UND KULTUR DER MENSCHEN, ALS FORTWÄHRENDEN KAMPF ZWISCHEN LIEBES- UND TODESTRIEB. SEIN LETZTES BUCH ERSCHIEN 1930 UND TRÄGT DEN TITEL „DAS UNBEHAGEN AN DER KULTUR".

(1900–1980), WILHELM REICH (1897–1957) ERIK ERIKSON (1902–1994), KAREN HORNEY (1885–1952) und MELANIE KLEIN (1882–1960) – zur **Tiefenpsychologie**.

Gemeinsam ist allen tiefenpsychologischen Konzepten, dass sie psychische Phänomene – Normales und Alltägliches ebenso wie Krankhaftes – als Ausdruck einer verborgenen, unbewussten, tieferen Schicht des Seelenlebens begreifen.

In den beobachteten und erlebten psychischen Vorgängen drückt sich eine geheimnisvolle, geradezu unheimliche Macht aus. Diese erscheint – verformt, verschoben und verdichtet – in der Gestalt neurotischer Symptome, als Wahnbild, in Visionen und in unseren Träumen. **Psychosen** – das sind psychische Krankheiten, die den Wirklichkeitssinn des Betroffenen auflösen – gleichen den oft dunklen Traumbildern.

Die Seele hat die Form einer Hierarchie oder Pyramide. Im oberen Bereich, dem des wachen Bewusstseins, spielt sich unser normales Alltagsleben ab. Das Unbewusste, der untere Bereich, ist das Fundament unseres gesamten Seelenlebens. Träume und Psychosen, beide heben die bewusste Realität zum Teil auf, knüpfen direkt an das Unbewusste an.

Schichten der Seele

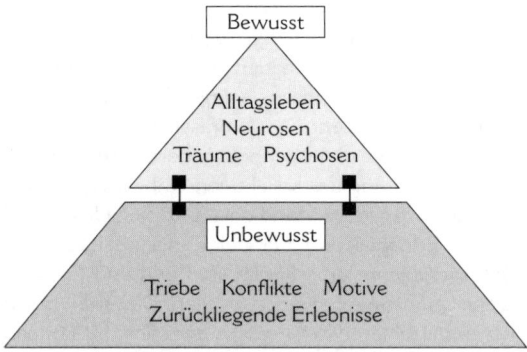

Das Unbewusste wird im Alltag abgewehrt und verdrängt. In Träumen und psychischen Krankheiten überwindet es die Bewusstseinsschranke, da der Verstand abgeschaltet ist.

5. Persönlichkeit und Verhalten

Jeder Mensch gestaltet sein Leben in bestimmter Weise. Er gibt seinem Leben eine charakteristische Prägung. Er unterscheidet sich im Verhalten von anderen. Jenseits aller Wechselfälle des Lebens – der notwendigen Veränderungen in der Lebensweise auf Grund neuer Aufgaben und Erfahrungen, der Entwicklung von der Jugend zum Alter, den Veränderungen im beruflichen wie privaten Bereich – springen bei den meisten Menschen Konstanten in der Lebensführung ins Auge.

Manche arbeiten viel, andere wenig, man hat viel Freude am Leben oder ist eher traurig, reist gerne oder ungerne, erlebt intensive Liebe oder schert sich wenig um Liebesbeziehungen, findet Erfüllung in sexuellen Beziehungen oder empfindet kaum sexuelle Lust, sucht aktiv den Kontakt zu anderen oder führt eher ein Leben als Einzelgänger.

Das Konstante, Wiederkehrende im Verhalten eines Menschen werten Psychologen wie Laien als Ausdruck des inneren Wesens, des **Charakters**. Die Persönlichkeit ist das Eigentümliche, das Typische eines Menschen.

Typen im Alltag

Die Alltagspsychologie kennt viele Bezeichnungen, um das Wesen von Menschen zu bezeichnen. Man spricht von Stress-Typen, die permanent in Hektik sind, Chaos-Typen (Personen, die ihr Leben nicht ordnen und andere in Aufruhr versetzen) oder auch von bedächtigen Typen (Individuen, die immer langsam und mit Überlegung agieren). Diese Liste lässt sich endlos weiterführen.

Das Typisieren stellt die Gemeinsamkeiten im Verhalten heraus. Gleichzeitig wird der so bezeichnete Typus von anderen existierenden Typen abgegrenzt. Man trifft also einerseits Unterscheidungen zwischen Menschen und stellt andererseits Überschneidungen heraus. Jedem Typ lässt sich eine im Charakter ähnliche Gruppe von Menschen zuordnen. Wissenschaftliche Typologien gehen – im Unterschied zu Alltagstypologien – von einem Ordnungskriterium aus. Ansatzpunkt sind psychische Funktionen (z. B. Triebleben, Wahrnehmung, Denken). Soweit sich Menschen darin ähneln, lassen sie sich einem Typ zuordnen.

Die heutige Psychoanalyse begreift die Persönlichkeit eines Menschen als dessen typischem Umgang mit Konflikten, die man aus dem Widerspruch von Triebregung und Außenwelt erlebt. Frühe Konflikte in der Kindheit werden verinnerlicht und wiederholen sich im Laufe des Lebens immer wieder in den Beziehungen zu anderen Menschen. Der lebensgeschichtlich dominierende **Umgang mit Konflikten** macht den Charakter eines Menschen aus. Jeder Mensch verhält sich so, wie es sein Charakterspektrum zulässt.

5.1 Persönlichkeitstypen im Überblick

Sechs Persönlichkeitstypen sind psychoanalytisch zu unterscheiden (nach KÖNIG 1995): **narzisstische, schizoide, zwanghafte, depressive, phobische** und **hysterische Charaktere**.

Das jeweils dominierende Verhalten durchzieht alle Lebensbereiche: Familie, Liebes- und Freundschaftsbeziehungen, Arbeit, Freizeit und Urlaub. Es betrifft die Partnerwahl und die Gestaltung von Paarbeziehungen ebenso wie den Arbeitsstil und die Berufswahl sowie die Hobbys und das Verhalten im Urlaub.

> JEDER MENSCH IST IN GEWISSER HINSICHT WIE ALLE MENSCHEN, ZUM TEIL WIE MANCHE ANDEREN, ABER AUCH WIE KEIN ANDERER MENSCH – AUS EINEM FRÜHEN LEHRBUCH DER PERSÖNLICHKEITSPSYCHOLOGIE.

Narzissten: Selbstliebe – Selbstdarstellung

Der narzisstische Typ sonnt sich in seinem Glanz. Er tut alles, um von anderen Bestätigung zu erhalten und prahlt gerne. Die Bezeichnung Narzissmus geht auf die griechische Mythologie zurück. Narkissos, der Sohn des Flussgottes Kephissos, verliebt sich in sein eigenes Spiegelbild, das er beim Trinken aus einer Wasserquelle erblickt. Der Narzisst liebt sich selbst. Zugleich sucht er den Kontakt zu anderen und zeichnet sich durch kommunikative Kompetenzen aus.

Narzissten in Beziehungen

Narzisstische Menschen benötigen andere Personen als ihre Bewunderer und Anhänger. Zur partnerschaftlichen Liebe unfähig, umgeben sie sich gerne mit Partnern, mit denen sie als Schmuckstück glänzen können. Narzissten lieben ihr Ego und brauchen andere zur Bestätigung ihrer Größe.

Es fehlt Narzissten bisweilen am Einfühlungsvermögen für die Nöte anderer. Auf Kritik an ihrem Verhalten reagieren sie leicht mit aggressiven Demütigungen. Die Zurücksetzung der anderen bestätigt ihre Größe.

Narzissten im Beruf

Narzisstische Personen streben nach Führungspositionen, weil sie ihnen Anerkennung, Prestige und Außenwirkung bringen. Berufe, die sehr auf Wirkung bei Publikum zielen, interessieren sie besonders. Schauspieler, Politiker oder Manager zu sein, entspricht ihrem Naturell. Wenn sie höhere Positionen erreichen, nutzen sie ihre Mitarbeiter und Untergebenen gerne aus. Sie verlangen absolute Unterordnung, brauchen aber auch das Lob und die Anerkennung ihres Umfeldes.

> GROSSE HERREN WOLLEN GEFÜRCHTET UND DABEI GELIEBT SEIN
> —
> DEUTSCHES SPRICHWORT

Narzissten in Freizeit und Urlaub

Auch bei ihren Freizeitbeschäftigungen dreht sich bei Narzissten alles um sie selbst. Urlaub und Freizeit müssen Merkmale der Exklusivität tragen, damit sich damit prahlen lässt. Besondere, luxuriöse Urlaubsorte ziehen sie an. Mit ihren teureren Hobbys möchten sie sich von den profanen Massen abheben.

> ICH HABE EINEN EINFACHEN GESCHMACK: ICH WILL VON ALLEM NUR DAS BESTE
> —
> OSCAR WILDE

Schizoide Typen: Kühle Distanz

Schizoide Menschen wirken kühl-distanziert, emotionslos, verschlossen und unpersönlich. Im Umgang mit ihnen gewinnt man den Eindruck, der andere sei irgendwie unbeteiligt und unzugänglich.

Die Bezeichnung schizoid geht auf das griechische Wort „schizein" zurück, was „spalten" heißt. Das Abspalten und Abtrennen haben schiziode Menschen zum Lebensprinzip erhoben: Die Einheit des Lebens geht ihnen verloren. Ihr Gefühlsleben ist ihnen ebenso abhanden gekommen wie die Verbindung zu ihren Mitmenschen. Durch ihre Autonomie und Unabhängigkeit erleben andere sie als starke, gefestigte Persönlichkeiten.

Schizoide in Beziehungen

Oft sind schizoide Menschen unfähig zu näheren Beziehungen. Sie sind Einzelgänger und haben kaum Freunde. Ehen und Paarbeziehungen von Schizoiden bestehen, wenn überhaupt, häufig nur auf dem Papier. Der Lebenspartner übernimmt sachlich-funktionelle Aufgaben. Beispielsweise muss er den beruflich erfolgreichen Partner unterstützen (als Sekretärin oder Köchin) oder bei gesellschaftlichen Anlässen (Partys, Empfänge) dabei sein.

Gefühle der Liebe und Wärme zu anderen spüren Schizoide wenig und drücken sie deshalb auch nicht aus. Lieblosigkeit, Sachlichkeit und Empfindungslosigkeit kennzeichnen ihr Leben. Damit sind sie aber auch frei von negativen Emotionen wie Wut und Hass. Sie schädigen andere nicht.

Schizoide im Beruf

Schizoide Menschen suchen bevorzugt Berufe, die wenig Kontakte mit sich bringen. Berufe, bei denen es um Dinge geht, sind ihre bevorzugten Tätigkeitsfelder (Ingenieur, Techniker). Auch das Klischee des weltabgewandten Philosophen, der einsam über seinen Büchern brütet, steht für eine schizoide Lebensweise, die allem Emotionalen, Nahen und Lebendigen feindlich gegenübersteht.

> MASCHINEN BEGEISTERN MICH, MIT MENSCHEN WEISS ICH NICHTS ANZUFANGEN – AUSSAGE EINES INGENIEURS IN EINER PSYCHOTHERAPIE.

Schizoide in Urlaub und Freizeit

Auch bei seinen Hobbys und im Urlaub pflegt der Schizoide sein Ideal von Einsamkeit und Unabhängigkeit. Er sucht ger-

> DER PHILOSOPH IMMANUEL KANT (1724–1804) WAR FÜR SEINE ZWANGHAFTE PEDANTERIE BEKANNT. MAN SAH IHN IN KÖNIGSBERG JEDEN TAG UM DIE GLEICHE ZEIT BEI SEINEM ABENDSPAZIERGANG. SEINE VORLESUNGEN UNTERBRACH ER, WENN ER UNTER SEINEN ZUHÖRERN JEMANDEN ERBLICKTE, DESSEN WESTE NICHT AKKURAT ZUGEKNÖPFT WAR.

ne menschenleere Urlaubsorte auf und übt Freizeitbeschäftigungen aus, bei denen er alleine ist. Ungesellige Einzelsportarten (Segeln, Bergsteigen) sind für ihn ideal.

Zwanghafte Typen: Ordnung und Kontrolle

Zwanghafte Menschen zwingen sich selbst und ihren Mitmenschen ein pedantisches Ordnungssystem auf. Sie planen, ordnen und organisieren ihr Leben. Sie wirken beherrscht und kontrolliert. Alles Spontane, Unwillkürliche und Triebhafte widerspricht ihrem Ego und macht ihnen oft Angst.

Kennzeichen zwanghafter Menschen ist eine oft tadellose, abgezirkelte Ordnung und Reinlichkeit. Das gilt besonders für ihren Haushalt und den Arbeitsplatz, oft für ihr Äußeres. Verlässlichkeit und Ordentlichkeit sind Ideale des Zwanghaften. In seinem Pflichtbewusstsein denkt er auch an andere und ist ein treuer Freund.

Zwanghafte Menschen in Beziehungen

Sie suchen sich bevorzugt Partner, die sie beherrschen können, die sich in ihr Ordnungssystem einfügen. Der Zwanghafte läuft Gefahr, die Eigenständigkeit des anderen zu bekämpfen und ihn zum willenlosen Objekt zu machen. Beziehungen sind daher nicht gleichberechtigt, sondern ähneln einem Herr-Diener-Verhältnis.

Zwanghafte Persönlichkeiten suchen sich eher schwache, unsichere oder ängstliche Persönlichkeiten als Lebenspartner, denen das Macht- und Kontrollverhalten der Zwanghaften Schutz verspricht. Durch die permanente Unterordnung des Partners kommt es in der Beziehung erst gar nicht zu Krisen und Konflikten.

Zwanghafte im Beruf

Tätigkeiten, bei denen Ordnung herrscht, die nach festen Regeln verlaufen oder die ein Ordnungssystem herstellen, reizen Zwanghafte besonders. Berufe wie Buchhalter, Richter oder Polizist kommen ihnen potenziell entgegen. Streng hierarchisch aufgebaute Organisationen, wie die öffentliche Verwaltung, sind ein optimales Betätigungsfeld. Voraussetzung ist allerdings, dass sie selbst eine höhere Position bekleiden, damit sie Arbeiten delegieren und Macht und Kontrolle über andere Personen ausüben können. Die Rolle des Kollegen oder Untergebenen behagt dem zwanghaften Typus gar nicht.

Zwanghafte in Freizeit und Urlaub

Kontrolle und Macht suchen Zwanghafte auch in ihrer frei-

> ORDNUNG IST DAS HALBE LEBEN – DEUTSCHES SPRICHWORT. MIT BLICK AUF DEN ZWANGHAFTEN LÄSST SICH SAGEN: BEI MANCHEN GAR DAS GANZE LEBEN.

en Zeit. Sie fahren gerne immer wieder an den gleichen Urlaubsort. Sie meiden Länder, in denen es weniger geplant und gesittet zugeht als in Mitteleuropa. Der Tagesablauf im Urlaub ist immer gleich. Er wird zu einem festen Ritual. Gerne planen sie ihren Urlaub ganz genau und folgen ihrem vorher festgelegten Schema. Abenteuer, Abwechslung und Vergnügen sind ihnen ein Gräuel.

Depressive: traurig und antriebslos

Menschen mit einem depressiven Charakter sind häufig gedrückter Stimmung. Sie leiden unter Antriebsmangel, Gefühlen von Schuld und Minderwertigkeit, Hilf- und Hoffnungslosigkeit. Es mangelt ihnen an Selbstvertrauen und Selbstwertgefühl. Ihr eigenes Leben erscheint ihnen freudlos und sinnlos.

Sie leben eher für andere, opfern sich auf und sind allzeit hilfsbereit. Dadurch empfinden sie ihr Leben als sinnvoll. Die offene Dankbarkeit und Anerkennung durch andere verstärkt ihren Lebensmut.

> EIN TEIL DER MENSCHEN ARBEITET SICH ZU TODE, ANDERE LANGWEILEN SICH ZU TODE
>
> —
>
> WINSTON CHURCHILL, DER ZEITWEILIG AN DEPRESSIONEN LITT

Depressive in Beziehungen

In Paarbeziehungen zeigen depressive Personen oft ein extremes Maß an Anpassung und Unterwürfigkeit. Sie suchen die Zuneigung anderer, um ihr Selbst zu festigen. Sie gehen Konflikten aus dem Weg und stellen kaum eigene Forderungen – aus Angst, ihren Partner oder Freund zu verlieren. Sie suchen die Nähe zu ihrem Partner, an den sie sich klammern.

Im Umgang mit anderen geraten sie oft in die Rolle des Beichtvaters oder Seelsorgers. Sie hören geduldig zu, wenn man von Problemen und Sorgen erzählt. Depressive Personen zeichnen sich durch hohes Einfühlungsvermögen und Engagement im Zwischenmenschlichen aus, wirken warmherzig und vertrauenserweckend.

Depressive im Berufsleben

In Berufen, die zwischenmenschliche Fähigkeiten, Güte und Opferbereitschaft verlangen, finden sich viele depressive Persönlichkeiten. Dazu gehören fast alle sozialen und pädagogischen Berufe (Krankenpfleger, Sozialarbeiter, Pädagoge, Psychologe u. a.). Depressive kommen selten in Führungspositionen, da es ihnen an Initiative und Durchsetzungsvermögen mangelt. Auf Grund ihres helfenden Engagements und ihres Pflichtbewusstseins sind sie oft sehr geschätzte Mitarbeiter.

> WENN DU KEINE VORSTELLUNG VON DEM HAST, WAS DU MÖCHTEST, WIRST DU DEMÜTIG WERDEN
>
> —
>
> CARLOS CASTANEDA

> WO ICH NICHT BIN,
> DA IST DAS GLÜCK
> —
> HÄUFIGER GEDANKE
> DEPRESSIVER

Depressive in Freizeit und Urlaub
Depressive können oft schwer zwischen Arbeit und Freizeit trennen. In ihrer Gewissenschaftigkeit haben sie das Gefühl, mit der Arbeit nie fertig zu sein. In ihrer Freizeit widmen sie sich häufig caritativen Tätigkeiten. Eigene Hobbys und Interessen zu entwickeln, fällt ihnen schwer.
Zum Urlaub können sie sich nur schwer aufraffen. Oder sie meinen, eigentlich gar keinen Urlaub zu verdienen. Da sie keine Freude und Unbeschwertheit empfinden, bereiten ihnen Urlaube nur wenig Anreize.

Die Ängstlichen: Schutz und Vermeidung
Ängstliche, auch phobische Persönlichkeiten genannt (von *griech.* Phobos = Furcht), sind von einer ständigen diffusen Furcht und Beklemmung durchdrungen. Sie befürchten bei allen anstehenden Problemen und Entscheidungen das Schlimmste.

> WER ALLER
> GEFÄHRDE WILL
> ERWÄGEN, BLEIBT
> EWIG HINTERM
> OFEN LIEGEN
> —
> DEUTSCHES
> SPRICHWORT

Aus Angst, es könne etwas Schreckliches passieren, gehen sie vielen Situationen aus dem Weg. Neuem und Veränderungen stehen Phobiker ablehnend gegenüber. Ihr Vermeidungsverhalten kann krankhafte Züge annehmen. Wer sich ständig bedroht fühlt, mag bald nicht mehr aus dem Haus gehen.

Phobische Personen in Beziehungen
Ängstliche Charaktere suchen Menschen, die ihnen (scheinbar) Schutz und Halt bieten. Zwanghafte, dominierende Menschen bieten ihnen das am besten. Aber auch Narzissten, die nach außen selbstbewusst auftreten, faszinieren sie.
Offene Konflikte vermeiden phobisch strukturierte Menschen aus Angst, die Beziehung zu gefährden. Wie depressive Menschen ordnen sie sich leicht unter. Phobische Personen sind nicht kontaktfreudig und leben eher zurückgezogen, mit oder ohne Partner.

Ängstliche im Berufsleben
Phobische Personen arbeiten im Allgemeinen unauffällig. Sie fürchten Belastungen und Überforderungen. Ihre Ängste lähmen Kreativität und Risikobereitschaft, sodass höhere Stellungen unerreichbar bleiben. Sie sind prädestiniert für die Rolle des Untergebenen.

> MAN MUSS VOR
> NICHTS IM LEBEN
> ANGST HABEN,
> WENN MAN SEINE
> ANGST VERSTEHT
> —
> MARIE CURIE

Phobische Personen in Urlaub und Freizeit
Ängstlicher Rückzug dominiert bei Phobikern auch in diesen beiden Lebensbereichen. Da Urlaube ein Abschied von der vertrauten Umgebung bedeuten und viele Unwägbarkeiten

mit sich bringen, vermeiden ängstliche Typen oft das Reisen. Bieten ihnen andere Personen Führung und Schutz, sind ängstliche Menschen bereit, mitzureisen. Ihre Freizeit verbringen ängstliche Menschen gerne zurückgezogen in ihrer Wohnung. Die gewohnte Umgebung bietet Schutz vor der so bösen, fremden Welt.

Hysterische – Risiko, Bewegung, Feuer

Hysterische Menschen neigen zu dramatisch-theatralischen Auftritten. Sie sprühen vor Handlungsimpulsen und Emotionen. Sie bieten oft das genaue Gegenbild zum Zwanghaften: sie agieren Triebe und Aggressionen aus und produzieren Chaos.
Ihr verführerisches, auf die Sexualität bezogenes Auftreten steht oft im Dienst einer Ich-Bezogenheit. Die Spontaneität und Lebensfreude der hysterischen Typen kann mitreißen, ihre Unruhe, Ungeduld und Hektik wirkt aber häufig nervenaufreibend. Ihre Kreativität und ihr Ideenreichtum sorgen für Abwechslung und Abenteuer.

Hysterische Personen in Beziehungen

Hysterische Typen möchten in ihren Geschlechtseigenschaften wahrgenommen werden. Sie suchen eher das sexuelle Abenteuer, nicht die dauerhafte Freundschaft oder Partnerschaft. Die Betonung der Geschlechtsrivalität erschwert auch Freundschaften mit dem gleichen Geschlecht. Sie möchten im Mittelpunkt stehen, von anderen angehimmelt werden. Der Partner wird nicht unbedingt aus Liebe gesucht, sondern dient mehr der eigenen Inszenierung. Hysterische Menschen sind prädestiniert für rauschhafte Liebesaffairen, die nach kurzer Zeit ihren Reiz verlieren.

Hysterische im Berufsleben

Hysterische Menschen stürzen sich gerne in viele Aktivitäten. Es mangelt ihnen aber an Dauerhaftigkeit und Interesse für eine Tätigkeit. So wechseln sie häufig ihren Arbeitsplatz. Berufe, in denen Inszenierung und Abwechslung im Vordergrund stehen, die Publikum bieten, reizen sie besonders. Wenn es um Spaß, Feste und Partys geht – künstlerische Berufe oder Tätigkeiten im Bereich Publicrelations/Werbung sind dafür optimal – sind Hysterische immer dabei. Karriere ist hysterischen Menschen wichtig, soweit sich daran Erfolgssymbole, Status und Luxus knüpfen. Die Karriereleiter mühsam hochzuklettern, ist allerdings die Sache der Hysterischen nicht. Das Ausüben von Macht und Kontrolle interessiert sie kaum.

WENN DIE ANGST SO UM SICH GREIFT, DASS DIE PERSON KAUM AUS DEM HAUS GEHT, LEIDET DER BETREFFENDE AN EINER ANGSTNEUROSE (VGL. KAP. 10.3).

WIE LEICHT DOCH BILDET MAN SICH EINE FALSCHE MEINUNG GEBLENDET VOM GLANZ DER ÄUSSEREN ERSCHEINUNG

—

MOLIERE

HYSTERISCHE FRAUEN LEIDEN OFT AN ANFALLSARTIGEN PSYCHOSOMATISCHEN BESCHWERDEN WIE ETWA MIGRÄNE UND STÖRUNGEN DER MONATSBLUTUNG. MAN KÖNNTE DIES DEUTEN ALS KÖRPERLICHE SYMPTOME DES RAUSCHES UND DER ABWEHR VON REGELMÄSSIGKEIT.

> Wenn man einen Menschen richtig beurteilen will, so frage man sich immer: Möchtest du den zum Vorgesetzten haben?
> —
> Kurt Tucholsky

Hysterische in Freizeit und Urlaub

Das Leben erscheint Hysterischen oft wie eine einzige Party. Sie gehen deshalb oft und gerne zu geselligen, ausgelassenen Veranstaltungen. Sehen und gesehen werden steht dabei im Vordergrund.

Im Urlaub zieht es sie an Orte, wo viele Menschen sind und Unterhaltung und Spaß angesagt sind. Wichtig ist auch das erotische Abenteuer im Urlaub. Das Ungewohnte, Neue reizt hysterische Menschen, sodass sie viel reisen und immer wieder neue Orte aufsuchen.

5.2 Grenzen der Typologisierung

Jede Typologie ist eine **Idealisierung**. Es handelt sich um ein grobes Ordnungsraster. Der einzelne Mensch fügt sich niemals völlig in einen einzigen Typus. Er verhält sich oft widersprüchlich und untypisch. Real, in der Begegnung mit anderen, sind Mischtypen.

Gesunde und kranke Persönlichkeiten

Ein gesunder Mensch zeichnet sich dadurch aus, dass er die Verhaltensmöglichkeiten aller Typen in sich trägt. Er ist gelegentlich traurig wie ein Depressiver, beherrscht wie ein Zwanghafter, zurückhaltend wie ein Phobiker, selbstbewusst wie ein Narzisst, autonom wie ein Schizoider und überschwänglich wie ein Hysteriker. Eine Flexibiliät im Verhalten, die die Anpassung an neue Situationen ermöglicht, macht **psychische Gesundheit** aus.

> Leben ist Bewegung
> —
> alte Redeweise

Wer dagegen ständig einem Extrem zuneigt, wird von der Umwelt als psychisch auffällig wahrgenommen. Unter Umständen reagiert die Umwelt mit Ausgrenzung, meidet den Kontakt und versagt dem Betroffenen die Mitwirkung an der Gesellschaft. In diesem Fall ist der Weg zur Persönlichkeitsstörung nicht weit.

Persönlichkeitsstörungen

> Kap. 10.3 umreisst neurotische Symptome im Überblick.

Sie gleichen den gängigen Neurosen. Der depressive Mensch entwickelt eine **Dauerdepression**. Er benötigt Hilfe, gegebenenfalls in Form von Medikamenten, um überhaupt noch den Aktivitäten des täglichen Lebens nachzugehen.

Die zwanghafte Person wird zum **Zwangsneurotiker**, dessen Tagesablauf aus festen Ritualen besteht, die oft viele Stunden in Anspruch nehmen (Körperpflege, Ordnen, Waschen, Putzen).

Schizoide nehmen die abgespaltene Umwelt vielleicht nur noch als fremd und feindlich wahr und bilden einen Verfolgungswahn aus, eine **paranoide Schizophrenie**. Menschen erscheinen ihnen plötzlich feindlich und bedrohlich. Narzissten entwickeln einen **Größenwahn**, der andere Meinungen und Menschen radikal abwertet. Ihre Gleichgültigkeit und Überheblichkeit anderen gegenüber kann sogar zu gewalttätigen Übergriffen führen.
Phobische Menschen verlieren sich in ihren Ängsten. Sie fürchten sich vor allen möglichen Personen und Situationen. Auf dem Höhepunkt der **Angstneurose** verlassen sie nicht mehr ihr Haus.
Hysterische Menschen steigern ihren euphorischen Überschwang leicht zur Manie, dem dann der totale Zusammenbruch folgt. Sie sind gefährdet, an der **manisch-depressiven Psychose** zu erkranken.

Vgl. Kap. 10.1: Die manisch-depressive Psychose gilt als unheilbare Gemütskrankheit.

Mischformen und Geschlechtsunterschiede
Niemand verhält sich immer gleich. Menschen wirken zudem auf andere Personen unterschiedlich. Nur ein längerer Kontakt und die Kenntnis der Person aus verschiedenen Lebensumständen sichert die Triftigkeit der Typzuordnung.
Ein äußerlich auf den ersten Blick ähnliches Verhalten kann bei unterschiedlichen Typen vorliegen. Zurückgezogenheit, Abkapselung, Isolation spricht zum Beispiel ebenso für einen schizoiden wie für einen ängstlichen Charaktertypus. Imponiergehabe findet sich bei narzisstischen wie bei hysterischen Typen.
Lebende Menschen sind immer Mischtypen. Mischformen überschreiten die starren Grenzen wissenschaftlicher Ordnungsliebe. Oft paaren sich ängstliche mit depressiven Charakterzügen, aber auch hysterische und depressive Merkmale können sich bei ein und derselben Person vereinen.
Auch **narzisstische** und **hysterische Persönlichkeiten** weisen ähnliche Züge auf. Inszenierung und Selbsterhöhung finden sich bei beiden. Das spontane, unkontrollierte Ausagieren von Triebimpulsen und Aggressionen deutet dagegen eher auf einen hysterischen Charakter, während bei Narzissten die Inszenierung eher zum Ritual wird und Gefühle im Allgemeinen gut kontrolliert sind. Allerdings ist die Unterscheidung oft bloß geschlechtsbedingt: Narzissten sind Männer, Hysterikerinnen Frauen. Der männliche Narzisst war schon in der griechischen Mythologie der Ausgangspunkt (s. o.), die Hysterie galt den Ärzten noch vor hundert Jahren als typisch weibliche Geisteskrankheit.

Aber schwer ist es, den Geist eines Sterblichen oder sein Herz kennen zu lernen, solange er nicht als Herrscher erprobt wurde. Die Macht erst offenbart den Menschen
—
Sophokles, Antigone

5.3 Persönlichkeitstyp und Partnerwahl

„Gleich und Gleich gesellt sich gern – Gegensätze ziehen sich an." Diese Volksweisheit lässt sich auch mit der psychoanalytischen Persönlichkeitstypologie begründen. Gegensätze und Gemeinsamkeiten in der Charakterstruktur schaffen lebensfähige Paarbeziehungen. Es entsteht in beiden Fällen eine gemeinsame Struktur, eine sinnvolle Ergänzung in den Charaktermerkmalen.

Treffen zwei Menschen mit ähnlichen Eigenschaften aufeinander, werden die Verhaltenstendenzen gegenseitig verstärkt, sodass leicht Einigkeit darüber entsteht, wie das gemeinsame Leben zu gestalten ist. Allerdings kann bei ähnlichen Typen auch leicht eine Hemmung im Zusammenleben entstehen, weil beide die negativen Seiten des anderen deutlicher hervortreten lassen.

In den Begriffen der Mengenlehre ausgedrückt: Im Charakter ähnliche Paare bilden eine Schnittmenge, gegensätzliche eine Vereinigungsmenge.

Paarbeziehungen bei gleicher Charakterstruktur

Zwei depressive Menschen verstärken beim jeweils anderen die negative Lebenseinstellung. Womöglich kommt es sogar zum gemeinschaftlichen Selbstmord. Das gegenseitige Einfühlen und Verstehen hat irgendwann keine positiven Wirkungen.

Zwei zwanghafte Charaktere ringen meistens permanent um die Dominanz in der Beziehung. Das ist zu Anfang spannend, hält die Beziehung zusammen, läuft aber irgendwann ins Leere, da die Konflikte und Kämpfe überhand nehmen.

Ähnlich ist es bei zwei hysterischen Charaktertypen. Das gegenseitige Antreiben sorgt zunächst für eine heftige Dynamik. Irgendwann häufen sich die Reibungen, sodass eine Trennung als letzte Möglichkeit erscheint.

Paare mit gegenteiligem Charakter

In der Ehe pflegt gewöhnlich immer einer der Dumme zu sein. Nur wenn zwei Dumme heiraten: das kann gutgehen

— Kurt Tucholsky

Beständiger als Paarbeziehungen gleicher Charaktere sind Verbindungen zwischen gegensätzlichen Persönlichkeiten. Hier gibt der eine dem anderen das, was jenem fehlt, sodass sich das Verhaltensspektrum insgesamt erweitert. Es entsteht auf Dauer eine flexiblere, widerstandsfähigere Beziehung als bei gleich strukturierten Personen, deren Verhaltensmöglichkeiten als Paar nicht wesentlich größer sind als als Einzelperson.

Ideale Paarkonstellationen

Schizoider und Depressiver: Der Gefühlskalte und der Gefühlvolle ergänzen einander auch durch den Widerspruch von Nähe und Distanz. Abgrenzungs- und Autonomiebestrebungen des Schizoiden werden vom nähesuchenden Menschen durchbrochen. Der Schizoide sorgt seinerseits dafür, dass die harmonische Nähe nicht überfrachtet wird.

Zwanghafter und Hysterischer: Die Ordnung braucht die Unordnung und umgekehrt. Die festen Strukturen des Zwanghaften sichern, dass das Paar nicht im Chaos untergeht. Die starren, beharrenden Tendenzen des Ordnungsliebenden bricht die hysterische Person auf und sorgt für Abwechslung und Lebensfreude.

Narzisst und Phobiker: Die schutzsuchende Person findet den starken, selbstbewussten Partner. Die eine Seite hält sich eher unscheinbar im Hintergrund, die andere prescht nach vorne. Klaglos nimmt die phobische Person das In-Szene-Setzen ihres Partners hin und unterstützt ihn sogar.

Andere Konstellationen sind natürlich auch möglich. Gegensätzliche Paare hinsichtlich des Charakters bilden auch die Verbindungen Zwanghafter und Phobiker (Kontrolle und Unterordnung) oder Schizoider und Hysterischer (Kühle und Überschwang).

◆ Gegensätze und Gemeinsamkeiten im Charakter bestimmen oft (unbewusst) die Partnerwahl. Dauerhafter Bestand ist häufig Paarbeziehungen zwischen gegensätzlichen Charakteren beschieden.

PAARBEZIEHUNGEN IST HEUTE SELTEN DAUERHAFTIGKEIT BESCHIEDEN. IN GROSSSTÄDTEN WIRD JEDE ZWEITE EHE GESCHIEDEN, GANZ ZU SCHWEIGEN VON DEN EHEN OHNE TRAUSCHEIN.

5.4 Wurzeln der Charakterprägung

Immer wieder haben Psychologen und Mediziner versucht, die Erblichkeit von Charaktermerkmalen zu beweisen. Ein untaugliches Unterfangen, denn Gene regulieren Stoffwechselprozesse. Der Charakter eines Menschen ist zwar nicht völlig unabhängig von der biologischen Basis des Körpers, keineswegs aber allein durch ihn bestimmt. Im Laufe seines Lebens macht jeder eine Fülle von Erfahrungen, die den Charakter prägen und verändern.

Körper und Biologie als Charakterursache

Biologische Charaktertypologien, die Körpermerkmale in Zusammenhang mit Charaktermerkmalen bringen, haben eine lange Tradition. In diesem Jahrhundert sorgte zuletzt die biologische Typologie des Psychiaters ERNST KRETSCHMER (1888–1964) für Aufsehen.

KRETSCHMER behauptete einen direkten Zusammenhang zwischen Körperbau und Persönlichkeit. Aus dem körperli-

IM AUFTAKT ZU KAP. 2 WURDE AUF DIE ÜBER ZWEITAUSEND JAHRE ALTE CHARAKTERTYPOLOGIE VON HIPPOKRATES EINGEGANGEN.

chen Erscheinungsbild sollte man auf den Charakter schließen. Er unterschied drei **Konstitutionstypen**: Den pyknischen, leptosomen und athletischen Körpertypus. Dazu gehörten als hervorstechende Charakterzüge in der gleichen Reihenfolge jeweils Fröhlichkeit, kühle Distanz und unbeholfene Langsamkeit.

> NATÜRLICH ZU SEIN, IST DIE SCHWIERIGSTE POSE, DIE MAN EINNEHMEN KANN
>
> —
>
> OSKAR WILDE

KRETSCHMERS Konstitutionstypologie

	Körperbau	Charakter
Pykniker	untersetzt gedrungen, klein	fröhlich, unterhaltsam, gesellig
Leptosomer	schlank, hoch, feingliedrig	ernst, verschlossen, unnahbar
Athlet	muskulös, durchtrainiert, kraftvoll	grobschlächtig, unbeholfen, schwerfällig

Konstitutionstypen nach KRETSCHMER

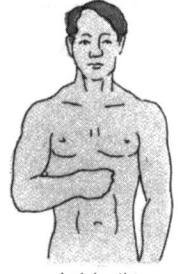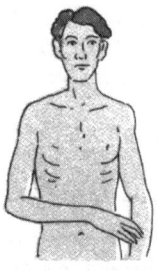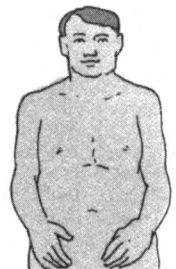

Athletiker   Leptosomer   Pykniker

(aus: Hellmuth Benesch: dtv-Atlas Psychologie. Graphiken von Hermann und Katharina von Saalfeld © 1987 Deutscher Taschenbuch Verlag, München)

> AM BESTEN ERKENNT MAN EINEN MENSCHEN BEI GELDANGELEGENHEITEN, BEIM TRINKEN UND IM ZORN
>
> —
>
> TALMUD

Der Wert biologischer Charakterkonzepte

KRETSCHMERS Typologie fördert Klischees und Vorurteile. Die simple Typologie des geselligen Spaßvogels (Pyniker), des distanzierten Asketen (Leptosomer) und des einfältigen Sportlers (Athlet) spricht eher schlichte Gemüter an. Die Willkür dieser Typologie verdeutlicht das Problem aller Typologien: Der Wissenschaftler versucht, etwas Einheitliches in der Vielfalt, eine Ordnung im Chaos zu finden. Das

bunte, „widerspenstige" Leben wird von Psychologen und Psychiatern in eine starre Ordnung gepresst.
Biologische orientierte Persönlichkeitstheorien sehen den menschlichen Charakter als starr und unveränderlich. **Gene**, oder wie bei KRETSCHMER der Körperbau, haben schicksalhaften Charakter: Die Persönlichkeit eines Menschen liegt scheinbar mit der Geburt endgültig fest. Heute herrscht unter Psychologen, Biologen und Medizinern weitgehend Einigkeit, dass Gene allenfalls Rahmenbedingungen setzen. In diesem Rahmen hat jeder Mensch vielfältige Entwicklungsmöglichkeiten.

Beziehungen in der Kindheit

Gegenüber biologischen Theorien ist die psychoanalytische Charakterlehre offener: Der Charakter bildet sich unter den Erfahrungen, die man in den Beziehungen während der frühen Kindheit macht. Aber auch dann liegt er nicht endgültig fest. Er wandelt sich unter dem Einfluss späterer Erfahrungen. Außerdem ist jeder Mensch in der Lage, seinen Charakter zu verändern. Indem die Person über ihr Verhalten Klarheit gewinnt, frühere Erfahrungen bedenkt und durcharbeitet, womöglich in einer Psychotherapie, besteht die Chance, dem Leben eine neue Richtung zu geben.

Die **Beziehungen zu den Eltern** in den ersten drei Lebensjahren haben entscheidendes Gewicht. Sie legen fest, wie der heranwachsende Mensch sich selbst, die Welt und die Mitmenschen erlebt. Bestimmte Konflikte, die im Umgang mit den Eltern unbefriedigend erlebt werden, gar ungelöst bleiben, bleiben nachhaltig in Erinnerung. Sie werden als schwelender Konflikt ins Unbewusste verdrängt. Sie schwingen aber in allen weiteren Lebensphasen immer wieder mit und gewinnen dabei aufs Neue ihre Aktualität. Das beobachtbare Verhalten, das ein Mensch zeigt, ist der oft untaugliche Versuch, die alten Konflikte zu lösen. In allen späteren Beziehungen zu Menschen werden die als Kind durchlebten Konflikte wieder zum Thema. In jeder näheren Begegnung mit anderen gewinnen sie neue Aktualität.

Lebenslange Grundkonflikte

Jeder Persönlichkeitstyp ist mit einem typischen, aus der Kindheit stammenden **Beziehungskonflikt** belastet. Dieser Grundkonflikt ist sein Lebensthema und durchzieht alle späteren Beziehungen. Besondere Bedeutung gewinnt er in Paarbeziehungen, da durch Projektionen der Partner wie frühere Bezugspersonen wahrgenommen wird.

ALLES GUTE UND BÖSE IM MENSCHEN IM REIFEN ALTER IST ENG VERKNÜPFT MIT DER KINDHEIT, IN DER ES SEINEN URSPRUNG HAT. ALLE UNSERE IRRTÜMER ÜBERTRAGEN WIR AUF UNSERE KINDER, IN DENEN SIE UNTILGBARE SPUREN HINTERLASSEN
—
MARIA MONTESSORI, PÄDAGOGIN

GEBORENWERDEN HEISST IN KONFLIKTE GERATEN –
MARC ORAISON, GESTALTTHERAPEUT

VGL. KAP. 4.4 ZUM VORGANG DER PROJEKTION

Persönlichkeitsspezifische Grundkonflikte

> WER BESCHEIDEN IST IN DIESEM LEBEN, IST ENTWEDER DEPRESSIV ODER DUMM.

> KONFLIKTE AUSHALTEN UND LÖSEN, DAS IST UNSERE AUFGABE.

Schizoider Typ	Konflikt zwischen Auflösung und Erhalten der Individualität. *Lösung:* Streben nach Autonomie und Unabhängigkeit sichert Individualität.
Narzisstischer Typ	Konflikt, anderen wichtig und zugleich von ihnen unabhängig zu sein. *Lösung:* Betonen der persönlichen Wichtigkeit.
Zwanghafter Typ	Konflikt, Triebwünsche ungeregelt auszuleben oder zu unterdrücken auf Grund moralischer Bedenken. *Lösung:* Herrschaft über das Leben gewinnen, um Triebe zu kontrollieren.
Phobischer Typ	Konflikt zwischen eigenen Wünschen und Gefahr der Ablehnung und Ächtung durch andere. *Lösung:* alles tun, um Ablehnungen zu vermeiden.
Depressiver Typ	Konflikt zwischen Geben (andere versorgen) und Nehmen (versorgt werden). *Lösung:* Leben, um andere zu versorgen.
Hysterischer Typ	Konflikt, so zu sein wie die Eltern und gleichzeitig anders zu sein. *Lösung:* Betonung der eigenen Erscheinung und Geschlechtlichkeit, um Andersartigkeit zum anderen und Übereinstimmung zum gleichgeschlechtlichen Elternteil zu betonen.

6. Motivation und Emotion

Motive sind die Gründe und Antriebe unseres Handelns, Emotionen das Empfinden und der Ausdruck innerer Zustände, die Handlungen vorausgehen, begleiten und nachfolgen. Motivation, Emotion und Handlung stehen in einem engen Wechselverhältnis.
SIGMUND FREUD meinte, dass Grund und Ziel allen Handelns letztlich das Erreichen von Lust und vermeiden von Unlust sei. Motiv unseres Tuns wäre damit das Erlebnis überwiegend positiver Emotionen.

Regelkreis Motive und Emotionen

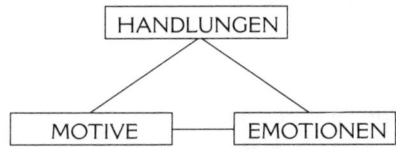

Wonach streben Menschen und woher rührt ihr Streben? Ziel und Zweck menschlichen Handelns sowie dessen Ursache und Ursprung sind das Thema der **Motivationspsychologie** (vgl. VOLLMERS 1998). Im Leben eines jeden reiht sich Handlung an Handlung. Unser Leben ist ein nicht endender Strom an Aktivitäten, die auf Objekte (Personen und Gegenstände) in der Umwelt gerichtet sind, teils auch auf uns selbst, den Körper oder die Psyche.
Motive, als das hinter den Aktivitäten Stehende, sind nicht direkt beobachtbar. Wir unterlegen Handlungen anderer Motive, indem wir Konstellationen analysieren, in der sich der Handelnde bewegt hat und wir dazu passende innere Zustände des Akteurs rekonstruieren. Bei der Analyse von Verbrechen spielt die rückwärtige **Motivrekonstruktion** eine ganz besondere Rolle.

Tötungsmotive

Eine Frau hat ihren Mann beim Geschlechtsverkehr mit einem Messer getötet. Befragungen der Frau durch die Polizei ergeben, dass ihr Mann oft jähzornig war und sie prügelte. Im angetrunkenen Zustand vergewaltigte er sie des Öfteren. Als sie sich trennen wollte, drohte er, sie zu töten. Bekannte bestätigen ihre Aussagen über den brutalen Ehemann. Vor Gericht kommt sie mit einer geringen Bewährungsstrafe davon, da ihre Motive berücksichtigt werden. Ihre Tat wird nicht als Mord definiert. Die im Gesetz dafür angeführten Motive (Habgier, Rache und andere negative Motive) liegen nicht vor. Ihre Beweggründe, den Mann zu töten, waren offenbar Angst, Hilflosigkeit und Schutz vor Bedrohungen. Ihr Tun gleicht Notwehr.

6.1 Motivationsquellen

> Es irrt der Mensch, solang' er strebt
> —
> Goethe, Faust

Das Tun der Menschen wird anderen nur verständlich, wenn sie die Motive des Handelnden, die Hintergründe seiner Taten berücksichtigen. Grundsätzlich bestehen zwei Möglichkeiten, die Beweggründe von Handlungen aufzuklären: Man sucht nach dem Grund des Handelns im **Individuum** selbst oder aber zieht dazu Bezugspunkte aus der **Umwelt** heran.

> Menschen gleichen Uhrwerken, welche aufgezogen werden und gehen, ohne zu wissen, warum
> —
> Arthur Schopenhauer

Im ersten Fall ergeben sich die Motive aus den inneren Zuständen, den Bedürfnissen und Wertvorstellungen eines Menschen. Im anderen Fall sind es die Elemente der Umwelt, von denen Anreize zum Handeln ausgehen. Dadurch gewinnen sie für den Handelnden einen besonderen Aufforderungscharakter. Das motiviert den Akteur, sich dem jeweiligen Objekt zuzuwenden.

Motivationsquellen

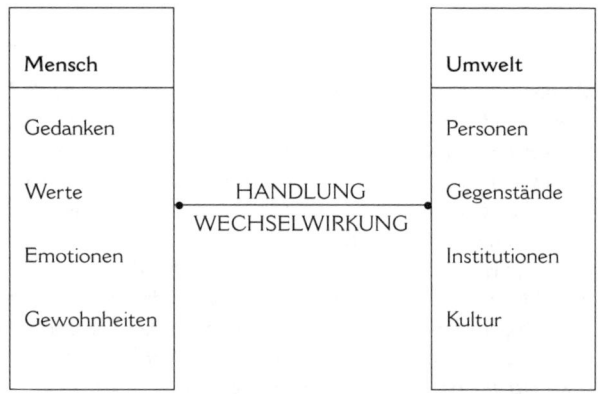

(aus: Vollmers 1998, S. 100)

Je nach Person und Situation können die inneren Zustände eines Menschen oder die Wahrnehmung der Umwelt ein größeres Gewicht als Handlungsgrund haben. In der Regel sind beide Instanzen bei der Ausformung des tatsächlichen Handelns beteiligt.

> Der sicherste Reichtum ist die Armut an Bedürfnissen
> —
> Franz Werfel

Gibt man der Person den Vorrang, so wertet man das Handeln als Ausdruck innerer Bedürfnisse und Interessen. Man spricht von **intrinsischer Motivation**. Ist dagegen die Umwelt entscheidend, bezeichnet man dies als **extrinsische Motivation**. Häufig überlagern sich intrinsische und extrinsische Motive.

Schulisches Lernen

Ein Gymnasiast der 13. Klasse lernt für eine Klassenarbeit im Leistungskurs Geschichte. Das Thema, Geschichte des Nationalsozialismus, reizt ihn besonders. Er hat ein starkes inhaltliches Interesse an dem Thema. Er ist also intrinsisch motiviert. Gleichzeitig lernt er im Allgemeinen vor Klassenarbeiten gründlich. Er strebt nach guten Zensuren, um Anerkennung von seinen Lehrern zu erhalten und später, auf Grund guter Noten, ein Numerus-Klausus-Fach (Medizin oder Psychologie) zu studieren. Er macht sich also von Belohnungen aus der Umwelt (Lehrerlob, Studienchancen) abhängig. Zum Teil ist er damit auch extrinsisch motiviert.

Intrinsische Motive sind die Bedürfnisse, die aus den Interessen, Neigungen und Werten eines Menschen enstehen. Psychologen glauben, dass es Bedürfnisse höheren und niederen Grades gibt. Damit die höheren Bedürfnisse zum Tragen kommen, müssen die Grundbedürfnisse erfüllt sein.

Intrinsische und extrinsische Motive, inneres Bedürfnis und äußerer Anreiz, bilden als komplexes Geflecht den Antrieb unseres Handelns.

6.2 Hierarchie der Motive

Die Motivationstheorie der **Humanistischen Psychologie**, konzipiert von ABRAHAM MASLOW (1906–1970), sieht Bedürfnisse als Hierachie (nach MASLOW 1981).

VGL. KAP. 2.4 ZUM MENSCHENBILD DER HUMANISTISCHEN PSYCHOLOGIE

Biologische Basis
Um überhaupt handlungsfähig zu sein und seinen täglichen Verpflichtungen nachzugehen, muss die Person über ausreichende Energien verfügen. Wohlbefinden und Gesundheit sind Voraussetzung für die Aktivitäten des Alltags.
Sonst sendet der Körper Signale aus: Der Magen knurrt, der Mund ist trocken, man leidet an Schmerz und Fieber oder fühlt sich antriebslos und schwach. Diese physiologischen Krankheits- und Mangelzustände müssen überwunden werden. Das geschieht durch die Ernährung und mögliche Maßnahmen der Gesundheitssicherung wie Pflege, Ruhe, Schlaf und gegebenenfalls Arztkonsultation und Medikamentenzufuhr.
Das Bedürfnis, physiologische Mangel- und Krankheitszustände zu vermeiden beziehungsweise zu überwinden, lässt

WAS WIR MENSCHEN BRAUCHEN, IST NAHRUNG, SEXUALITÄT UND SELBSTVERSTÄNDNIS. DER REST IST KOMMENTAR DAZU
—
ARTHUR MILLER, DRAMATIKER

sich also als Voraussetzung allen Handelns, gewissermaßen als Basisbedürfnis, definieren.

Lebenssicherung

Die physiologischen Bedürfnisse sind Ausdruck der unmittelbaren Lebenssicherung. Der Mensch strebt in diesem Verständnis danach, sein eigenes Leben zu bewahren und zu sichern. Dies geschieht im nächsten Schritt, durch planvolle Sicherung der körperlichen Unversehrtheit.

Dazu ist es notwendig, sich vor den Naturgewalten und den Gefahren der Umgebung zu schützen. Jede Person benötigt eine sichere Unterkunft, einen Platz zum Wohnen und Schlafen.

> VERSICHERUNGEN MACHEN EIN GUTES GESCHÄFT MIT DEM MENSCHLICHEN STREBEN NACH SICHERHEIT.

Bindung und Beziehung

Darauf aufbauend wendet sich der Mensch den Reizen seiner Umgebung zu, zunächst den Personen in unmittelbarer Nähe. Mit ihnen will er in Verbindung treten, Beziehungen aufbauen und seine Interessen teilen. So entsteht als nächstes Bedürfnis der Wunsch nach Zugehörigkeit zu anderen Menschen und deren Akzeptanz, Sympathie oder gar Liebe.

Das erfolgreiche Umsetzen und Erleben der Beziehungsbedürfnisse verschafft dem Einzelwesen nicht nur das Gefühl des Aufgehobenseins in der Gemeinschaft, sondern bringt ihm auch Anerkennung und das Erleben von Kompetenz.

Bedürfnishierarchie

Körperliche Unversehrtheit, Lebenssicherheit und Kontakt zu anderen sind die Grundbedürfnisse. Darauf aufbauend wendet sich jeder höheren Bedürfnissen zu.

> WEDER KANN JEMAND GLÜCKLICH SEIN, DER NICHT HAT, WAS ER BEGEHRT, NOCH IST JEDER GLÜCKLICH, DER HAT, WAS ER BEGEHRT
> —
> AUGUSTINUS

Bedürfnispyramide

| Transzendenz |
| Selbstverwirklichung |
| Ästhetik |
| Bildung |
| Selbstwert |
| Bindung |
| Sicherheit |
| Biologische Basis |

(aus: VOLLMERS 1998, S. 19)

Höhere Motive

Wenn die biologischen Grundlagen und die einfachen psychologischen Bedürfnisse nach Sicherheit, Bindung und Selbstwert erfüllt sind, entwickelt der Mensch seine privaten und beruflichen Interessen. Dazu ist Bildung und Wissen vonnöten, sodass sich als fünfte Stufe allmählich in der Entwicklung des Menschen die kognitiven Bedürfnisse herauskristallisieren.

Ihr folgen die im engeren Sinn höheren Bedürfnisse, die im Dienst der Ausformung und Erweiterung der Persönlichkeit stehen. Dazu zählt das Streben nach Schönheit, das seinen Ausdruck in der Produktion und Rezeption von Kunst findet, aber auch für das Erleben von Harmonie in anderen Bereichen des Lebens, etwa in privaten Beziehungen, sehr bedeutsam ist.

Selbstverwirklichung und Transzendenz

Sich seiner ureigensten Potenziale und Möglichkeiten bewusst zu werden, ist nach der Humanistischen Psychologie die Basis zufriedenen Lebens und psychischer Gesundheit. Dazu gehört, dass der Mensch sich und andere akzeptiert und offen ist für Neues, für die unabänderlichen Wandlungen im Leben. Dadurch sind Persönlichkeitsveränderungen, Wachstum und psychische Gesundheit möglich.

Als letzte, oberste Stufe kommt schließlich das Bedürfnis nach Transzendenz hinzu. Der Mensch strebt danach, Sinn in seinem Leben zu finden, seine kurze Existenz zu transzendieren und im Einklang mit überwertigen Ideen, mit dem Kosmos, sein Leben zu gestalten. So erklärt sich das Interesse der Menschen an Philosophie, Religion und Spiritualität.

Mangel und Wachstum

Die oberen Stufen der Bedürfnispyramide der Humanistischen Psychologie betonen die Persönlichkeitsentfaltung, kurz das psychische, emotionale und geistige Wachstum. Die unteren Stufen, besonders die unterste, setzen den Akzent dagegen eher auf die Beseitigung und Vorbeugung von Mangel und Gefährdungen.

Demnach leben wir in unserer Kultur im Spannungsfeld zweier Grundmotive: Mangelzuständen vorzubeugen und – ist das Kind bereits in den Brunnen gefallen – sie zu beseitigen einerseits, sowie Wachstum und Entfaltung andererseits.

◆ Bedürfnisse sind kulturabhängig: In industrialisierten, individualistischen Kulturen strebt der Einzelne nach Steigerungen. Entwicklung heißt Wachstum.

DIE BEDÜRFNISPYRAMIDE IST ALLEIN FÜR DIE WESTLICHE KULTUR VON RELEVANZ. IN NICHT-INDIVIDUALISTISCHEN, AGRARISCHEN GESELLSCHAFTEN HAT SIE, ABGESEHEN VON DER BASIS, KEINE GÜLTIGKEIT.

KUNST IST ETWAS, WAS SO KLAR IST, DASS ES NIEMAND VERSTEHT
—
KARL KRAUS

RELIGION IST OPIUM FÜR DAS VOLK
—
KARL MARX

6.3 Die Rolle der Umweltwahrnehmung

Die Ausgestaltung der Handlung ist aber auch abhängig von den Einflüssen der äußeren Situation. Dabei handelt es sich nicht um die physikalisch messbare, objektivierbare Umwelt, sondern das jeweils aktuell wahrgenommene Umfeld.

Objekte im Umfeld der Person

Als Handlungsraum wird die Umwelt für die Person zu einem strukturierten Feld, das in verschiedene Bereiche zerfällt, wo Objekte ihren Platz haben, die für die Person charakteristische **Valenzen** aufweisen. Valenzen sind Wertigkeiten oder Bedeutungen von Objekten.

Von der Valenz eines Objekts hängt es ab, inwieweit die Person ihre Handlungen auf den Gegenstand bezieht. Objekte mit hoher Valenz wirken auf die Person handlungsmotivierend. Objekte mit negativer Valenz führen dagegen zu einem Ausweich- oder Vermeidungsverhalten. Schließlich finden sich im Umfeld der Person auch Dinge mit neutraler Valenz, die ohne Einfluss auf das Verhalten sind.

Der Weg über den Rasen

Angenommen, jemand geht an einem schönen Frühlingstag in seinen Garten. Die Person erblickt jenseits der Rasenfläche blühende Narzissen. Da sie Narzissen besonders mag, haben sie eine hohe positive Valenz. Besagte Blumen motivieren sie, sich ihnen näher zu widmen und an sie heranzutreten, um sie genauer zu betrachten und daran zu riechen. Der kürzeste Weg würde direkt über den Rasen führen. Die betreffende Person weiß nun aber, dass das Betreten des Rasens dessen Wachstum im Frühjahr, wenn die Grashalme noch schüchtern sprießen, besonders gefährdet. Sie geht seitlich am Rasen vorbei, da dieser eine hohe negative Valenz aufweist.

Solche Situationen lassen sich, in Anlehnung an die Theorie der Magnetfelder in der Physik, als Felder skizzieren, in denen Kräfte wirken, die von den mit Valenzen versehenen Objekten ausgehen.

Die folgende Abbildung zeigt solch ein Kraftlinienfeld. Die Pfeile symbolisieren die positiven und negativen Valenzen. P ist die Person, Z das Ziel. Die gestrichelte Linie markiert den Weg, den die Person einschlägt.

„WIRKLICH" NENNT DER BÜRGER NUR DIE DINGE, DIE VON ALLEN ODER DOCH VON VIELEN ÄHNLICH WAHRGENOMMEN WERDEN
—
HERMANN HESSE

DIE WELT IST MEIN WILLE UND MEINE VORSTELLUNG
—
ARTHUR SCHOPENHAUER

WO EIN WILLE IST, IST AUCH EIN WEG
—
DEUTSCHES SPRICHWORT

Kraftfeld der extrinsischen Motivation

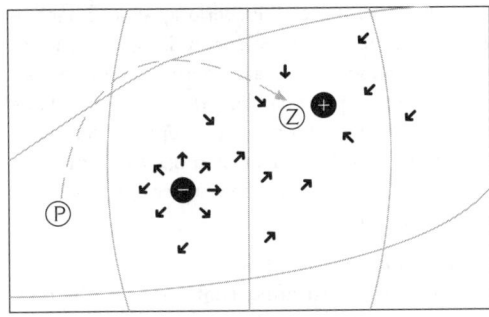

Der Einfluss der Persönlichkeit
Die Valenzen der Objekte sind nicht für alle Personen gleich. Sie hängen von den persönlichen Zielen und Interessen eines Menschen ab. Bei unserem Beispiel würde jemand, dem Frühlingsblumen gleichgültig sind oder der sich wenig um Beschädigungen von Rasenflächen schert, einen anderen Weg gehen. Die Valenz der Objekte in der Außenwelt bestimmt sich über ihre persönliche Bewertung, die **intrinsische Motivation**.

Handlungen werden positiv erlebt, wenn das innere Bedürfnis und die Valenz, der Aufforderungscharakter der Objekte, zueinander passen wie der Schlüssel ins Schloss.

Bei Konflikten, wenn positive und negative Valenzen in der Umgebung widerstreitende Impulse auslösen, müssen Aktionen erfolgen, die im Einklang stehen mit langfristigen Zielen einer Person. Ansonsten sind negative Emotionen (Enttäuschung, Wut, Angst) und Spannungszustände die Folge. Negative Folgen zeitigen auch plötzliche Unterbrechungen des Handlungsvollzugs auf Grund von Störungen.

Widersprüchliche Valenzen der Umweltobjekte provozieren Konflikte in den Handlungsimpulsen. Es gibt Appetenz-Appetenz-Konflikte, Aversions-Aversions-Konflikte und Appetenz-Aversions-Konflikte. Appetenzen lösen eine direkte Hinwendung zum Objekt aus, Aversionen dagegen Vermeidungsverhalten.

Anziehungskonflikte
Beim **Appetenz-Appetenz-Konflikt** ringen zwei positive Valenzen um die Gunst des Akteurs. Bei unserem kleinen Beispiel des Blumenfreundes wären dies etwa zwei Blumenfelder, die beide mit Pflanzen aufwarten, die eine Person sehr gerne mag. Der Akteur steht vor dem Problem, welchem Blumenbeet er sich zuerst zuwendet.

IM LEBEN WANDELN SICH INTERESSEN. „DER MENSCH IST NICHTS FESTES, GEWORDENES UND FERTIGES, NICHTS EINMALIGES UND EINDEUTIGES, SONDERN ETWAS WERDENDES, EIN VERSUCH, EINE AHNUNG UND ZUKUNFT, WURF UND SEHNSUCHT DER NATUR NACH NEUEN FORMEN UND MÖGLICHKEITEN"
—
HERMANN HESSE

WER SELBST WILL, DEN FÜHRT DAS SCHICKSAL, WER NICHT WILL, DEN REISST ES FORT
—
SENECA

Vermeidungskonflikte

Der **Aversions-Aversions-Konflikt** verlangt eine Entscheidung zwischen zwei negativen Valenzen. Es gilt, dem größeren Übel auszuweichen und das kleinere Malheur in Kauf zu nehmen. Bei unserem Beispiel läge dieser Fall vor, gäbe es nur einen Weg zu den Blumen, der immer über den sprießenden Rasen führt. Der Protagonist muss sich entscheiden, ob er den Wuchs der Gräser beeinträchtigen will oder auf das Dufterlebnis verzichtet.

Anziehungs-Vermeidungs-Konflikte

Ein **Appetenz-Aversions-Konflikt** liegt vor, wenn von einem Objekt zugleich negative und positive Valenzen ausgehen. Wenn unser Blumenliebhaber ein Allergiker ist, provoziert die Nähe zu den Blumen unter Umständen einen Heuschnupfenanfall. Zugleich findet er die Narzissen aber schön und ihren Duft sehr angenehm. Letztlich bestimmt die stärkere Valenz, das jeweilige Ausmaß an Appetenz und Aversion darüber, ob er sich den Blumen nähert.

> Motive, die Beweggründe unseres Tuns, wandeln sich unter dem Einfluss innerer Bedürfnisse und äußerer Reize. Verschiedene Objekte der Umwelt lösen zugleich Interesse und Abkehr aus, was zu Konflikten führt.

6.4 Wie Emotionen uns bewegen

Emotionen enthalten Bewertungen von Personen, Objekten und Situationen. Sie drücken Beziehungen zur Umwelt und anderen Personen aus. Gleichzeitig verkünden sie anderen auch den inneren Zustand eines Individuums. Außenstehende können die Gefühle einer Person an deren Gesichtsausdruck, der Gestik und der Körperhaltung ablesen.

Andere Begriffe für Emotionen sind **Affekte** oder **Leidenschaften**. Diese Worte kennzeichnen die Funktion von Emotionen: Gefühle sind Motor und Antrieb des Handelns, gleichzeitig aber auch die Reaktion auf Handlungen und Erlebnisse.

Wettkampfsport

> *Unmittelbar vor dem Start werden 100-Meter-Läufer von einem starken Gefühl der Anspannung und Aufregung beherrscht, die sich während des Laufes löst. Die Gefühle entladen sich in der Bewegung. Sie fallen vom Läufer ab. Unmittelbar nach dem Lauf, wenn der Betreffende als Sieger durchs Ziel gegangen ist oder zumindest eine gute Position oder*

Dem Menschen ist das Streben eigentümlich, das, was er einmal erworben hat, auch zu behalten
—
David Hume

Der Umgang mit Gefühlen, das Spüren und Ausleben, ist abhängig von der Persönlichkeit (vgl. Kap. 5). Zwanghafte Persönlichkeiten unterdrücken ihre Emotionen, hysterische lassen sich von ihnen treiben. Schizoide spüren kaum Emotionen. Sie gleichen dem Ideal der Stoiker aus der Antike, die ein Leben als Freiheit von Affekten und Leidenschaften priesen.

eine ansprechende Zeit erreicht hat, stellt sich das Gefühl der Freude ein.

In diesem Fall wurde der Gefühlszustand durch die Aktion vollkommen verändert. Es ist aber gut möglich, dass die Gefühle während der Aktion und danach weitgehend unverändert bleiben.

Flucht

Ein Mensch flüchtet vor einer martialisch auftretenden Gang, die ihn offen bedroht. Angst ist sein dominierendes Gefühl, das ihn auch beim Weglaufen beherrscht. Hinterher ist dieses Gefühl immer noch vorhanden, besonders solange die Gang noch in Sichtweite ist.

Gefühle gehen Handlungen voraus, motivieren und begleiten sie. Hinterher stellen sie sich als Antwort ein.

Emotionen als Antrieb und Reaktion

Kontrollverlust

Gefühle werden oft als Widerfahrnis erlebt. Sie stellen sich ganz plötzlich, ohne Kontrolle des Bewusstseins und ohne willentliches Zutun des Betroffenen ein. Das enthüllen Aussprüche wie „ich bin außer Kontrolle geraten, ich rastete plötzlich aus, ich verlor die Beherrschung."

Heftige Gefühle schalten **Verstand** und **Bewusstsein**, die Kontrollinstanzen unseres Handelns, aus.

DIE AUSSCHALTUNG DES VERSTANDES GELINGT NOCH BESSER MIT RAUSCHMITTELN.

Tötung

Tötungshandlungen, die unter dem beherrschenden Einfluss der Gefühle – im Affekt, wie es im Strafgesetzbuch (§ 213, StGB) heißt – begangen werden, gelten Juristen als Totschlag. Sie werden oft deutlich milder bestraft als Morde. Letztere sehen Juristen eher als Ausdruck des Verstandes, soweit sie mit einem über längere Zeit gehegten Vorsatz begangen werden.

Herz und Kopf

„Sei' doch nicht so emotional." „Bleiben Sie bitte sachlich." Derartige Aussagen benennen eine weit verbreitete Auffassung: Gefühl und Intellekt bilden einen Gegensatz. Das unvernünftige, emotionale Herz stehe beim Menschen im Wi-

LERNEN WIR UNS ZU FREUEN, SO VERLERNEN WIR AM BESTEN, ANDEREN WEHZUTUN

> Der am Herz orientierte Geist ist der Geist des Feinsinns, der an die Vernunft gebundene der der Geometrie
>
> — Blaise Pascal

derspruch zum kühlen, vernünftigen Kopf. Das Gehirn sei der Sitz des Verstandes, das Herz Hort der Emotion. Wissenschaftlich lässt sich allerdings kein Bereich des Körpers als besonderer Sitz der Emotionen ausmachen. Der gesamte Mensch ist an den Gefühlsregungen beteiligt. Gefühlsäußerungen haben eine organische Basis, abzulesen an physiologischen oder hormonellen Messungen. Gleichzeitig weisen sie aber auch kognitive und soziale Aspekte auf.

6.5 Gefühle: Erlebnis und Ausdruck

Welches Gefühl sich einstellt, hängt von der Wahrnehmung des Menschen ab, von der **Selbstwahrnehmung** ebenso wie von der **Umweltwahrnehmung**. Bei einigen Gefühlen überwiegt der soziale Aspekt. **Soziale Gefühle** beziehen sich direkt auf andere Personen oder Situationen. Sie lassen sich deshalb in personale und situative Gefühle unterteilen. Bei **kognitiven Gefühlen** überwiegt die Selbstwahrnehmung. Sie fußen auf der Reflexion über zurückliegende Situationen und Erlebnisse und die eigene Rolle dabei. Bei **somatischen Gefühlen**, der dritten Gruppe, steht die körperliche Reaktion, die jemand spürt und ausdrückt, im Vordergrund.

Gefühlseinteilung

Soziale	Gefühle
PERSONALE	SITUATIVE
KOGNITIVE	SOMATISCHE
Persönliche	Gefühle

Zu den personalen Gefühlen gehören Liebe, Hass, Zuneigung, Antipathie und Aggression. Die situativen Emotionen umfassen Freude, Besorgnis, Zorn, Überraschung. Zu den kognitiven Gefühlen zählen Scham, Schuld, Selbstwert, Zufriedenheit, Hoffnung und ästhetische Gefühle. Zu den somatischen Gefühlen gehören Angst, Schreck und der dominierende Stimmungsgrund.

Personale Gefühle

Die **Liebe**, das stärkste personale Gefühl, ist ein Bindungsgefühl zu einer anderen Person. Es stützt sich auf das Füreinander-Dasein, das Zärtlichkeit, Güte und Wohlwollen be-

> Um glücklich zu sein, braucht man nur eins: man muss lieben, lieben mit Selbstverleugnung
>
> — Leo Tolstoi

deutet und, bei der geschlechtlichen Liebe, die Sehnsucht nach Verschmelzung, die Sexualität, miteinbezieht.

Das gegenteilige Gefühl, der **Hass**, beinhaltet alle gegenläufigen Tendenzen. Missgunst und Aggressivität richten sich auf eine bestimmte Person.

Zuneigung oder **Sympathie** zu einem anderen meint eine Haltung wohl wollender Akzeptanz. Es ist ein schwächeres Bindungsgefühl als die Liebe, da der Wunsch nach inniger Verbindung und Verschmelzung fehlt.

Antipathie ist das gegenläufige Einstellungsgefühl anderen gegenüber. Statt Wohlwollen spürt man Ablehnung, ohne dass man diese heftig ausdrückt.

Aggression ist die Steigerung der Ablehnung, eine heftige negative Gefühlsaufwallung anderen gegenüber. Sie führt zum Wunsch, dem anderen zu schaden, ihn zu beschädigen, gar zu zerstören oder zu töten. Neid-, Rache- und Wutgefühle sind Differenzierungen der Aggression (s.u.).

Situative Gefühle

Freude stellt sich ein, wenn eine Situation als positiv erlebt wird oder wurde. Als Vorfreude nimmt sie Bezug auf zukünftige Situationen, wenn diese der Person Annehmlichkeiten versprechen. Die Person fühlt sich frei, entspannt oder erheitert. Durch Komik und Witz kann das Gefühl der Freude gezielt erlebt werden.

Besorgnis entsteht, wenn eine zurückliegende oder zukünftige Situation einem Menschen Sorgen bereitet. Die damit verbundenen Probleme scheinen nicht lösbar. Gefühle von Schmerz, Kummer und Leiden erwachsen aus einer zunächst oft diffusen Besorgnis.

Zorn wird durch erlebte Frustrationen ausgelöst. Das Blut steigt in den Kopf, die Muskeln sind angespannt. Zorn und Wut sind äußerlich und innerlich kaum unterscheidbar. Zorn wird eher als Bereitschaft, als Teil des Charakters definiert (ein jähzorniger Mensch), während Wut als Reaktion auf andere auftritt.

Überraschungsgefühle sind Reaktionen auf unerwartete Ereignisse. Erwartung und Wirklichkeit klaffen auseinander. In der Folge ist die Person verwundert oder verstört, angenehm oder unangenehm berührt.

Kognitive Gefühle

Scham entsteht aus Verstößen gegen das subjektive Wertesystem. Schamlosen Menschen mangelt es an moralischer Integrität. Jemand, der sich bloßgestellt glaubt, der sich selbst bei einer verwerflichen Tat ertappt oder durch

---

EINES MANNES GLÜCK UND UNGLÜCK IST EINE FRAU
—
ENGLISCHES SPRICHWORT

ALLER HÖHERE HUMOR FÄNGT DAMIT AN, DASS MAN DIE EIGENE PERSON NICHT MEHR ERNST NIMMT
—
HERMANN HESSE

ES GIBT DIE ZUKUNFT, DIE OHNE UNSER ZUTUN ENTSTEHT, UND DIE ZUKUNFT, WELCHE WIR SELBER BESTIMMEN. DIE TATSÄCHLICHE ZUKUNFT SETZT SICH AUS BEIDEN ZUSAMMEN
—
ALAIN

OFT SIND SCHAMLOSE MENSCHEN AUCH SCHLICHT DUMM.

> DEPRESSIVE MEN-
> SCHEN NEIGEN ZU
> PERMANENTEN
> SCHULDGEFÜHLEN.
> FÜR ALLES UNGLÜCK
> UM SIE HERUM FÜH-
> LEN SIE SICH VER-
> ANTWORTLICH.

andere gestellt wird, schämt sich. Abzulesen ist das am Erröten, dem gesenkten Kopf oder dem verlegenen Zurückweichen. Scham geht mit Gefühlen der Peinlichkeit einher.
Schuldgefühle resultieren aus Pflichtverletzungen oder Missetaten. Sie entstehen ohne oder durch die Kritik anderer. Voraussetzung, dass ein Gefühl von Schuld entsteht, ist ein Wissen um moralisch gute Handlungen.
Selbstwertgefühle hängen mit dem Selbstbild eines Menschen zusammen. Man kann sich als wertvoll erleben und damit ein positives Selbstwertgefühl haben. Bei einem negativen Selbstbild kommt es zum Minderwertigkeitsgefühl.
Hoffnung ist eine positive gefühlsmäßige Haltung oder Einstellung der Zukunft gegenüber. Zuversicht, dass auf schlechte Zeiten bessere Folgen mögen, benötigt jeder Mensch, um sein Leben zu bewältigen.

> DAS SCHÖNSTE
> GLÜCK DES DENKEN-
> DEN MENSCHEN IST,
> DAS ERFORSCHLICHE
> ERFORSCHT ZU
> HABEN UND DAS
> UNERFORSCHLICHE
> RUHIG ZU VEREHREN
> —
> GOETHE

Ästhetische Gefühle basieren auf der Wahrnehmung von Kunst (Literatur, Theater, Oper, Film, Foto, Grafik). Kunstgegenstände können auf uns positiv, harmonisch und angenehm oder negativ, irritierend, merkwürdig, dunkel, mysteriös und unangenehm wirken.
Zufriedenheit oder das Gegenteil, Unzufriedenheit, entsteht aus dem Nachsinnen über zurückliegende Ereignisse und Erlebnisse. Soweit sich in der Rückschau Ansprüche und Wünsche, zumindest teilweise, mit den Erfahrungen decken, empfinden wir Zufriedenheit mit unserem Leben.

Somatische Gefühle
Angst ensteht aus der Wahrnehmung und Erwartung von Bedrohung und Gefahren. Gefühle von Unruhe und Beklemmung haben eine hormonelle Reaktion als somatische Basis. Gefühle von Angst können lange andauern und das Leben einengen. **Schreck** ist eine kurze Reaktion auf einen unerwartet auftretenden angstauslösenden Reiz.
Der dominierende Stimmungsgrund ist der persönlichkeitsspezifische Hang, bestimmte Emotionen immer wieder zu empfinden. Ängstliche Typen spüren zum Beispiel immer wieder Angst. Dagegen neigen ausagierende, hysterische Persönlichkeiten zu Aggressivität.

> DOMINIERENDER
> STIMMUNGSGRUND
> UND PERSÖNLICH-
> KEITSTYP MEINEN
> IM WESENTLICHEN
> DAS GLEICHE
> (VGL. KAP. 5.1).

Der Ausdruck von Gefühlen
Die dargestellten Gefühle sind überwiegend globaler, diffuser Art. Unter dem Einfluss bestimmter Situationen, im Kontakt zu gewissen Menschen, differenzieren und entwickeln sie sich.

Gefühlsdifferenzierung

Antipathie kann sich beispielsweise zu Gefühlen von Neid, Rache oder Eifersucht entwickeln. Das Gefühl der Antipathie bleibt dabei im Hintergrund bestehen. Beim Neid rückt das Missgönnen der Erfolge des anderen in den Vordergrund, bei der Rache der Wunsch, dem anderen für zugefügten Schaden nun seinerseits zu schaden. Bei der Eifersucht gibt es eine als negativ empfundene Rivalität zum anderen.

> WER EMOTIONEN ZEIGT, IST IMMER DER UNTERLEGENE
> —
> HENRY MASKE, BOXER

Differenzierung der Emotionen

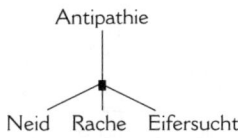

Polarität und Widerspruch

Gefühle werden oft als in sich widersprüchlich erlebt und beschrieben. Zu jedem positiven Gefühl gehört ein negatives. Liebe steht im Gegensatz zum Hass. Zuneigung und Abneigung bilden ebenso zwei Pole wie Freude und Ärger. Im Erleben sind die Gegensätze bisweilen nicht genau zu trennen. An **Hass-Liebe** kranken viele Paarbeziehungen.

Gefühlswahrnehmung bei anderen

Beim Emotionsausdruck sind **Gesicht, Mimik, Gestik und Körperhaltung** beteiligt. Er ist ganzheitlich, oft aber auch widersprüchlich. Da der Emotionsausdruck nicht eindeutig ist, nehmen Personen den Gefühlsausdruck eines Menschen unterschiedlich wahr. Verschiedene Beobachter unterstellen dem Betroffenen unterschiedliche Emotionen.

Beim folgenden Bild kann man darüber streiten, ob die Person Ärger oder Zufriedenheit, Hoffnung oder Hoffnungslosigkeit ausdrückt.

> DER WIDERSPRUCH ABER IST DIE WURZEL ALLER BEWEGUNG UND LEBENDIGKEIT. NUR INSOFERN ETWAS IN SICH SELBST EINEN WIDERSPRUCH HAT, BEWEGT ES SICH, HAT TRIEB UND TÄTIGKEIT
> —
> GEORG FRIEDRICH WILHELM HEGEL

Welche Emotionen liegen hier vor?

> DAS GEFÜHL GEHÖRT DEM INNEREN LEBEN AN, SEIN AUSDRUCK DEM ÄUSSEREN
> —
> ALEXANDER LOWEN, PSYCHOTHERAPEUT

7. Wahrnehmung und Lernen

Wahrnehmung ist das Aufnehmen und Verarbeiten von Lebens- und Umwelteindrücken. Beteiligt sind daran die Sinnesorgane und das Gehirn, das die Sinneseindrücke verarbeitet und speichert. **Lernen** ist das Aneignen, Behalten und Anwenden von Fertigkeiten, Informationen und Wissen. Eine adäquate Wahrnehmung ist die Voraussetzung für optimales Lernen.

Der Wahrnehmung obliegt es, den ständigen Strom von Reizen, die auf den Menschen wirken, zu filtern und zu verarbeiten. Die äußeren Reize werden von den Sinnesorganen aufgenommen und umgewandelt. Über die **Nervenbahnen** gelangen sie als elektrische Impulse in die Großhirnrinde.

Wahrnehmungsprozess

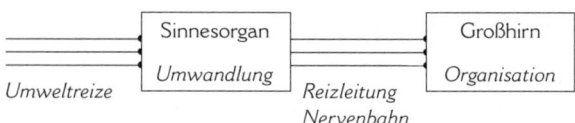

Die Nervenbahnen, die Teile des Zentralen Nervensystems (Gehirn und Rückenmark) und Peripheren Nervensystems (Verbindung zu Organen und Muskeln), bestehen aus Millionen von Nervenzellen. Die Reizleitung entlang der Nervenbahn geschieht durch elektrische Impulse.

Die Schnittstelle zwischen den Nervenzellen heißt **Synapse**. An den Synapsen kommt es zur Ausschüttung chemischer Substanzen, Botenstoffe oder Neurotransmitter genannt. Auf der anderen Seite der Synapse, am Ende der folgenden Nervenzelle, wird dann die elektrische Impulsleitung fortgeführt.

Impulsleitung in Nervenzellen

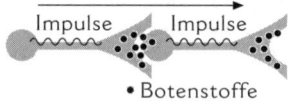

Die Untersuchung der Reizleitung in den Nervenbahnen ist Sache von Physiologie und Medizin. Bei Störungen in den Wahrnehmungsorganen und Nervenbahnen kommt es zu sensorischen Ausfallerscheinungen, Wahrnehmungstäuschungen, Missempfindungen und neurologischen Krankheiten.

7.1 Die Botschaften der Sinne

Die Psychologie kümmert sich um das subjektive Empfinden des Individuums und nimmt die Organisationsprozesse der Wahrnehmung unter die Lupe. Jene steuert das **Bewusstsein**, durch Konzentration auf bestimmte Reize und Strukturierung der Sinneseindrücke.

Sehen, Hören, Tasten, Riechen, Schmecken, Gleichgewichthalten und Körperempfindungen sind die **Sinne** des Menschen. Jeder Sinn ist auf bestimmte Reize spezialisiert. Das dazugehörige Sinnesorgan umfasst Gewebezellen, die für die Aufnahme und Umwandlung der Reize zuständig sind. Sie werden als **Rezeptoren** bezeichnet. Unter dem Einfluss des Großhirns kommt es zu sinnesspezifischen Empfindungen der Reize.

Sehen
Das Auge nimmt die Wellen des Lichts auf. Rezeptoren im Auge sind die Stäbchen und Zapfen der Netzhaut. Sie wandeln die Lichtwellen in Nervenimpulse um, die über den Sehnerv zu den Sehzentren der Großhirnrinde gelangen. Visuelle Empfindungen sind Farbtöne, Hell-Dunkel-Unterscheidungen, Formen, Muster und Texte.

Hören
Das Ohr empfängt den Schall von Objekten. Schallwellen sind physikalisch definierte Geräusche mit bestimmter Schwingungszahl und Schwingungshöhe.

> MAN SIEHT NUR MIT DEM HERZEN GUT. DAS WESENTLICHE IST FÜR DIE AUGEN UNSICHTBAR.
>
> —
>
> ANTOINE DE SAINT-EXUPERY

Schallwelle

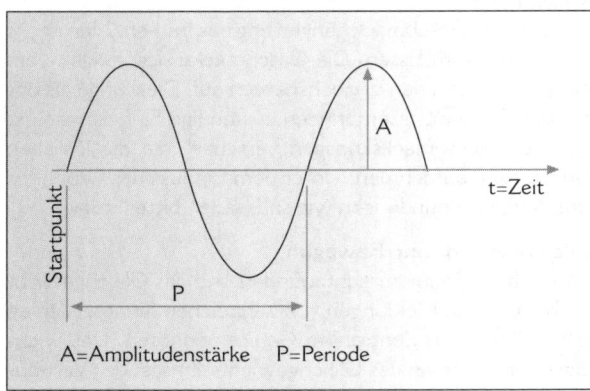

(aus: VOLLMERS 1997, S. 29)

> MOMO KONNTE SO GUT ZUHÖREN, DASS DUMMEN LEUTEN PLÖTZLICH SEHR GESCHEITE GEDANKEN KAMEN. NICHT ETWA, WEIL SIE ETWAS SAGTE ODER FRAGTE, WAS DEN ANDEREN AUF SOLCHE GEDANKEN BRACHTE, NEIN, SIE SASS NUR DA UND HÖRTE EINFACH ZU, MIT ALLER AUFMERKSAMKEIT UND ANTEILNAHME.
> —
> MICHAEL ENDE, MOMO

> BEIM MENSCHEN ÜBERRAGT DER OPTISCHE SINN, DOCH SCHEINT DAS ZWISCHENMENSCHLICHE URSPRÜNGLICH AUF DEM GERUCHSSINN ZU BERUHEN. DAVON KÜNDEN REDEWEISEN WIE „SIE KONNTEN SICH GUT RIECHEN" ODER „WIR HABEN UNS EIN WENIG BESCHNUPPERT".

> ÜBER GESCHMACK LÄSST SICH STREITEN
> —
> DEUTSCHES SPRICHWORT

Die Schallwellen treffen auf das Trommelfell, das in Vibrationen versetzt wird. Die Gehörknöchelchen des Innenohres (Hammer, Amboss, Steigbügel) geben die Schwingungen an das primäre Organ des Hörens, die Schnecke im Innenohr, weiter. Die Schnecke enthält Haarzellen. Sie verwandeln die mechanische Schwingung in elektrische Impulse, die über den Hörnerv zum Großhirn gelangen. Die akustischen Empfindungen sind Geräusche, Laute und Töne.

Tastsinn
Die Haut als Sinnesorgan ist mit unzähligen Rezeptoren für Druck-, Schmerz- und Temperatursignale ausgestattet. Bei deren Reizung geschieht die Weiterleitung der Sinneseindrücke über die sensorischen Bahnen des peripheren Nervensystems zum Rückenmark. Von dort gelangen die Impulse über die aufsteigenden Bahnen des Rückenmarks zum Großhirn. Typische Empfindungen, die über Einwirkungen auf die Haut entstehen, sind Druck, Schmerz, Wärme und Kälte.

Geruch
Die Nase nimmt die Düfte der geruchstragenden Substanzen auf. Die Haarzellen in der Schleimhaut wandeln die chemischen Moleküle in Impulse um, die dann zum Gehirn weitergeführt werden. Geruchsempfindungen sind oft diffus und kaum wahrnehmbar. Nur besonders hervorstechende Gerüche werden wahrgenommen und als angenehm (mild, blumig, frisch) oder unangenehm (verbrannt, stechend, schweißig) klassifiziert.

Geschmack
Geruch und Geschmack hängen eng zusammen. Man riecht die Speise beim Essen. Die Geschmacksreize steigen vom Rachenraum zu den Geruchsnerven auf. Die Zunge als das für das Geschmacksempfinden zuständige Sinnesorgan, ist mit den Geschmacksknospen versehen, die die löslichen Substanzen aufnehmen. Unter dem Einfluss des Großhirns entstehen Empfindungen wie süß, sauer, bitter, salzig.

Gleichgewicht und Bewegung
Um sich im Raum zurechtzufinden und das Gleichgewicht zu halten, sind Meldungen von zahlreichen Sinneszellen an die motorischen Zentren im Gehirn vonnöten. Das wichtigste Sinnesorgan des Gleichgewichtssinns ist der Vestibularapparat im Mittelohr. Er enthält feine Härchen, die – wie die Haarzellen in der Schnecke des Innenohres – mechanische Erschütterungen an die Nervenzellen weitergeben.

Muskel- und Gelenkrezeptoren messen an Muskeln und Gelenken den Dehnungs- und Beugungsgrad. Auf diese Weise wird die Haltung und Bewegung beim Stehen und Gehen gesichert.

Organempfindungen

Die inneren Organe, vor allem der Verdauungsapparat, ist auch mit Sinneszellen ausgestattet. Empfindungen von Druck und Schmerz entstehen durch die Weiterleitung der Signale an das Großhirn.

MANCHE MENSCHEN HALTEN IMMER AN SICH, ANDERE GEHEN AUS SICH HERAUS.

◆ Unsere Eindrücke von der Welt basieren auf den von den Sinnesorganen im Gehirn ankommenden Nervenimpulsen.

7.2 Organisation und Strukturierung

Das Bewusstsein des Menschen organisiert und strukturiert die Wahrnehmung. Die äußeren physikalischen Reize und die subjektive Empfindung stehen nicht in einem direkten Abbild, nicht in einem Eins-zu-Eins-Verhältnis. Konzentration, Aufmerksamkeit und Stimmungslage sorgen für eine subjektive Struktur und Qualität der Wahrnehmung.

Die im Folgenden beschriebenen Organisationsprozesse der Kontrastierung, Fixierung und ganzheitlichen Strukturierung habe ihre Basis im Großhirn und gelten für alle Sinne. Vorgestellt werden sie allein anhand des visuellen Sinns, bei dem sie besonders prägnant hervortreten und für jeden leicht nachvollziehbar sind.

Kontrastwirkung

Die Reizgrenzen treten im Wahrnehmungsfeld besonders deutlich hervor. Beim **Kontrastgitter** kommt es zu einer Randkontrasttäuschung. Blickt man auf die Zwischenräume, so erscheinen an den weißen Kreuzungslinien, die man mit dem Blick fixiert, dunkle Stellen.

UNSER BILD DER WELT ENTSTEHT IM GEHIRN, WO DIE SINNESBAHNEN ENDEN. DIE MENSCHLICHE WAHRNEHMUNG IST NUR EINE MÖGLICHKEIT, DIE WELT ZU BEGREIFEN. TIERE SEHEN DIE WELT MIT GANZ ANDEREN AUGEN.

Kontrastgitter

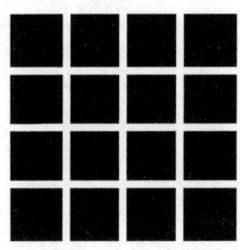

> DIE KONTRASTWIRKUNG LÄSST SICH BEIM TASTSINN MIT DEM HEISS-KALT-VERSUCH DEMONSTRIEREN: MAN HALTE EINE HAND ZUNÄCHST IN KALTES WASSER, DANN IN SEHR WARMES UND ERNEUT IN DAS KALTE. BEIM ZWEITEN MAL ERSCHEINT DAS KALTE WASSER NOCH KÄLTER.
>
> DIE SINNLICHE WELT ERMÖGLICHT KEINE WAHRE ERKENNTNIS, SONDERN NUR UNSICHERES MEINEN
> —
> PLATON

Die Abhängigkeit der Reizwahrnehmung von den Reizen des Umfeldes belegt auch der **Helligkeitskontrast**. Der gleiche graue Fleck erscheint heller gegen einen dunklen Hintergrund als gegen einen weißen.

Helligkeitskontrast

7.3 Die Subjektivität der Wahrnehmung

Die Grenzen zwischen wahrer und falscher Wahrnehmung sind fließend. Leichte optische Täuschungen entstehen, ähnlich wie Kontrastwirkungen, durch die Wechselwirkung zwischen den Flächen der Reizvorlage im Wahrnehmungsfeld.

Optische Täuschungen
Bei der **Müller-Lyrschen-Streckentäuschung** werden zwei objektiv gleich lange Strecken als unterschiedlich lang wahrgenommen, je nachdem, ob die Pfeile an den Enden nach innen oder außen weisen.

Optische Streckentäuschung

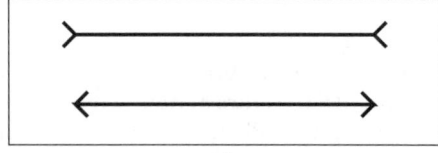

> EIN GEGENSTAND IST GEGEBEN AUF DEM HINTERGRUND DESSEN, WAS NICHT VON IHM GESEHEN WIRD
> —
> MAURICE MERLEAU-PONTY

Optischen Täuschungen liegen Wechselwirkungen zwischen den Reizen zu Grunde. Die ganzheitliche, vom Bewusstsein gesteuerte Strukturierung der Wahrnehmung schafft eine Differenz in der Wahrnehmung von an sich identischen Teilen eines Bildes dann, wenn sich das Umfeld ändert.

Bei **Halluzinationen**, der Wahrnehmung von Dingen, die objektiv in der Sicht aller anderen Menschen nicht existieren, wird die Wahrnehmungstäuschung vom Wahrnehmenden selbst konstruiert. Allerdings spielen Umgebungseinflüsse dabei eine gewichtige Rolle. Optische Halluzinationen treten zum Beispiel bei Deprivationserfahrungen auf, wenn jemand von Außenreizen völlig abgeschirmt ist.

HALLUZINATIONEN GEHÖREN AUCH ZU DEN HERVORSTECHENDEN SYMPTOMEN BEI PSYCHOSEN (VGL. KAP. 10.1). HALLUZINATIONEN KÖNNEN AUCH UNTER DEM EINFLUSS VON DROGEN (ALKOHOL, HEROIN) AUFTRETEN.

Halluzinierte Wunschbilder

Gefangene, die eine längere Isolationshaft überstanden, berichten davon, dass Stimmen zu ihnen sprachen, oder dass sie glaubten, Personen ständen vor ihnen. Eine lange Tradition haben auch Geschichten über Menschen, die – dem Dursttod nahe – durch die Wüste laufen. Ihnen erscheint als Fata Morgana eine Oase mit Wasser, die leider jeder realen Grundlage entbehrt.

Persönliche Färbung

Komplexe Reize, die Abfolge von Situationen und Ereignissen nehmen unterschiedliche Menschen in unterschiedlichen Positionen immer etwas anders wahr, auch wenn in etlichen Punkten Übereinstimmung herrscht.
Von Einfluss ist die Persönlichkeit, die Haltung zum eigenen Leben und zu anderen Menschen. Zum Beispiel erscheint dem Depressiven mit seiner pessimistisch-negativen Einstellung alles Grau in Grau.

Wahrnehmung des Depressiven

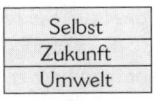

Personenwahrnehmung

Wir neigen bei der Wahrnehmung anderer Menschen zu Interpretationen. Die Projektion, das Hineindeuten eigener Persönlichkeitsanteile in andere, wurde schon beschrieben. Doch auch ohne Projektion sind wir mit Deutungen schnell bei der Hand.

PROJEKTION IST EIN ABWEHRMECHANISMUS DES EIGENEN UNBEWUSSTEN (VGL. KAP. 4.4).

EINE ÜBUNG, UM DEN UNTERSCHIED ZWISCHEN WAHRNEHMEN UND INTERPRETIEREN ZU ÜBEN: ZWEI PERSONEN SITZEN SICH GEGENÜBER. ZUNÄCHST ÄUSSERN SIE NUR DIE WAHRNEHMUNG DES ANDEREN (ICH SEHE, DASS DEINE MUNDWINKEL NACH UNTEN GERICHTET SIND). IN DER ZWEITEN RUNDE AUCH DIE WAHRNEHMUNG UND INTERPRETATION (ICH SEHE UND VERMUTE, DASS ...).

Sehen wir einen Menschen, dessen Mundwinkel hinunterhängen, dessen Augen klein und zusammengekniffen sind, liegt die Deutung nahe, dieser Mensch sei traurig oder depressiv. Der Schritt von der Wahrnehmung zur Deutung ist kurz. Gefühl und Einstellung des Wahrnehmenden dem anderen gegenüber beruhen zu einem guten Teil nicht auf dem objektiven Reiz, sondern der subjektiven Interpretation.

Wahrnehmung und Interpretation

Wahrnehmung:	Ich sehe herabhängende Mundwinkel und zusammengekniffene Augen.
Deutung:	Dieser Mensch ist depressiv.
Gefühl:	Ich spüre keine Sympathie für ihn.

Persönliche Selektion

Beim Wahrnehmen treffen wir eine Auswahl aus der Fülle der Reize. Wir konzentrieren uns auf einen kleinen Ausschnitt. Etwas rückt in der Vordergrund.

Kippfiguren demonstrieren das Wechselspiel von Vordergrund und Hintergrund, von Hauptreiz und Nebenreiz, besonders deutlich. Selbst wenn der Reiz objektiv gleich bleibt, bewirkt die Selektivität, dass die Reizvorlage unterschiedlich wahrgenommen wird – bei Kippfiguren in zwei Varianten. Je nach Fixierung sieht man bei der folgenden Kippfigur entweder den rechten oder den linken Teil als zusammenhängendes Muster.

MAN SIEHT ERST KLAR, WENN MAN UM SICH SCHAUT
—
DEUTSCHES SPRICHWORT

Kippfigur

Wahrnehmung ist immer subjektiv gefärbt. Die Organisationseindrücke der Wahrnehmung (Selektion, Kontrast, Fixierung) und die Bewusstseinslage sorgen für einen subjektiven Eindruck, der manchmal deutlich von den objektiven Umweltreizen abweicht.

7.4 Wahrnehmen, Lernen und Behalten

Lernen ist die Aneignung, das Behalten und die Anwendung von Wissen und Fertigkeiten. Das Lernen ist ein komplexer Prozess, bei dem die Umwelt, das Vorwissen, die Fähigkeiten und die Motivation des Lernenden wie des Lehrenden von entscheidender Bedeutung sind.

ALSO LAUTET EIN BESCHLUSS, DASS DER MENSCH WAS LERNEN MUSS
—
WILHELM BUSCH

Lernprozess

Der **Behaviorismus** glaubte, dass allein die Rückmeldungen aus der Umgebung entscheidend für den Lernerfolg sind. Vorausgehende Reize, bei der **klassischen Konditionierung**, und nachfolgende Belohnungen oder Bestrafungen, bei der **operanten Konditionierung**, sollten angeblich das Lernen steuern. Tatächlich geschieht das meiste menschliche Lernen – von Wissen wie von praktischen Fertigkeiten – durch **Imitation**. Eine Person macht etwas vor, die andere ahmt es nach.

VGL. KAP. 2.3 ZUM VORGANG DES KONDITIONIERENS

Imitationslernen

Im Mathematikunterricht demonstriert zunächst der Lehrer die Lösung einer Aufgabe, bevor die Schüler den Lösungsweg auf andere Aufgaben anwenden. In der handwerklichen Ausbildung zeigt der Meister den Auszubildenden, wie sie das Eisen- oder Holzstück an der Werkbank in einzelnen Schritten zu bearbeiten haben. Beim Sport zeigen Lehrer oder Trainer ihren Zöglingen Bewegungsabläufe, die diese dann unter der fachkundigen Anleitung selbst ausprobieren und lernen.

Lernschritte

Der Lernvorgang kann in einzelne Schritte eingeteilt werden, damit der Lernende sich den neuen Lernstoff optimal aneignet. Das Einüben und Wiederholen der Schritte, das systematische **Training**, ist besonders beim Sport, dem Erlernen und Verbessern von Bewegungen, gängige Praxis.

Sporttraining

Beim Hochsprung lässt sich der gesamte Bewegungsablauf bis zum Überqueren der Latte in einzelne Schritte einteilen. Es beginnt mit geistiger Vorbereitung, dem gedanklichen Anvisieren von Anlauf und Absprung, am Anlaufpunkt. Dann folgt der Anlauf, der eine bestimmte, antrainierte Schrittsequenz umfasst. Vor dem Absprung muss der Hochspringer einen kräftigen Armschwung einsetzen und sich hochschrauben. Mit dem Rücken, möglichst ganz waagerecht, überquert er die Latte. Schließlich gilt es, die Unterschenkel hochzureißen, damit er nicht die Latte reißt. Alle diese Schritte werden im Training speziell eingeübt und endlos wiederholt.

7.5 Lernmotivation – Lernform – Lernerfolg

> AN MIR HAT DIE SCHULE VIEL KAPUTT GEMACHT, UND ICH KENNE WENIG BEDEUTENDE PERSÖNLICHKEITEN, DENEN ES NICHT ÄHNLICH GING. GELERNT HABE ICH DORT NUR LATEIN UND LÜGEN
> —
> HERMANN HESSE

Als Lernerfolg gilt die Geschwindigkeit des Lernens und die Behaltensleistung. Im Allgemeinen ist der Lernerfolg umso höher, je höher die **intrinsische Motivation** ist. Die **extrinsische Motivation** trägt dagegen weniger zum Lernerfolg bei.

Schulisches Lernen ist oft extrinsisch motiviert. Schüler spüren in den meisten Fächern kein Interesse an den oft lebensfernen Lernstoffen. Allein Zensuren und die Aussicht auf die spätere Karriere, beides extrinsische Motive, halten sie bei der Stange. Dagegen ist das Training der Sportler eher intrinsisch motiviert. Sie haben Spaß an ihrer Sportart, möchten Erfolg haben und sind deshalb mit hoher Motivation beim Training dabei.

Lernschwierigkeiten

> VGL. KAP. 11.3; LERNSCHWIERIGKEITEN SIND ZU UNTERSCHEIDEN VON LERNBEHINDERUNGEN BEI KINDERN.

Schüler, Auszubildende und Studenten klagen oft über Lernschwierigkeiten. Eine geringe intrinsische Motivation begünstigt Probleme beim Lernen ebenso wie Unter- oder Überforderung.

Störungen in Aufmerksamkeit und Konzentration behindern die Aufnahme des Lernstoffes und die Behaltensleistung. Das Umfeld setzt die Bedingungen des Lernprozesses. Unterbrechungen durch andere Personen, Ablenkungen durch viele optische Reize am Arbeitsplatz, Lärm als Störreiz von außen – dies alles sind Faktoren, die Konzentrationsstörungen fördern.

Auch die Erwartung auf das Kommende kann zu Lernbehinderungen führen. Angst vor Versagen in der anstehenden Prüfung wirkt bei manchen als Lernblockade.

Über- oder Unterforderung

Jeder Lernende verfügt über ein gewisses Ausgangsniveau. Neuer Lernstoff sollte so beschaffen sein, dass er an das bisherige Niveau anknüpft und darüber hinausgeht. Allmähliches, aufbauendes Lernen verschafft dem Lernenden positive Gefühle. Das motiviert ihn zum Weiterlernen. Eine Über- oder Unterforderung wird vermieden. Andernfalls treten Gefühle von Angst (bei Überforderung) oder Langeweile (bei Unterforderung) auf. Das reibungslose Aufgehen in die lernende Tätigkeit bezeichnet der amerikanisch-ungarische Psychologe MICHAEL CSIKSZENTMIHALYI als **Flow-Erlebnis** (CSIKSZENTMIHALYI 1996). Flow tritt ein, wenn der Betreffende selbstbestimmt lernt und arbeitet, eigenverantwortlich die Lernziele setzt und sein Niveau sukzessive steigert. Das ist bei fremdbestimmten Lerntätigkeiten in Schule und Ausbildung oft nicht der Fall. Bei künstlerischen und sportlichen Tätigkeiten ist dies eher möglich.

Die Emotionen wirken beim Flow nicht als Behinderung. Sie sind nicht kanalisiert oder beherrscht, sondern tragen den Tätigen. Dieser ist voll positiver Spannung auf die Aufgabe ausgerichtet.

Die folgende Abbildung zeigt die Bedingungen für optimales Fließen. Sind Anforderungen und Fertigkeiten optimal aufeinander bezogen, ist das Erleben ganz und gar positiv. Langeweile stellt sich ein, wenn die Anforderungen niedrig, die Fähigkeiten der Person aber hoch sind. Langeweile kann bei ungünstigen äußeren Einflüssen auch in Angst umschlagen. Im umgekehrten Fall, bei niedrigen Anforderungen und hohem persönlichen Potenzial, kommt es auf jeden Fall zu Angst.

EIN KOMPONIST BESCHREIBT DIE FLOW-ERFAHRUNG BEI SEINER TÄTIGKEIT: MAN IST IN EINEM DERARTIG EKSTATISCHEN ZUSTAND, DASS MAN FAST DAS GEFÜHL HAT, NICHT ZU EXISTIEREN. MEINE HAND SCHEINT NICHT MIR ZU GEHÖREN, UND MIT DEM, WAS GESCHIEHT, HABE ICH NICHTS ZU TUN. UND ES FLIESST VON GANZ ALLEIN (AUS GOLEMAN 1998, S. 119).

Optimales Flow

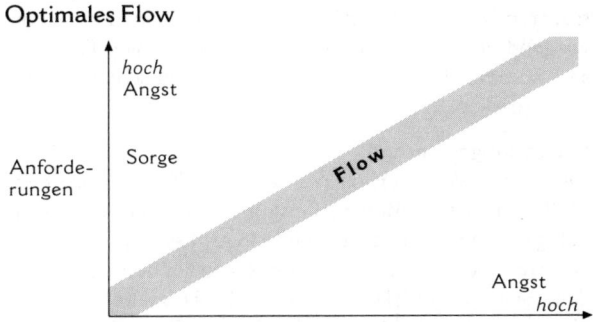

(aus: VOLLMERS 1998, S. 100)

> LERNEN IST DIE ENTDECKUNG, DASS ETWAS MÖGLICH IST
> —
> FRITZ PERLS, BEGRÜNDER DER GESTALTTHERAPIE

Ganzheitliches Lernen

Lernerfolg stellt sich eher ein, wenn beim Lernvorgang alle Wahrnehmungskanäle angesprochen werden. Ideal sind Lernformen, die den optischen Sinn, die Akustik, die Motorik und auch die kommunikativen Fähigkeiten des Lernenden integrieren.

Viele Lernsituationen an Schulen und Hochschulen gehen an diesem Ideal vorbei. Frontalvorträge und Vorlesungen verdammen den Lernenden zur Passivität. Eigenes Agieren, ein Dialog zwischen Lehrer und Schüler, ist unmöglich. Stattdessen wird einseitig der Hörsinn angesprochen.

> WAHR IST DAS WIRKLICH GESCHAUTE ODER AUF GRUND VON BEOBACHTUNG UND DENKEN ERGRIFFENE
> —
> EPIKUR

Alternative Lernformen bieten Medien, die mehrere Sinne (Sehen, Hören, Sprache) anpeilen. Allerdings besteht hier die Gefahr der Vereinzelung der Lernenden und der Trivialisierung der Lernhalte, da alle Stoffe wie Videospiele aufbereitet werden.

Lernform, Lernmedium und Lernerfolg

	Sinneskanal	Lernerfolg
Vortrag	Hören, Kommunikation	gering
Gruppenarbeit	Hören, Sehen, Kommunikation, ggf. Motorik	hoch
Projektarbeit	Hören, Sehen, Kommunikation, ggf. Motorik	hoch
Video	Hören, Sehen	mittel
Computer	Hören, Sehen, Kommunikation	hoch
Buch	Sehen, Kommunikation	mittel
Rollenspiel	Hören, Sehen, Sprache, Motorik	hoch

> HOMINES, DUM DOCENT, DISCUNT (MENSCHEN, INDEM SIE LEHREN, LERNEN)
> —
> SENECA

Abhängig ist der Lernerfolg auch vom individuellen **Lerntyp**. Der eine lernt durch Zuhören, der andere über das Betrachten von Bildern, der dritte in Gesprächen, andere vorwiegend durch Tun. Vonseiten des Lehrers sind Fachwissen, kommunikative Kompetenz und didaktische Fähigkeiten förderlich.

Lebenslanges Lernen

> MAN LERNT NIE AUS
> —
> DEUTSCHES SPRICHWORT

Die raschen Veränderungen unserer Gesellschaft unter dem Einfluss der neuen Informations- und Kommunikationstechnologien erfordern heute lebenslanges Lernen für Ausbildung und Beruf. Nur wenige Menschen können sicher sein, dass sie ihren einmal erlernten Beruf bis ins Alter ausüben. Viele werden im Laufe ihres Lebens neue Berufe und neuen Wissensstoffe erlernen müssen.

8. Denken und Gedächtnis

Gedanken sind flüchtig. Psychologen stimmen in der Grundannahme über das Denken überein: Denken bedeutet ein bewusstes In-Beziehung-Setzen. Gedanken stellen Beziehungen her – zwischen Jetzt und Vergangenheit, zwischen Gegenwart und Zukunft, zwischen Ich und Umwelt, zwischen Ereignissen, Erlebnissen und Personen.

Die Denkpsychologie nennt man heute Kognitionspsychologie. **Kognition** ist der allgemeine Begriff für alle Formen des Denkens, Erkennens, Begreifens und Wissens. Menschliche Tätigkeiten, bei denen kognitive Prozesse die dominierende Rolle spielen, sind Erinnern, Urteilen, Vorstellen, Planen, Entscheiden und auch das Kommunizieren, das Mitteilen von Gedanken.

Träger kognitiver Vorgänge sind auch die Wahrnehmung und das Gedächtnis. Etwas wird aufgenommen (über die Wahrnehmung), verarbeitet (im Denken) und, wenn es wichtig ist, im Gedächtnis gespeichert und später einmal abgerufen. Bei der Auseinandersetzung mit neuem Lernstoff ist das Gedächtnis immer beteiligt. Um neue Zusammenhänge zu verstehen, ist es notwendig, Bekanntes aus dem Gedächtnis darauf zu beziehen.

Begreifen durch Bezugnahme

KARL BÜHLER (1879–1963) gehörte zu den ersten Denkpsychologen. Ihn interessierte, wie wir neue, komplexe Probleme verstehen. Er legte seinen Versuchspersonen, allesamt hoch gebildete Akademiker, Aphorismen von FRIEDRICH NIETZSCHE (1844–1900) vor. Ein Ausspruch darunter lautete: „Und wenn das Gewürm euch Ekel macht, so soll es zurecht bestehen" (vgl. VOLLMERS 1997, S. 55). Um so einen Satz zu begreifen, muss man ihn durchdenken und auf Bekanntes im Gedächtnis, auf gespeichertes Wissen über Nietzsches Philosophie, beziehen.

Welche Deutung des Satzes ist plausibel? Es ist bekannt, dass viele Philosophen nach Sinn und Ursache des Elends für weite Bevölkerungsschichten fragen. So wäre eine philosophisch begründbare Ursache von Armut und Elend, dass der Einzelne dadurch einen Anreiz hat, sich zu bilden, aufzusteigen und damit dem Elend zu entrinnen. Das wäre eine mögliche Deutung dieses NIETZSCHE-Satzes.
Allerdings war NIETZSCHE ein Philosoph, der die Idee der Herrschaft einer Elite über die seiner Meinung nach dumpfe Masse vertrat. Eine andere Interpretation obigen Satzes wäre demnach: Massenweises Elend ist gut, weil es zu einer Veredelung der führenden, gebildeten Schichten führt.
In beiden Fällen wird die konkrete Aussage, der Aphorismus, als Spezialfall einer allgemeinen, bekannten Aussage, die aus dem Kontext der NIETZSCHEN-Philosophie stammt, gedeutet. Durch diese Bezugnahme begreift man das Bild des NIETZSCHE-Aphorismus.

8.1. Neues verstehen und Probleme lösen

KARL BÜHLER bezeichnete den Akt des Begreifens, die Verbindung zwischen Neu und Alt, als **Aha-Erlebnis**. Durch die gedankliche Aktualisierung von Wissensbeständen erscheint ein dargebotener Satz plötzlich in einem anderen Licht. Um etwas Neues zu verstehen, muss eine Beziehung zwischen Neuem und **Gedächtnis** hergestellt werden.

Aha-Erlebnis des Begreifens

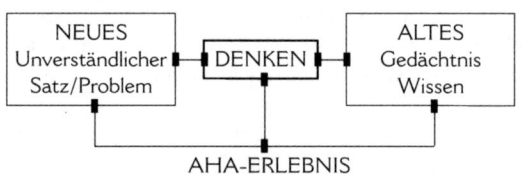

> COGITO ERGO SUM
> (ICH DENKE, ALSO
> BIN ICH)
> —
> RENÉ DESCARTES

Das neu Angeeignete gelangt, wird es als wichtig eingeschätzt, in das Gedächtnis als Speicher. Das meiste, was gedacht und begriffen worden ist, geht allerdings verloren.

Denkmaterial
Zu einem Gutteil geschieht das Denken und Begreifen auf verbaler Ebene. Bestandteil des Begreifens ist der **Begriff**. Zweites Denkwerkzeug sind **Bilder**.

> DU SOLLST DIR KEIN
> BILD MACHEN VON
> GOTT
> —
> 2. GEBOT AUS DEM
> ALTEN TESTAMENT
> (GEGEN DAS VIELE
> GLÄUBIGE VERSTOSSEN).

Bilder sind anschaulicher als Worte und Buchstaben. Man stellt sich etwas vor, hat eine plastische Vision von Situationen, Ereignissen oder Personen. Doch auch Worte und Buchstaben können bildlich vergegenwärtigt werden. Zum **Vorstellen** gehört eine gedankliche Manipulation der Bilder. Dabei werden räumliche Beziehungen konstruiert.

Vorstellungsexperiment

Versuchspersonen zeigt man Buchstaben in veränderter Raumlage. Sie sagen, ob es sich um den Buchstaben in normaler oder gespiegelter Form handelt. Um sie zu identifizieren, müssen sich die Personen die Buchstaben frontal in gerader Lage vorstellen. Für die Identifizierung der gespiegelten Varianten braucht man im Allgemeinen länger, da eine zusätzliche räumliche Umstrukturierung in der Vorstellung nötig ist.

Bildlich-räumliche Vorstellung

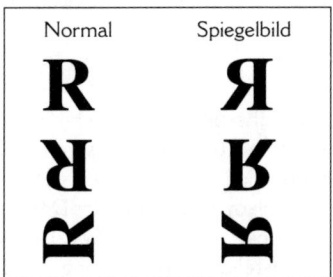

> ES IST NICHT MÖGLICH, ETWAS VORZUSTELLEN ODER ZU DENKEN, WAS NICHT IRGENDWANN IN DER UNMITTELBAREN WAHRNEHMUNG GEGEBEN WAR
>
> —
>
> DAVID HUME, ENGL. PHILOSOPH DER AUFKLÄRUNG

Gedachte Worte und vorgestellte Bilder lassen sich beschreiben. Sind damit schon alle unsere Denkwerkzeuge erfasst? Keineswegs. Denken schlägt Richtungen ein, ist rückwärtsgewandt oder in die Zukunft gerichtet. Es besteht aus einer Abfolge von Denkschritten.

Das Denken bearbeitet Probleme und sucht Lösungen. Das kann in Form von Zirkeln geschehen. Man kreist um die Sache, heißt es im Volksmund. Eine Kreisbewegung beinhaltet auch das Aha-Erlebnis. Es geht vom neuen Gegenstand zum Gedächtnis und wieder zum Neuen zurück (s. o.).

Intuition

Nicht alles in unserem Denken lässt sich im Detail darstellen. Manchen Denkvorgängen haftet etwas Unerklärliches und Vages an. Gedanken kommen und gehen plötzlich, oft unter dem Eindruck äußerer Erlebnisse. Gerade neue Gedanken, spontane Ideen, ergeben sich durch Intuition. Der aufauchende Gedanke gleicht einer kleinen Offenbarung.

Deja-Vu-Erlebnis

Vielleicht ist Ihnen das auch schon passiert: Sie gehen durch eine fremde Stadt, in der Sie, eigenen Wissens, noch nie zuvor waren. Doch eine Straße, die sie durchschreiten, kommt Ihnen irgendwie bekannt war. Ein Gedanke macht sich plötzlich breit: „Hier war ich schon. Diese Gegend kenne ich." Eine rationale Erklärung gibt es nicht. Sie sind sicher, noch nie an diesem Ort gewesen zu sein. Menschen, die von derartigen Déjà-Vu-Erlebnissen berichten, gehen diesem Phänomen bisweilen auf den Grund. Sie durchforsten ihr Gedächtnis oder erzählen anderen Personen davon. Vielleicht stellt sich heraus, dass Bekannte oder Freunde dort waren und von der Gegend berichtet haben. Gut möglich, dass der Betreffende schon einmal davon träumte. Aus dem Unbewussten kommt das Traumbild dann bei der realen Begegnung wieder hoch.

> Denken bewegt sich zwischen der Wahrnehmung in einer Situation und dem persönlichen Gedächtnis. Neues wird auf Altes bezogen.

Problemlösung

Technische, praktische und theoretische Probleme verlangen für ihre Lösung bestimmte Denkschritte. Die Situation wird analysiert und eine Lösung angestrebt. Das zu lösende Problem besteht in einer Differenz zwischen einem Ausgangspunkt und einem Ziel. Der Widerspruch zwischen Problemstellung und Lösung ist die treibende Kraft des Denkvorganges. Man bezeichnet dies als Dialektik zwischen dem Gegebenen (Ausgang) und Geforderten (Ziel).

PROBLEME SIND NICHT DA, UM GELÖST ZU WERDEN, SIE SIND LEDIGLICH DIE POLE, ZWISCHEN DENEN SICH DIE FÜRS LEBEN NÖTIGE SPANNUNG ERZEUGT
—
HERMANN HESSE

Spannungsfeld der Problemlösung

Um Probleme zu lösen, nehmen Person eine Situations- und Zielanalyse vor. Sie entwerfen verschiedene Lösungsprinzipien, die den Widerspruch überbrücken.

Experimente zum Problemlösen

Um das Problemlöseverhalten zu studieren, experimentierte der Psychologe KARL DUNCKER *(1901–1940) mit der Nacherfindung der Bestrahlungsmethode in der Medizin.* DUNCKER *forderte seine Versuchspersonen auf, ein Verfahren zu entwickeln, »um einen Menschen von einem inoperablen Magengeschwulst zu befreien mithilfe von Strahlen, die bei geeigneter Intensität organisches Gewebe zerstören – unter Vermeidung einer Mitzerstörung der umliegenden gesunden Körperpartien« (vgl.* VOLLMERS *1997, S. 76). Zum Teil legte er den Teilnehmern der Experimente die folgende Skizze vor:*

WENN MAN SICH ZU LANGE MIT EINEM PROBLEM BESCHÄFTIGT, WIRD MAN LEICHT SEIN GEFANGENER
—
EDWARD HEATH

Skizze zur Strahlenaufgabe

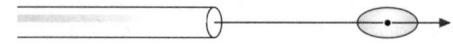

Die Lösung besteht in der Diffusion der Strahlen auf dem Weg durch das gesunde Gewebe und der Konzentration im kranken Gebiet. Technisch lässt sich das durch zwei Arten bewerkstelligen: Werden die Strahlen von einer Seite durch das Gewebe geschickt, wie auf der Abbildung dargestellt, so müssen sie so durch Linsen gebündelt bzw. zerstreut werden, dass sie im Geschwür die höchste Konzentration haben. Die andere Lösung: Man schickt die Strahlen von allen Seiten durch das Gewebe, sodass sie sich im Geschwulst kreuzen und nur dort gebündelt wirken.

Heuristische Methoden

Um Probleme dieser Art gut und zügig zu lösen, bedarf es einer heuristischen Strategie, einer Systematik des Suchens und Findens. DUNCKERS Versuchspersonen stellten bei der Problembearbeitung fortlaufend Fragen. Zwei Gruppen von Fragen lassen sich unterscheiden: **Situationsanalyse** und **Zielanalyse**. Die Fragen der Situationsanalyse beziehen sich auf die Aufgabenstellung, diejenigen der Zielanalyse stärker auf das anvisierte Lösungsziel. Beide überbrücken die Kluft zwischen Gegebenem und Gefordertem (s. o.).

Zur Zielanalyse gehören Fragen wie: wohin will ich eigentlich, welchen von den Gegenständen kann ich entbehren, was tut man ganz allgemein, wenn man diesen oder jenen Effekt erreichen will? Fragen der Situationsanalyse wären: worum geht es eigentlich, was ist der Grund für die Differenz zwischen Ausgangssituation und Ziel, was hilft mir weiter oder was kann ich benutzen?

Gruppiert man die diversen Fragen nach ihren Gemeinsamkeiten, entsteht ein Lösungsstammbaum, der die Lösungsprinzipien veranschaulicht. KARL DUNCKER bezeichnete sie als Funktionalwerte (FW). FW 1 ist die Kontaktvermeidung zwischen Strahlen und gesundem Gewebe, FW 2 das Prinzip, das nicht von Krebs befallene Gewebe unempfindlich zu machen. Der FW 3 meint die Abschwächung der Strahlenintensität während des Durchgangs im gesunden Gewebe, die von der Medizin durch Linsen und Streuung real umgesetzte Lösung.

Die folgende Skizze zeigt den **Prozesscharakter des Problemlösens**. L1, L2 usw. sind die verschiedenen, konkret geäußerten, oft nur vage und vorläufig formulierten Lösungsvorschläge, HM die heuristischen Methoden des Fragenstellens, die sich als Situations- und Zielanalyse unterscheiden lassen.

DIE PROBLEMLÖSEFORSCHUNG IN DER PSYCHOLOGIE KRANKT AN DER FIXIERUNG AUF MATHEMATISCH-TECHNISCHE PROBLEME, DIE EINE EINDEUTIGE LÖSUNG HABEN. VIELE PSYCHISCHE PROBLEME DER MENSCHEN LASSEN SICH JEDOCH NICHT TECHNISCH LÖSEN (BEZIEHUNGSPROBLEME, ÄNGSTE, DEPRESSION U. A.).

DER VERSTAND SCHÖPFT SEINE GESETZE NICHT AUS DER NATUR, SONDERN ER SCHREIBT SIE DIESER VOR

—

KARL POPPER

FRAGEN HEISST, DEN MUT HABEN, AUCH DIE BITTERNIS DER WAHRHEIT ZU ERTRAGEN

—

SOKRATES

VERWANDLE GROSSE
SCHWIERIGKEITEN
IN KLEINE UND
KLEINE IN
GAR KEINE
—
CHINESISCHES
SPRICHWORT

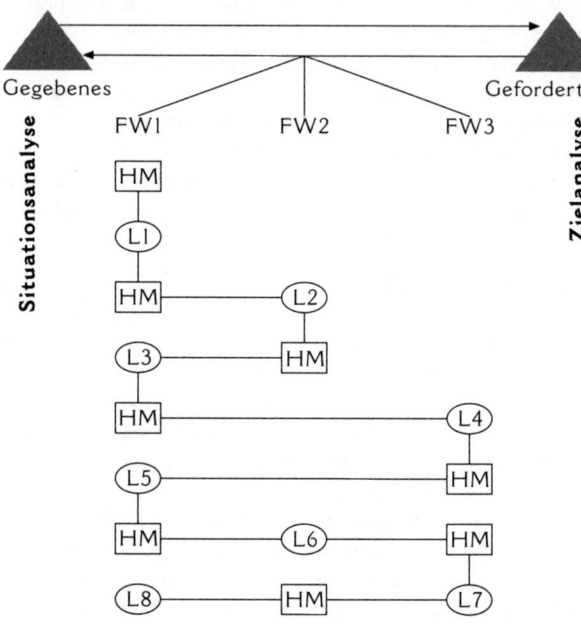

Dynamik der Problemlösung

DER ERSTE SCHRITT
ZUR LÖSUNG EINES
PROBLEMS IST,
JEMANDEM DAVON
ZU ERZÄHLEN

◆ Problemlösung heißt, für ein genau definiertes Problem systematisch die optimale Lösung zu finden.

8.2 Denken im Wandel der Zeiten

Das analytisch-systematische Vorgehen im Denken, wie es heute allgemein in Naturwissenschaft und Technik praktiziert wird, ist geistesgeschichtlich gesehen eine junge Errungenschaft der Menschheit. Die Werkzeuge des Denkens sind in den modernen Industriegesellschaften durch einen hohen Abstraktionsgrad gekennzeichnet. Wir denken heute mit abstrakten Symbolen (Zahlen, Formeln, Buchstaben, Worte).

Archaisches und modernes Denken

Denken versucht, die Realität zu erfassen. Wie die Realität gesehen und begriffen wird, ist vom Stand der historisch-kulturellen Entwicklung abhängig.

Die **Geistesgeschichte** hat in den letzten dreitausend Jahren, seit den Anfängen der Zivilisation im Vorderen Orient, zu einer Spaltung von Ich und Welt geführt. Menschen erleben sich und damit ihr Denken als selbstbestimmt und weitgehend unabhängig von anderen. Zu Anfang der Zivilisationsentwicklung sahen sich die Menschen dagegen noch im Einklang mit der Welt, deren Lenkung höheren Mächten zugesprochen wurde. Das Denken der Menschen war archaisch. Es stand unter dem Einfluss religiöser **Mythen**.

> DENKEN IST DER VERSUCH EINER MINIMALEN BEWEGUNG DES TOTAL GESELLSCHAFTLICH DETERMINIERTEN INDIVIDUUMS
> —
> JEAN PAUL SARTRE

Mythisches Denken

Im altägyptischen Sonnenkult betete man die Sonne in Gestalt des Sonnengottes Amon als Ursache allen Geschehens an. Der Skarabäus, ein Käfer, galt als heilig. Er stand unter dem besonderen Schutz der Sonne. Der Skarabäus fliegt bei heißer Mittagssonne und legt seine Eier in Kugeln aus Dung, die sich unter dem Sonneneinfluss entwickeln. Die alten Ägypter zerstießen Skarabäen im Mörser und aßen sie. Man glaubte, sich auf diese Weise Teile der Sonne, der Gottheit also, einzuverleiben und sich ihr gewogen zu machen.

> ALLES IN DER WELT HAT NUR EINE SEELE, DEN MENSCHEN
> —
> JAPANISCHES SPRICHWORT

Die Denkwerkzeuge der damaligen Zeit waren konkret-anschaulich. Es gab noch keine schriftlich fixierten Worte, keine abstrakten Zahl- und Schriftzeichen. Die Menschen dachten in Bildern. Das zeigt auch die altägyptische Bilderschrift, die **Hieroglyphen**.

Altägyptische Bilderschrift

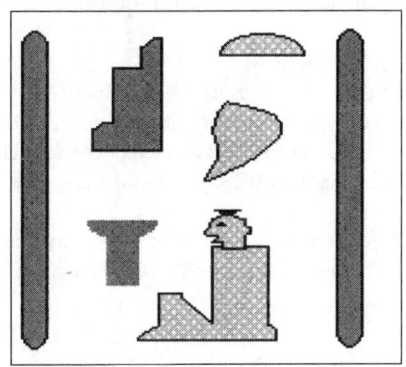

Mit dem Aufkommen der Naturwissenschaften ging der Einfluss religiöser Mythen zurück. Die Aufklärung des 18. Jahrhunderts erschütterte das mittelalterliche, von der christlichen Kirche geprägte Weltbild. Heute sind Naturwissenschaft und Technik zum neuen Mythos der westlichen Moderne geworden.

Das konkret-bildlich funktionierende, archaische Denken war frei von starrer Systematik und logischer Rationalität. Es ähnelt dem Denken kleiner Kinder der heutigen Zeit.

Das Weltbild des Kindes

So lautet der Titel eines bekannten Buches von JEAN PIAGET (Ersterscheinung 1926). Er befragte Kinder zu ihrer Sicht der Natur und fand heraus, dass Kinder unter acht Jahren Naturelemente (Gestirne, Berge, Gewässer, Sonne, Mond usw.) personifizieren. Sie sprechen ihnen Bewusstsein zu. Außerdem glauben sie, dass die Naturdinge in direkter Beziehung zum menschlichen Leben stehen und spezifische Funktionen und Bedeutungen für Menschen haben. Kindliches Denken gleicht dem der Menschen früherer Epochen. PIAGET, der unzählige Studien über die Kindesentwicklung durchführte, unterstellte eine Analogie zwischen der Entwicklung des Einzelwesens und der Gattungsgeschichte der Menschen.

Denken ist kulturabhängig. Was uns logisch und wahr scheint, hätte Menschen früherer Epochen, so wie heute den Naturvölkern, als unverständlich gegolten.

Nur die Kinder denken wirklich kreativ
—
Jean Piaget

8.3 Das Gedächtnis als Gedankenspeicher

Das Gedächtnis ist ein Speicher, in dem psychische Inhalte (Gedanken, Erlebnisse, Erfahrungen) aufbewahrt werden. Die Speicherung geschieht nach der Aufnahme neuer Gedanken und Erfahrungen. Nur ein geringer Teil dessen, was wir wahrnehmen und erleben, gelangt in das Gedächtnis. Durch bestimmte Methoden, **Mnemotechniken** genannt, lässt sich das Einprägen verbessern. Das Abrufen, die Aktualisierung der Gedächtnisinhalte, wird durch das **Vergessen**, das Nachlassen der Gedächtnisleistung, behindert.

Was bleibt aber, stiften die Dichter
—
Hölderlin

Aufbau des Gedächtnis

Das Gedächtnis hat eine zeitliche Struktur. Man unterscheidet in der Abfolge der Verarbeitung und Speicherung von Eindrücken das Ultra-Kurzzeit-Gedächtnis (UZG), das Kurz-Zeit-Gedächtnis (KZG) und das Lang-Zeit-Gedächtnis (LZG).
Neu wahrgenommene Eindrücke gelangen zuerst in das UZG, von dort in das KZG und schließlich in das LZG.

Gedächtnisspeicher

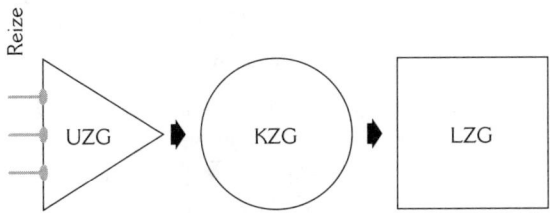

Ultra-Kurzzeit-Gedächtnis
Jede Instanz wirkt als Filter für die nächste. Das UZG bewahrt die ununterbrochen einströmenden Sinnesimpulse und die damit einhergehenden Informationen (Bilder, Geräusche, Wortfetzen, Geruch, Geschmack, Berührung) nur für eine knappe Sekunde. Es beinhaltet noch keine begriffliche Fixierung der Eindrücke. Unter der Steuerung von Aufmerksamkeit und Konzentration werden einige Reize bewusst wahrgenommen und gelangen vom UZG ins KZG.

Kurzzeit-Gedächtnis
Dort können Eindrücke bis etwa 15 Minuten aufbewahrt werden. Das KZG arbeitet bildlich und begrifflich. Prozesse des **Wiederholens** und **Einprägens** entscheiden darüber, inwieweit Inhalte über eine längere Zeitspanne gegenwärtig bleiben und vom KZG ins LZG gelangen. Nur ein kleiner Teil der KZG-Inhalte überwindet die Schranke zum LZG. Das KZG ist auch für den Abruf von gespeicherten Informationen aus dem LZG zuständig.

Langzeit-Gedächtnis
Das LZG beinhaltet das gesamte Wissen eines Menschen von sich und der Welt. Bei der Art der Speicherung, der **Enkodierung**, unterscheidet man episodische, semantische und prozedurale Gedächtnisinhalte.
Das **episodische Gedächtnis** umfasst subjektive Erfahrungen und Erlebnisse. Diese sind zumeist mit Bildern und Emotionen an zurückliegende Ereignisse verknüpft. Beim Erinnern gelangen die Situationen erneut ins Bewusstsein.
Das **semantische Gedächtnis** speichert Begriffe, Worte und Sätze. Es ist die begriffliche Repräsentation von Situationen und Personen, deren Merkmalen und Eigenschaften.
Das **prozedurale Gedächtnis** beinhaltet alle einmal gelernten Fähigkeiten und Fertigkeiten sowohl kognitiver als auch motorischer Art.

DAS GEDÄCHTNIS IST INDIVIDUELL. MANCHE HABEN EIN GUTES ZAHLENGEDÄCHTNIS, ANDERE EIN GUTES NAMEN- ODER GESICHTERGEDÄCHTNIS.

DAS LANGZEITGEDÄCHTNIS REICHT NORMALERWEISE BIS IN DIE VORSCHULZEIT ZURÜCK. ES GIBT INVIDIDUELLE UNTERSCHIEDE, WAS DIE FRÜHESTE ERINNERUNG ANGEHT. ZUMEIST IST KEINE ERINNERUNG AN DIE ERSTEN DREI LEBENSJAHRE MÖGLICH. DURCH MEDITATION ODER IN EINER PSYCHOTHERAPIE LÄSST SICH DIESE SCHRANKE UNTER UMSTÄNDEN ÜBERWINDEN.

MAN BEHÄLT DAS GUT, WAS EINEM WICHTIG WAR UND IST.

Erweitertes Gedächtnismodell

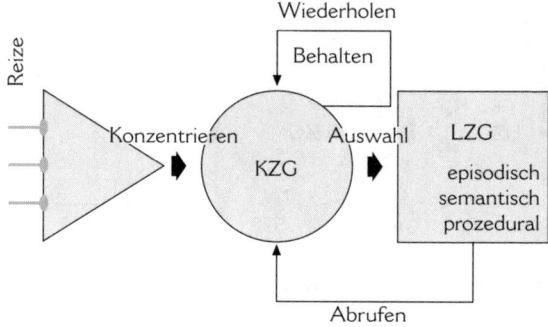

(nach: STRAUB 1997, S. 262)

8.4 Gedächtnisstörungen

Der Inhalt des LZG ist nicht permanent gegenwärtig. Das KZG ruft ihn ab. Gedächtnisstörungen sind Störungen des Einprägens oder Abrufens. Bei beiden Vorgängen ist das KZG beteiligt. Das KZG ist bei den typischen Gedächtnisstörungen am meisten betroffen. Das LZG ist demgegenüber weitgehend immun gegen Störeinflüsse. Was im Speicher des LZG enthalten ist, bleibt dort in der Regel ein Leben lang.

Gedächtnisverlust

ALS „FILMRISS" BEZEICHNET MAN DEN GEDÄCHTNISVERLUST NACH EINEM AKUTEN ALKOHOLRAUSCH. MAN KANN SICH NICHT MEHR AN DIE EREIGNISSE IM RAUSCH ERINNERN. DAS LZG FUNKTIONIERT.

Vermutlich bilden Eiweißmoleküle in den Zellen der Hirnrinde die materielle Basis des LZG. Nur bei sehr schweren Hirnschädigungen mit Zerstörungen breiter Hirnareale wird das LZG deutlich beeinträchtigt. Ebenso kann Hirnabbau (Hirnatrophie) infolge von Krankheiten, zum Beispiel nach jahrelangem Alkoholmissbrauch, das LZG schädigen.

Ab dem 30. Lebensjahr lässt im Allgemeinen die Gedächtnisleistung allmählich nach. Man kann nicht mehr so viel aufnehmen und behalten wie in jüngeren Jahren. Das äußert sich zunächst in leichten Wortfindungsstörungen. Der Name eines Menschen ist entfallen, obwohl er „auf der Zunge liegt". Ebenso vergisst man leichter Telefonnummern. Diese Störungen gewinnen über die Jahre und Jahrzehnte etwas an Gewicht, ohne dass sie das Leben ernsthaft beeinträchtigen. Bei einigen Menschen kommt es jedoch zu psychiatrischen Krankheiten mit Gedächtnisstörungen als Leitsymptom.

Gedächtnisverlust im Alter

Patienten mit der Alzheimerschen Krankheit, auch Altersdemenz genannt, machen einen verwirrten, desorientierten Eindruck. Sie finden sich im Alltag nicht mehr zurecht. Sie erkennen Freunde und Verwandte nicht und sind auf Hilfe beim Ankleiden und Essen angewiesen. Das KZG ist vollkommen gestört. Alles, was gerade getan und erlebt wurde, wird vergessen. Dagegen können sich die Patienten oft noch gut an lange Zurückliegendes erinnern. Sie erzählen gerne Erlebnisse aus ihrer Jugend. Das LZG funktioniert bei minder schweren Demenzen noch recht gut. Bei weit fortgeschrittener Demenz ist auch das LZG zerstört.

Unfälle und Schockzustände beeinträchtigen ebenfalls die Gedächtnisleistung. Auch hier ist in erster Linie das KZG und nicht das LZG betroffen.

> ETWA 11 PROZENT DER BEVÖLKERUNG ÜBER 65 JAHREN LEIDET AN LEICHTER, NICHT BEHANDLUNGSBEDÜRFTIGER DEMENZ. 0,1 PROZENT DER 65–75JÄHRIGEN WIRD AUFGRUND DER DEMENZ PFLEGEBEDÜRFTIG. BEI DEN ÜBER 80JÄHRIGEN SIND ES 1 PROZENT (ZAHLEN AUS DENZLER 1989).

Retrograde Amnesie

Bei einem Autounfall erleidet eine Frau eine schwere Gehirnerschütterung und verliert das Bewusstsein. Später, im Krankenhaus erwacht, kann sie sich nicht mehr an den Unfallhergang erinnern. Auch der Ort ist ihr entfallen. Ihr ist nur noch gegenwärtig, dass sie aus dem Büro ging und ins Auto stieg. Die folgende Viertelstunde, die Dauer bis zum Unfall, fehlt ihr. Die Gehirnerschütterung hat zu einer rückwärtigen Gedächtnisstörung, retrograde Amnesie genannt, geführt. UZG und KZG wurden ausgeschaltet, nicht aber das LZG.

8.5 Gedächtnistraining

Das Gedächtnis ist zum Teil trainierbar. Beim Lernen spielt die Effizienz des Einprägens eine Rolle. Nur was dauerhaft im LZG gespeichert ist, kann man später abrufen. Strategien des Einprägens nennt man **Mnemotechniken**. Dazu gehören die Wiederholung, die verbindende Visualisierung und die Gruppierung.

Wiederholen

Die fortwährende Wiederholung ist die am häufigsten genutzte Strategie, um sich neue Wissensgebiete oder motorische Fertigkeiten dauerhaft anzueignen. Im Sporttraining übt der Sportler den gleichen Bewegungsablauf ein ums andere Mal. Beim Lernen für Prüfungen geht der Prüfling immer wieder den Lernstoff durch. Im Wettkampf und in der Prüfung entscheidet die Effektivität des Wiederholens über den Erfolg.

> DAS GEDÄCHTNIS IST SEHR ANPASSUNGSFÄHIG: MAN KANN ES VERBESSERN
> —
> SPRUCH UNTER PSYCHOLOGEN

GEDÄCHTNISTRAINING ZIELT ZUMEIST AUF VERBESSERUNGEN DES EINPRÄGENS. DAS ABRUFEN ZU OPTIMIEREN, GELINGT MIT METHODEN DER PERSÖNLICHKEITS- UND LEISTUNGSSCHULUNG (MEDITATION, PSYCHOTHERAPIE, U. A.).

Visualisierung

Manche Menschen denken eher begrifflich, andere eher anschaulich. Ersteren gelingt es besser, sich begriffliche Bezeichnungen für Personen und Gegenstände zu merken. Die zweite Gruppe erinnert sich eher an Bilder, Situationen und Gesichter. Die Gedächtnisleistung erhöht sich, Wort und Bild beim Einprägen werden aktiv miteinander verknüpft. Das stiftet eine Verbindung, eine „Eselsbrücke", zwischen beiden Bereichen. Praktisch kann die bildliche Vernüpfung geschehen, indem man kleine Bilder oder Symbole malt und diesen Texten, Merksätzen oder Buchseiten hinzufügt.

Gruppierung

Ähnliche Inhalte gedanklich zusammenzufassen fördert die Behaltensleistung. Auch wenn man sich nicht mehr an Details erinnert, bleibt der grundlegende Zusammenhang zwischen den Einzelheiten im Gedächtnis. Gruppierungsmethoden spielen auch beim Auswendiglernen von Zahlen eine Rolle. Man lernt sechsstellige Telefonnummern leichter, wenn man sie als Kombination zweier Hunderterziffern begreift (645–386 statt 645386).

▶ Gedächtnisstörungen basieren auf Beeinträchtigungen des Einprägens oder Abrufens. Mnemotechniken verbessern das Einprägen.

9. Kommunikation und Gruppe

Sprache hat verschiedene Funktionen. Zwei sind psychologisch besonders relevant: Sprache dient dem Denken und Erkennen als Werkzeug, wie im letzten Kapitel dargestellt. Ihre zweite bedeutsame Funktion ist die Mitteilung, die Kommunikation. Sprache nutzt der Verständigung zwischen Menschen. Sprache, geschrieben oder gesprochen, besteht aus Zeichenfolgen.

Die Symbole der Schrift und die Laute der mündlichen Sprache bezeichnen Gegenstände (Situation, Ereignisse, Dinge, Personen oder innere Zustände). Aus der Bezeichnung von Gegenständen gewinnen Worte ihre Bedeutungen. Sprache hat und macht Sinn.

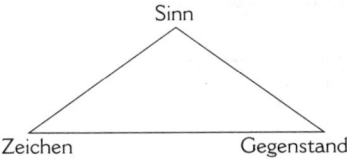

Worte tragen verschiedene Bedeutungen. Sie bezeichnen nicht nur einen einzigen, fest definierten Gegenstand. Sprache ist vieldeutig, denn sie wird in unterschiedlichen Situationen und von verschiedenen Sprechern bzw. Schreibern benutzt. Sprachproduzent und Situation verleihen dem Gesagten oder Geschriebenen eine bestimmte Bedeutung. Der Sinn der Sprache ist abhängig vom Sprachgebrauch.

Die Regeln des Sprachgebrauchs bestimmen sich durch die Umstände, unter denen jemand zu anderen spricht. Beide, Sprecher wie Zuhörer, gehören zu einer bestimmten Kultur. Diese bildet eine Sprachgemeinschaft mit Sprachregeln. Der Sinn von Worten hängt somit auch von den Situationen ihres Gebrauchs, dem Kontext, ab.

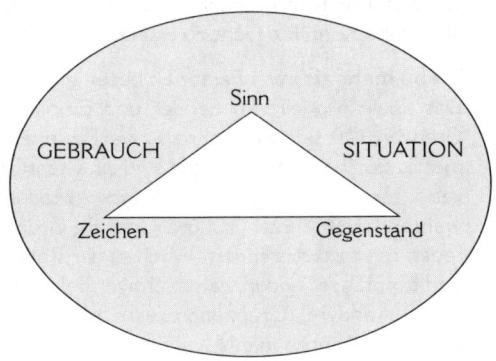

9.1 Ein Kommunikationsmodell

> WORÜBER MAN NICHT SPRECHEN KANN, DARÜBER MUSS MAN SCHWEIGEN
>
> LUDWIG WITTGENSTEIN

> DER SINN, DER SICH AUSSPRECHEN LÄSST, IST NICHT DER EWIGE SINN
>
> LAOTSE

Sinn, Bedeutung, Regelhaftigkeit und Kulturabhängigkeit der geschriebenen wie gesprochenen Sprache erforschen Sprachwissenschaft und Sprachphilosophie. Die Psychologie richtet ihr Augenmerk auf die Kommunikation zwischen den Menschen, den daraus resultierenden Missverständnissen und psychischen Folgen bei den Beteiligten.

Grundmodell der Kommunikation ist der Austausch von Informationen zwischen zwei Personen. Der Sender gibt eine Nachricht an einen Empfänger weiter. Dieser erhält die Nachricht. Wenn er darauf antwortet, wird er selbst zum Sender und der andere zum Empfänger.

Kommunikationsmodell

Sprache – Modell und Wirklichkeit

Das Modell geht von einem unmittelbaren, persönlichen Kontakt zwischen zwei Personen aus. Das ist bei der menschlichen Kommunikation, dank der modernen Informationstechnologie, heute eher die Ausnahme. Kommunikation, das Senden von Nachrichten, geschieht größtenteils nicht unmittelbar, sondern vermittelt über **Medien**. Medien sind Vermittlungsinstanzen von Ausdruck und Kommunikation.

Radio, Fernsehen, Computer und die Printmedien treten zwischen die Menschen. Die Rollen des Sendens und Empfangens können bei Fernsehen und Radio nicht getauscht werden. Die Technik macht Fernkontakte möglich, vermag aber nahe Kontakte nicht zu ersetzen.

Wenn mehr als zwei Personen beteiligt sind

Das duale Modell von Sender und Empfänger hat seine Grenzen. Oft sind viel mehr als zwei Personen an der Kommunikation beteiligt. Gruppen sind ein wichtiger Kommunikationsort. Ein Redner, Leiter oder Moderator spricht, während die Mehrzahl zuhört. Oder die Gruppenmitglieder reden mit fortwährendem Wechsel der Rollen von Sender und Empfänger und in vielschichtiger Folge und Bezugnahme auf andere. Gruppenprozesse entfalten eine eigene Kommunikationsdynamik.

Das duale Kommunikationsmodell ist ein Idealtyp. In der reinen Form, mit dem direkten Wechsel von Sender- und Empfängerrolle, kommt es nur in Zwiegesprächen vor. Psychologen befassen sich beruflich häufig mit gestörten Kommunikationen in Zweierbeziehungen (Eltern-Kind, Ehemann-Ehefrau).

9.2 Psychologie der dualen Kommunikation

Der Psychologe FRIEDEMANN SCHULZ V. THUN hat das Grundmodell der Kommunikation in Hinsicht auf psychologische Aspekte der Beziehung zwischen Sender und Empfänger erweitert (vgl. SCHULZ V. THUN 1981).

Vier Seiten einer Nachricht

Wenn der Sender etwas sagt, spricht er nicht allein die **Sache**, den Gegenstand der Sprache, an. Er wendet sich zugleich an jemand anders. Er thematisiert in der Art des Redens und mit der Auswahl der angesprochenen Inhalte seine **Beziehung** zum Empfänger und etwaige Wünsche und **Appelle**. Außerdem teilt er auch etwas von sich selbst mit. Er gibt eine kleine **Selbstoffenbarung**.

> DASS JEDE NACHRICHT EIN GANZES PAKET MIT VIELEN BOTSCHAFTEN IST, MACHT DEN VORGANG DER ZWISCHENMENSCHLICHEN KOMMUNIKATION SO KOMPLIZIERT UND STÖRANFÄLLIG
> —
> FRIEDEMANN SCHULZ VON THUN

Vier Seiten der Nachricht

Kommunikation zwischen einem Ehepaar

Der Mann arbeitet als Arzt, die Frau ist zu Hause. Das zehnjährige Kind liegt mit hohem Fieber im Bett. Als der Vater abends aus der Praxis heimkommt, stürmt die Mutter sofort auf ihn zu. Atemlos ruft sie: „Unser Kind ist krank!" Was sind die vier Seiten dieser Nachricht?

Sachseite

Der Sachinhalt von Nachrichten ist zumeist leicht verständlich. In unserem Beispiel lautet er: „Das Kind ist krank". Die Information ist eindeutig. Trotzdem kann es auf der Sachebene zu Missverständnissen kommen, wenn der Sender eine zu komplizierte, fremde oder verschlüsselte Sprache spricht. Wissenschaftler, Experten und Bürokraten sind in dieser Hinsicht oft abschreckende Beispiele.

> BESSER ALS DURCH IHRE REDEN LERNT MAN DIE MENSCHEN DURCH IHRE AUSREDEN KENNEN
> —
> PETER TILLE

> DIE RICHTIGE ICH-SPRACHE IST DIE GRUNDLAGE VON SELBSTAUSDRUCK UND SELBSTVERTRAUEN
>
> — FRITZ PERLS, BEGRÜNDER DER GESTALTTHERAPIE

Selbstoffenbarung

Mit der Selbstkundgabe sagt der Sender etwas über sein Inneres aus. In unserem Beispiel wäre dies: „Ich mache mir Sorgen um unser Kind. Ich brauche deine Hilfe." Mit der Selbstaussage gibt der Sender bewusst oder unbewusst etwas von sich preis. Im Allgemeinen wird dieser Aspekt nicht unmittelbar ausgedrückt. Der Empfänger muss die Selbstoffenbarung, will er den anderen richtig verstehen, erraten.

Beziehung

Die Beziehungsebene gibt an, wie Sender und Empfänger, aus Sicht des Senders, zueinander stehen. In unserem Beispiel: „Ich bitte dich als Arzt um Hilfe. Als Eltern tragen wir beide gemeinsam die Verantwortung für unser Kind."

Die Beziehungsebene hängt von den Rollen ab, die die Personen ausfüllen. Da die Beteiligten oft mehrere Rollen einnehmen, schwingen in einer Botschaft diverse Beziehungsebenen mit. In unserem Beispiel ist es die Beziehung zwischen Ehefrau und Ehemann, die beide Verantwortung für das Kind tragen, sowie die Beziehung zwischen der Rolle des medizinischen Laien, der Mutter, und der Expertenrolle Arzt.

> IN DER KOMMUNIKATIONSPSYCHOLOGIE IST IM GRUNDE JEDER ZUGLEICH LAIE UND EXPERTE, DENN WIR ALLE GEBRAUCHEN DIE SPRACHE. WIR MACHEN UNS VERSTÄNDLICH UND GLAUBEN, DIE ANDEREN ZU VERSTEHEN.

Appell

Der Sender möchte den Empfänger oftmals zu etwas veranlassen. Er soll etwas unternehmen, zumindest auf die Nachricht reagieren, um den Wünschen und Erwartungen des Senders zu entsprechen. In unserem Beispiel ist der Appell: „Tu was! Hilf' dem kranken Kind!"

Der Appell kann direkt als Aufforderung an den anderen formuliert sein. Explizite Befehle und Aufforderungen sind in gleichrangigen Beziehungen, wie unter Ehepaaren oder Freunden, die Ausnahme. Oft erfolgen Appelle verdeckt, wie in unserem Beispiel.

Vier Nachrichtenseiten

Sache:	Worüber wird der Empfänger informiert?
Selbstkundgabe:	Was sagt der Sender (unbewusst) über sich aus?
Beziehung:	Wie stehen Sender und Empfänger zueinander?
Appell:	Was soll der Empfänger tun?

Vier Botschaften in einer

	Unser Kind ist krank.	
Ich brauche deine Hilfe.		Tu was!
	Du bist Experte für Medizin. Wir tragen beide Verantwortung.	

VIELE SENDER REDEN BEWUSST ODER UNBEWUSST MEHRDEUTIG. SIE ERGEHEN SICH IN UNPERSÖNLICHEN REDEWENDUNGEN (MAN, WIR), WENN SIE VON SICH ODER ÜBER ANDERE SPRECHEN. WAS UND WEN SIE MEINEN, BLEIBT MEHRDEUTIG. SO SCHÜTZT MAN SICH VOR KRITIK.

Die Antwort – Freie Auswahl des Empfängers
Es ist dem Empfänger überlassen, auf welcher der vier Ebenen er reagiert. Das ist der Grund für viele Missverständnisse zwischen Menschen.
Personen haben einen bevorzugten **Reaktionsstil**. Sachliche Menschen reagieren sachlich. Hilfsbereite hören vor allem die Appellseite und unternehmen etwas. Einfühlsame, aber auch vorurteilsvolle Personen meinen zu verstehen, was der andere für ein Typ ist. Sie empfangen (vermeintliche) Selbstkundgaben. Unsichere Personen, die sich vielleicht minderwertig fühlen, glauben, dass die Beziehung das eigentliche Thema ist. Hinter jeder Äußerung des Senders wittern sie Kritik an sich. Sie fühlen sich leicht verletzt oder erniedrigt.

ALFRED ADLER MEINTE, DASS DAS MINDERWERTIGKEITSGEFÜHL KERN ALLER PERSÖNLICHEN UND SOZIALEN PROBLEME SEI (VGL. KAP. 4.5).

Vier Reaktionsweisen
Im Beispiel wäre eine Reaktion auf der Sachseite die informative Rückfrage: „Wie viel Fieber hat unser Kind?" Der Empfänger möchte weitere Informationen.
Eine Antwort auf der Selbstoffenbarungsseite wäre der Satz: „Mach' dir keine zu großen Sorgen. Das kriegen wir schon hin." Der Vater hat die Angst der Mutter wahrgenommen und will sie beruhigen.
Eine Reaktion auf der Beziehungsebene stellt der Vorwurf dar: „Und – was hast du bisher unternommen?" Der Mann weist damit die Mutter auf ihre eigene Verantwortung hin.
Die letzte und in unserem Beispiel wohl wahrscheinlichste Möglichkeit ist die Befolgung des unausgesprochenen Appells: Der Vater geht sofort zu seinem Kind und untersucht es.

Man kann nicht nicht kommunizieren
Immer wenn Menschen zusammenkommen, entsteht eine Form der Kommunikation. Auch Nicht-Verbales wie **Mimik** (Lächeln, Weinen) und **Gestik** (Drohgebärden, Abwehr, Flucht, Unterwürfigkeit) sind vierseitige Botschaften.

Nicht-verbale Botschaften

WEINEN

| Ich bin traurig. | | Bitte schone mich! |

So weit hast du es wieder gebracht.

> WIE SPRECHEN
> MENSCHEN MIT
> MENSCHEN?
> ANEINANDER
> VORBEI
> —
> KURT TUCHOLSKY

Selbst wenn die Kommunikation durch Schweigen oder Sich-Abwenden verweigert wird, ist dies eine Mitteilung an den anderen.

Schweigen als Botschaft

SCHWEIGEN

| Ich will meine Ruhe. | | Fang bloß kein Gespräch an. |

Du bist kein attraktiver Gesprächspartner.

 Es ist unmöglich, nicht zu kommunizieren.

9.3 Leben und reden in Gruppen

Menschen leben und arbeiten in Gruppen (Familie, Jugendclique, Arbeitsgruppe, Sportverein, Freizeitgruppe). Die Kommunikation in Gruppen ist wesentlich von ihrer Art und Aufgabe beeinflusst. In **Arbeitsgruppen** ist der Redestil eher formal-sachlich und durch die Arbeitsaufgabe bestimmt. In der **Familie**, in der die emotionalen Beziehungen zueinander im Vordergrund stehen, ist der Umgang persönlicher. In **Freizeitgruppen** herrscht oft ein lockerer, unverbindlicher Kommunikationsstil.

Gruppennorm bestimmt die Redeweise

> WER SO SPRICHT,
> DASS ER VERSTAN-
> DEN WIRD, SPRICHT
> IMMER GUT
> —
> MOLIÈRE

Wie die Gruppenmitglieder miteinander umgehen und worüber in der Gruppe geredet bzw. nicht geredet wird, entscheidet die Gruppennorm. Jede Gruppe bildet ein **Wertesystem** heraus, das regelt, welche Umgangsformen untereinander gestattet sind und welche Ziele die Gruppe hat. Neulinge müssen sich dieser Gruppennorm anpassen. Wer sich nicht fügt, wird leicht zum Außenseiter. Die Gruppe sorgt für einen allgemeinen Anpassungsdruck, eine **Konformität** von Arbeitsform und Kommunkationsstil.

Im Extremfall definiert eine Gruppe sogar eine ganz eigene Sicht der Realität. Auch wenn die Gruppe objektiv im Unrecht ist, müssen sich neue Mitglieder deren Sicht fügen.

Konformitäts-Experiment

In der Psychologie sorgte ein Experiment für Furore, dass den in Gruppen herrschenden Konformitätsdruck eindrucksvoll demonstriert. Der amerikanische Sozialpsychologe SOLOMON ASCH tat so, als ob seine Versuchspersonen an einem Wahrnehmungsexperiment teilnähmen. In Wirklichkeit ging es um die Frage, ob sich eine Person in ihren Urteilen durch andere beeinflussen lässt (vgl. STROEBE u. a. 1997, S. 371 f.). Strebt sie nach Übereinstimmung mit der Mehrheit, auch wenn die Mehrheit objektiv falsch liegt?
Den Versuchspersonen wurden mehrere Linien vorgegeben. Andere, ebenfalls Anwesende waren jedoch über die tatsächlichen Untersuchungsziele unterrichtet. Die Länge einer Vergleichslinie war mit einer der vorgegebenen ganz offensichtlich identisch. Die eingeweihte Mehrheit der Gruppe gab nun aber gezielt konstant falsche Urteile ab. Viele der nicht eingeweihten Personen ließen sich zum gleichen Urteil hinreißen, auch wenn es objektiv falsch war.

ASCH-Experiment

(aus: Hellmuth Benesch: dtv-Atlas Psychologie. Graphiken von Hermann und Katharina von Saalfeld © 1987 Deutscher Taschenbuch Verlag, München)

9.4 Leitung und Unterordnung

Die Form der Kommunikation ist an die Gruppenstruktur gebunden. In den meisten Gruppen existiert eine **Hierarchie** von Führung und Unterordnung. In Arbeitsgruppen gibt es Vorgesetzte und Vorarbeiter, in Klassen und Seminaren Lehrer und Leiter, in Familien und Freundeskreisen geben Einzelne den Ton an. Die Leiter formulieren Anweisungen und Ideen. Sie bestimmen den allgemeinen **Kommunikationsstil**.

EINE GRUPPE IST WIE EIN ORGANISMUS, DER SEINE RICHTUNG KENNT, AUCH WENN ER SIE SELBST NICHT DEFINIEREN KANN
—
CARL ROGERS, BEGRÜNDER DER GESPRÄCHSPSYCHOTHERAPIE

NUR TOTE FISCHE SCHWIMMEN MIT DEM STROM
—
CHINESISCHES SPRICHWORT

Leitung und Führung kann formell festgelegt sein, wie in Arbeitsgruppen und Schulklassen, oder sich, auf Grund persönlicher Kompetenzen und Durchsetzungsvermögen, informell herauskristallisieren. Die Art der Leitung, der Führungsstil, entscheidet darüber, wie sich die Mitglieder in die Gruppe einbringen, ob sie mitreden können oder nicht.

> DER MACHTMENSCH GEHT AN DER MACHT ZUGRUNDE, DER UNTERWÜRFIGE AM DIENEN
>
> — HERMANN HESSE

Führungsstil

In der akademischen Psychologie haben Untersuchungen an Schulklassen zu einer Unterscheidung von vier Führungsstilen geführt. Der Psychologe REINHARD TAUSCH glaubt, dass sich jedes Führungsverhalten in zwei Dimensionen aufgliedert: **Emotionalität** und **Lenkung** (vgl. TAUSCH & TAUSCH 1998).

Emotionale Dimension

> EINFÜHLSAMES VERHALTEN ZEIGT DER LEITER, WENN ER DIE BEDÜRFNISSE UND GEFÜHLE DER ANDEREN, DIE ATMOSPHÄRE IN DER GRUPPE, SPÜRT. ER SELBST LÄSST SICH NICHT VON SEINEN GEFÜHLEN LEITEN UND BLEIBT NEUTRAL.

Sie beinhaltet das Ausmaß an Wertschätzung, Freundlichkeit und Zuwendung, die der Lehrer oder Leiter der Gruppe entgegenbringt. Im negativen Fall drückt er Geringschätzung und Missachtung gegenüber der Gruppe aus. Im positiven Extrem ist der Gruppenleiter außerordentlich verständlich. Einfühlsam reagiert er auf die Wünsche in der Gruppe.

Lenkungsdimension

Sie gibt an, wie stark ausgeprägt die lenkenden und kontrollierenden Anteile im Verhalten des Leiters bzw. Lehrers sind. Maximale Lenkung und Kontrolle bedeutet, dass alles von oben bestimmt wird – Meinungen und Wünsche der Gruppenmitglieder zählen nicht. Minimale Lenkung und Kontrolle beinhaltet einen totalen Verzicht auf Führungsansprüche. Der Leiter nimmt praktisch seine Funktion nicht wahr, wartet auf Anregungen aus der Gruppe und lässt fast alles geschehen.

Führungskreuz

Die beiden Dimensionen können gemeinsam mit ihren negativen und postiven Polen in einem Koordinatensystem dargestellt werden. So ergeben sich vier Felder und damit vier **Typen des Führungsverhaltens**: autoritär-abwertend (*au-ab*), autoritär-wertschätzend (*au-we*), zurückgenommen-abwertend (*zu-ab*) und zurückgenommen-wertschätzend (*zu-we*).

Führungskreuz

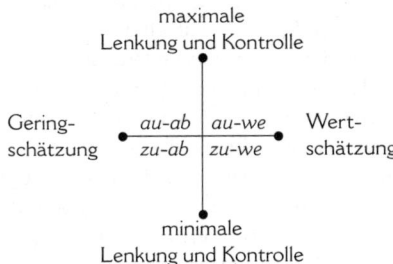

Gute und schlechte Leitung

Die meisten Gruppen und Klassen sind in der Lage, ihren Leiter spontan einem der vier Felder zuzuordnen. Welcher Führungsstil vorherrscht, hängt nicht allein von der Persönlichkeit des Leiters ab, sondern ebenso von den Erwartungen und dem Verhalten der Gruppe.

Arbeitsgruppen und Schulklassen funktionieren einigermaßen effektiv und harmonisch mit einem Leiter vom Typ autoritär-wertschätzend (*au-we*). Der Leiter nimmt qua Kompetenz seinen Führungsanspruch wahr und bezieht gleichzeitig die Ideen und Wünsche der anderen ein. Die Gruppenmitglieder fühlen sich ernst genommen und arbeiten gerne mit.

Autoritär-abwertende (*au-ab*) Lehrer oder Leiter, die immer ihre Ziele durchsetzen, beschwören leicht Widerstand oder Teilnahmslosigkeit herauf. Ob die Gruppe ihre Ziele erreicht, hängt dann allein von Willen und Anspruch der autoritären Leiter ab. Schwache, ängstliche Gruppenmitglieder sind mit diesem Leitertyp durchaus einverstanden.

Die anderen beiden Führungsstile haben auf Dauer keinen Erfolg, da der Leiter die Führung aus der Hand gibt. Gruppen mit einem zurückgenommen-abwertenden (*zu-ab*) Leitungstyp fallen auseinander, da keine emotionalen Bande bestehen und keine Ziele verfolgt werden.

Gruppen, die es mit einem zurücknehmend-wertschätzenden (*zu-we*) Führungsstil zu tun haben, sind dagegen schon erfolgreicher. Was erreicht wird, hängt aber von den Interessen und der Initiative der Mitglieder ab. Der anti-autoritäre Leiter scheitert zumeist an der Unterschiedlichkeit der Ideen und Wünsche bei Schülern und Untergebenen.

LEITER DES TYPS AU-WE SIND NICHT AUTORITÄR, SONDERN BESITZEN AUTORITÄT. DAS IST EIN KLEINER, ABER WICHTIGER UNTERSCHIED.

ALLES SCHLÄFT, EINER SPRICHT, DIESES NENNT MAN UNTERRICHT
—
WITZ UNTER SCHÜLERN

9.5 Gruppendynamik

In jeder Gruppe herrschen ganz unterschiedliche Motive und Erwartungen vor. Bei einer autoritär-wertschätzenden Leitungsform kann der Einzelne seine Wünsche einbringen, die dann durch den Leiter mit denen der anderen gebündelt und in ein Gleichgewicht gebracht werden. Ein guter Leiter zeichnet sich dadurch aus, dass er die verschiedenen Emotionen und Beziehungen in der Gruppe berücksichtigt.

> NEID, MISSGUNST UND INTRIGEN BESTIMMEN DAS KLIMA IN VIELEN ARBEITSGRUPPEN. MAN HAT EINEN POPULÄREN BEGRIFF DAFÜR GESCHAFFEN: MOBBING.

Jede Gruppe hat ein Arbeitsthema, ein **Gruppenziel**. Eine Schulklasse etwa möchte ein Lernziel erreichen, eine Arbeitsgruppe etwas produzieren, eine politische Gruppe gesellschaftlichen Einfluss nehmen, eine Selbsterfahrungsgruppe psychische Veränderungen unter den Teilnehmern erreichen. Doch neben der gemeinsamen Sache wird die Gruppendynamik, und damit der Arbeitserfolg, auch wesentlich durch die Beziehungsformen bestimmt.

Das Gleichgewicht von Beziehung, Person und Sache
Gruppen, die nach dem Modell der **Themen-Zentrierten-Interaktion (TZI)** nach RUTH COHN (1974) arbeiten, entfalten eine produktive Dynamik, in der ein weitgehendes Gleichgewicht zwischen den Interessen des einzelnen, den Beziehungen und Konflikten untereinander und dem Thema herrscht. Das ICH, die Ansprüche des einzelnen Gruppenmitglieds, das WIR, die Beziehungen untereinander und das ES, die gemeinsame Sache, stehen in harmonischer Balance.

> DER TZI-LEITER ENTSPRICHT IM FÜHRUNGSKREUZ WEITEGEHEND DEM TYP AUTORITÄR-WERTSCHÄTZEND (AU-WE).

Der Leiter der TZI-Gruppe, der die Rolle des Moderators, Organisators und Zuhörers innehat, sorgt für günstige Rahmenbedingungen. Er achtet darauf, dass alle zu Wort kommen, Arbeitsziele erreicht werden und der Gruppenprozess nicht aus dem Ruder läuft.

TZI-Dreieck

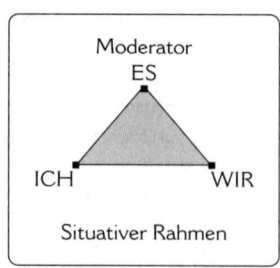

Die Trennung von Beziehung und Sache

Viele Gruppen leiden heute darunter, dass sie nicht dem TZI-Dreieck entsprechen. Grund ist die strikte Trennung von beruflichem und privatem Leben in modernen Gesellschaften. Sach- und Beziehungsebene sind in vielen Gruppen voneinander abgeschnitten.

In privaten Beziehungen (Paarbeziehung, Familie, Freundschaft) mangelt es an der verbindenden Sache, an gemeinsamen, zukunftsträchtigen Aufgaben. Die Gruppe wird einseitig mit **Emotionen** überfrachtet. In der Arbeitswelt fehlt dagegen die bewusste Gestaltung der Beziehungsebene. Geborgenheit, Intimität, Fröhlichkeit und Lebensfreude verbannt unsere Gesellschaft ins Private. Durch diese Trennung gleicht das Berufsleben einem Sach-Torso, das private Leben einem Beziehungs-Torso, oder, wenn keine privaten Beziehungen bestehen, einem Einsamkeits-Torso.

KONFLIKTE IM BERUFSLEBEN WERDEN OFT SACHLICH, NÄMLICH JURISTISCH ÜBER DAS ARBEITSRECHT GEREGELT. IM PRIVATLEBEN SIND LÖSUNGSVERSUCHE EHER BEZIEHUNGSORIENTIERT. MAN BEMÜHT SICH UM PSYCHOLOGISCHE PAARTHERAPIE ODER ERZIEHUNGSBERATUNG.

Trennung von Sach- und Beziehungsebene

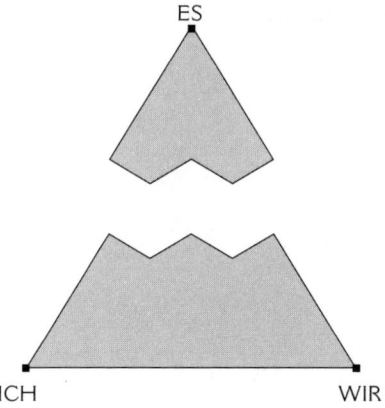

ES

ICH   WIR

Gruppenkonflikte

Die Spaltung zwischen Sache und Beziehung beschwört ein erhöhtes Konfliktpotenzial in Gruppen. Im beruflichen Bereich trägt man Konflikte zwischen den Personen, die ihre Basis in den Beziehungen zueinander haben (Neid, Rivalität, Antipathie), auf der Sachebene aus. Dort kommt es aber zu keiner befriedigenden Lösung, denn die tiefere Ursache dieser Konflikte, die gestörten Beziehungen, werden nicht angesprochen und bearbeitet. Die Konflikte wirken weiter. Als Nadelstiche von unten vergiften sie die Arbeitsatmosphäre.

IN EINEM OFFENEN KONFLIKT KANN MAN IN VERNÜNFTIGER WEISE AN ANDEREN ANTEIL NEHMEN UND MIT IHNEN DAS LEBEN TEILEN. UNAUSGESPROCHENE, VERDECKTE KONFLIKTE ENTFREMDEN DIE MENSCHEN VONEINANDER.

Verborgene Beziehungskonflikte

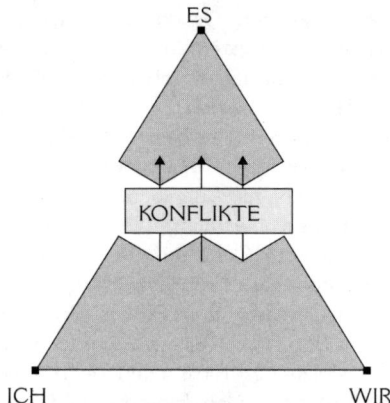

Konflikte können geregelt werden, wenn die Beteiligten die Verschiedenheit ihrer Interessen und Standpunkte spüren und akzeptieren.

◆ Gruppenkonflikte entstehen aus einer gestörten Balance zwischen ICH-Ansprüchen, WIR-Beziehung und Gruppenthema (ES).

III. Praxisfelder

Wofür ich gelebt habe

Drei einfache, doch übermächtige Leidenschaften haben mein Leben bestimmt: das Verlangen nach Liebe, der Drang nach Erkenntnis und ein unerträgliches Mitgefühl für die Leiden der Menschheit ... Nach Liebe trachtete ich, einmal, weil sie Verzückung erzeugt, eine Verzückung so gewaltig, dass ich oft mein ganzes, mir noch bevorstehendes Leben hingegeben haben würde für ein paar Stunden dieses Überschwangs. Zum anderen habe ich nach Liebe getrachtet, weil sie von der Einsamkeit erlöst, jener entsetzlichen Einsamkeit, in der ein einzelnes erschauerndes Bewusstsein über den Saum hinabblickt in den kalten, leblosen unausrottbaren Abgrund ... Mit gleicher Leidenschaft habe ich nach Erkenntnis gestrebt. Ich wollte das Herz der Menschen ergründen. Ich wollte begreifen, warum die Sterne scheinen.

Liebe und Erkenntnis, soweit sie erreichbar waren, führten empor in himmlische Höhen. Doch stets brachte mich das Mitleid wieder zur Erde zurück. Widerhall von Schmerzensgeschrei erfüllt mein Herz. Verhungernde Kinder, gefolterte Opfer von Unterdrückern, hilflose alte Menschen, ihren Kindern zur verhassten Bürde geworden – die ganze Welt der Verlassenheit, der Armut, des Leids, all das macht ein hohnvolles Zerrbild aus dem, was Menschenleben eigentlich sein soll. Es verlangt mich danach, dem Übel zu steuern, allein ich vermag es nicht, und so leide auch ich.

BERTRAND RUSSELL, 1969

10. Klinische Psychologie

Psychologen haben in den letzten 30 Jahren ihre Berufsfelder enorm ausgebaut. Hauptgebiet ist die **Klinische Psychologie**. Die Hälfte der beruflich tätigen Psychologen befasst sich mit der Therapie und Beratung psychischer Störungen. Klinische Psychologen arbeiten in eigener Praxis, in Krankenhäusern, Kurkliniken und Beratungsstellen. Andere Anwendungsfelder der Psychologie treten demgegenüber deutlich in den Hintergrund. Das Psychologiestudium qualifiziert aber auch für Tätigkeiten in Behörden, Wirtschaft und Industrie (vgl. zu Berufsaufgaben von Psychologen BENESCH 1992).

Psychologen wetteifern mit **Ärzten** über die Kompetenz in der Diagnostik und Behandlung psychischer Störungen, Behinderungen und Krankheiten. Beide Berufsgruppen sind unter ausgebildeten **Psychotherapeuten** zu finden. Vor Gericht, bei der Diagnostik psychischer Beeinträchtigungen von Straftätern, geben Juristen gerne den Ärzten den Vorzug, weil sie als Experten für körperliche *und* psychische Krankheiten gelten, auch wenn viele Ärzte über keine psychologischen und psychotherapeutischen Kenntnisse verfügen. Psychologen gelten dagegen als Experten für „normale", nicht krankhafte psychische Prozesse. Die Sichtweise der Juristen stimmt mit den Gegenstandsdefinitionen der Wissenschaften überein: **Medizin** ist die Lehre von Krankheiten, **Psychiatrie** die Wissenschaft speziell der psychischen Krankheiten, **Psychologie** die Wissenschaft vom allgemeinen Erleben und Verhalten.

In der klinischen Praxis ist diese Unterscheidung jedoch nicht haltbar. Psychiater wie Psychologen befassen sich mit psychischen Störungen, sie diagnostizieren und behandeln. Klinische Psychologie und Psychiatrie arbeiten an den gleichen Themen. Neben der Psychiatrie weisen noch andere Teilgebiete der Medizin Schnittpunkte mit der Klinischen Psychologie auf. Alle Krankheiten, die psychische Störungen verursachen oder ihrerseits durch psychische Prozesse mitverursacht werden, sind auch für die Klinische Psychologie ein Thema. Das sind viele Krankheiten im Kindesalter (Kinder- und Jugendpsychiatrie und Kinderheilkunde), Störungen innerer Organe (Innere Medizin), Schädigungen an Gehirn und Nervensystem (Neurologie) sowie besonders körperliche Krankheiten seelischen Ursprungs, das Gebiet der **Psychosomatik**.

Bei allen diesen organischen, psychischen und psychosomatischen Krankheiten und Störungen gehört zur Behandlung auch die **psychologische Beratung** sowie die verschiedenen Formen der **Psychotherapie**.

10.1 Psychische Krankheiten

Psychosen und Neurosen
Die Unterscheidung zwischen Neurose und Psychose stützt sich vor allem auf das Ausmaß an Wirklichkeitsverlust bei den Betroffenen und auf den Schweregrad der Erkrankung. Die entsprechende Diagnose hat Folgen: Psychosen in der akuten Phase gelten der Psychiatrie als Krankheit, die stationäre Krankenhausaufenthalte und Behandlungen mit Psychopharmaka erfordern. Neurosen hält man, von Ausnahmen abgesehen, für ambulant behandelbar. Zu den klassischen psychotischen Symptomen gehören Wahnvorstellungen, Halluzinationen und Störungen der Ich-Einheit. Alle diese Symptome treten bei Neurosen gewöhnlich nicht auf. Es gibt aber Grenzfälle. Patienten mit **Borderline-Symptomatik** stehen mit ihren Symptomen zwischen Neurosen und Psychosen.

> NEUROTIKER BAUEN LUFTSCHLÖSSER, PSYCHOTIKER WOHNEN DARIN
> —
> PSYCHIATRIE-WITZ

Symptome bei Psychosen
Wahnhafte Störungen sind fixe Ideen, an denen der Betreffende trotz Widerlegung durch die Realität unverrückbar festhält. Typische Wahnthemen sind der **Verfolgungswahn** und **Größenwahn**. Der an Verfolgungswahn Leidende glaubt, andere bedrohten ihn, wollten ihn gar töten. Größenwahnsinnige sind von der Idee besessen, eine besondere Persönlichkeit zu sein oder im Dienste höherer Mächte zu handeln.
Halluzinationen sind Verzerrungen und Täuschungen in der Sinneswahrnehmung. Die Betroffenen hören Stimmen, die ihre Handlungen kommentieren oder ihnen Befehle geben. Sie sehen Personen und Gegenstände, die objektiv nicht vorhanden sind.
Störungen der Ich-Identität sind Beeinträchtigungen des ganzheitlichen Bewusstseins der Einheit der Person, die normalerweise durch Körpergrenzen von der Außenwelt getrennt ist. Zu den typischen Ich-Störungen gehört die Vorstellung, mehrere Personen in sich zu vereinigen, die **Persönlichkeitsspaltung**, und das Gefühl, dass Innen- und Außenwelt verschmelzen. Patienten berichten etwa, Tiere würden durch ihre Haut krabbeln oder sie selbst würden sich als Person auflösen und zerfließen.

> PSYCHOSEN ERSCHEINEN AUSSENSTEHENDEN OFT UNLOGISCH UND UNSINNIG. FÜR DIE BETROFFENEN STEHEN SIE OFT ABER IM DIENSTE DER LEBENSBEWÄLTIGUNG UND HABEN EINEN SUBJEKTIVEN SINN. FÜR SIE GILT DAS SPRICHWORT: IST ES AUCH WAHNSINN, SO HAT ES DOCH METHODE.

◆ Symptome des Realitätsverlusts bei Psychosen sind Wahnvorstellungen, Halluzinationen und Störungen der Ich-Einheit.

> EINE PSYCHOSE IST FÜR MICH WIE DAS EINTAUCHEN IN EINE ANDERE WELT UND WIRKLICHKEIT, SEHR ÄHNLICH DER WELT DER TRÄUME, MÄRCHEN UND MYTHEN UND GRENZSITUATIONEN – MIT ALLEN SCHÖNHEITEN UND SCHRECKNISSEN, DIE MICH SEHR ANGEHEN UND ZU DENEN ICH KEINE DISTANZ HABE
>
> — EINE BETROFFENE

Diagnostik

Psychiater diagnostizieren bei derartigen Symptomen entweder eine schizophrene oder eine manisch-depressive Psychose. Bei Störungen aus dem Kreis der **Schizophrenie** sind vor allem Bewusstsein, Ich-Identität, Wahrnehmung und Denken gestört. Bei **manisch-depressiven Psychosen** dominiert die extreme Schwankung der Stimmungs- und Gefühlslage: Antriebssteigerung und Euphorie wechselt mit totaler Niedergeschlagenheit und Antriebslosigkeit.

Ursachen

Biologische, psychische und soziale Faktoren werden als Auslöser für Psychosen diskutiert. Für die biologisch-genetische Annahme spricht der oft schicksalhafte Charakter der Krankheitsverläufe. Ohne sichtbaren Anlass tritt die psychotische Symptomatik auf. Krankenhausaufenthalte, Medikamente und Betreuung können schwere Rückfälle leider nicht verhindern. Für psychologische und soziale Faktoren sprechen die bei vielen Kranken vorhandenen traumatischen Kindheitserfahrungen und schädigende Milieueinflüsse. Die Ursachen für Psychosen sind wohl vielfältig (zu Ursachen, Symptomen und Diagnosen bei Psychosen vgl. TÖLLE 1998).

Traumatische Erfahrung

> *Eine heute 60 Jahre alte Patientin leidet an schizophrenen Symptomen. In ihrer Wohnung deckt sie den Tisch für nicht anwesende Personen, speist und redet mit ihnen. Besucher weist sie an, die Stühle nicht zu besetzen. Auf Befragen nennt sie die Namen der vermeintlich Anwesenden. Es sind überwiegend Mädchen und Jungen, mit denen sie als Kind im Kindergarten war. Während eines Bombenangriffs im 2. Weltkrieg suchte die Kindergruppe in einem Keller Schutz. Als der Bombenangriff begann, rannte die Patientin in Panik aus dem Keller. Der Keller erlitt einen Volltreffer und alle Kinder kamen ums Leben. Sie überlebte als Einzige.*

> ES GIBT KEINE GENERALERKLÄRUNG FÜR DAS ENTSTEHEN VON PSYCHOSEN UND ANDEREN PSYCHISCHEN STÖRUNGEN, AUCH NICHT DER VIELDISKUTIERTE SEXUELLE MISSBRAUCH VON KINDERN.

10.2 Krankheit, Störung und Normalität

In der menschlichen Seele verschwimmen die Grenzen zwischen Normalität und Krankheit. Sie werden von der Kultur definiert. Psychotiker gelten zumeist als unheilbar psychisch krank, neurotische und psychosomatische Patienten als psychisch beeinträchtigt, aber noch heilbar und in die Gesellschaft integrierbar. Und fast alle „Normalen", scheinbar psychisch gesund, haben im Laufe ihres Lebens irgendwann mit Problemen und seelischen Krisen zu kämpfen.

Psychotische Symptome, die schwersten psychischen Beeinträchtigungen, treten, außer bei Psychosen im engeren Sinn, auch bei **Borderline-Patienten** (*borderline* = engl. Grenze) auf, die im Grenzbereich zwischen Realität und Irrealität leben. Außerdem sind bei einigen neurotischen Störungen, vor allem bei **Süchten**, psychotische Symptome die Folge.

Unsere Kultur reagiert mit Ausgrenzung, wenn sich jemand jenseits der von der Mehrheit definierten Verhaltensnorm bewegt. Betroffene und Angehörige leiden unter dieser Ausgrenzung und wenden sich an Psychiater und Psychologen. In Extremfällen kommt es zu Einweisungen in die geschlossene Psychiatrie.

Bei den meisten neurotischen Störungen ist dies aber nicht erforderlich. Die Betreffenden werden ambulant, zumeist psychotherapeutisch, behandelt. Und selbst bei vielen psychotischen Patienten ist ein Leben außerhalb der psychiatrischen Klinik, oft in einer betreuten Wohngruppe, durchaus möglich.

Man spricht bei minder schweren, potenziell heilbaren seelischen Beeinträchtigungen gern von **psychischen Störungen** und nicht von Krankheiten, um die Nähe der betroffenen Menschen zur Normalität psychischen Seins auszudrücken.

10.3 Symptome bei psychischen Störungen

Zu den häufigsten neurotischen Störungen zählen **Depressionen**, **Angstneurosen**, **Suchtverhalten** und **Zwänge**. Daneben gibt es noch eine Reihe anderer psychischer Störungen, bei denen ebenfalls Psychotherapie eingesetzt wird: Diverse **Sexualstörungen** (Impotenz, Perversionen) führen zu seelischen Konflikten. **Entwicklungsstörungen** bei Kindern und Jugendlichen rufen Eltern, Lehrer und Erzieher auf den Plan.

Autismus (Kontaktvermeidung), **Sprachstörungen** (Stottern, verzögerte Sprachentwicklung) und **Störungen des Sozialverhaltens** (Aggressivität, Delinquenz) bereiten vielen Eltern Kopfzerbrechen. **Geistige** und **motorische Behinderungen** (Intelligenzminderung, Koordinations- und Gleichgewichtsprobleme) bedürfen gezielter Trainings und psychologischer Unterstützung.

Schließlich suchen auch psychosomatisch gestörte Patienten um Hilfe nach. Bei den meisten psychosomatischen Krankheiten führt Psychotherapie zu einer Linderung der Symptomatik.

DIE WELT IST AUSSERHALB DER IRRENHÄUSER NICHT MINDER DROLLIG ALS DRINNEN
—
HERMANN HESSE

PSYCHOTHERAPIE HAT DIE AUFGABE, NEUROTISCHES ELEND IN GEMEINES UNGLÜCK ZU VERWANDELN
—
SIGMUND FREUD

DIE KRANKHEIT
SAGT UNS, WAS WIR
SIND
—
DEUTSCHES
SPRICHWORT

Psychische Störungen im Überblick

Psychosen	Schizophrenie, Manisch-Depressive Erkrankung, Borderline-Symptomatik
Neurosen	Süchte, Depression, Phobien, Zwänge
Psychosomatik	Hautkrankheiten, Magen-Darm-Störungen, Krebs, Herz-Lungen-Krankheiten
Entwicklungsstörungen	Sprachstörungen, Autismus
Störungen im Sozialverhalten	Aggressivität, Delinquenz
Behinderungen	geistige oder motorische Behinderung auf Grund Hirnschaden, Mongolismus
Sexualstörungen	Perversionen, Impotenz, Frigidität

Psychologen und Psychotherapeuten haben es in ihrer Praxis zumeist mit neurotischen Störungen im engeren Sinn zu tun. Dazu zählen Depressionen, Suchtkrankheiten, Angstkrankheiten und Zwangsstörungen. Psychosen sind mit Psychotherapie in akuten Phasen nur schwer erreichbar, da Psychotherapie auf Kommunikation beruht.

Suchtkrankheiten

IN DEUTSCHLAND
GAB ES 1996 ETWA
2,5 MILLIONEN
ALKOHOLKRANKE,
1,5 MILLIONEN TABLETTENABHÄNGIGE,
120000 OPIATABHÄNGIGE UND
100000 SPIELSÜCHTIGE
—
DEUTSCHE HAUPTSTELLE FÜR SUCHTGEFAHREN (DHS)

Süchte sind die Krankheit unserer Zeit. Als gesellschaftliche Ursachen der ständigen Zunahme an Süchten diskutieren Wissenschaftler deren zum Teil hohe soziale Akzeptanz (Alkoholsucht, Arbeitssucht), den allgemeinen Leistungsdruck und die Orientierungslosigkeit in der anonymen Industriegesellschaft. Hinter vielen Süchten verbirgt sich eine Depression. Etlichen organischen und psychiatrischen Krankheiten und Störungen liegt Suchtmittelmissbrauch zu Grunde.
Suchtkrankheiten beinhalten Kontrollverlust. Ein bestimmtes Verhalten wird unter Zwang immer wieder ausgeführt. Alle Gedanken kreisen darum. Der Konsum des Suchtmittels bzw. die permanente Ausführung des Suchtverhaltens führt zu schweren organischen, psychischen und sozialen Schäden. Die Dosis steigert sich zusehends, da andernfalls die Wirkung nachlässt. Die Betroffenen werden organisch krank, psychisch gestört und verwahrlosen.
Man unterscheidet stoffgebundene von nicht-stoffgebundenen Süchten. Bei **stoffgebundenen Süchten** wird dem Körper ein giftiger Stoff zugeführt (Alkohol, Heroin). **Nicht-stoffgebundene Suchtformen** beinhalten das zwanghaft-wiederholte Ausführen gleicher Handlungen (Spielsucht, Arbeitssucht).

Unsere Gesellschaft akzeptiert und fördert bestimmte Süchte (Alkohol, Nikotin, Arbeitssucht), andere bekämpft sie (Heroin, Kokain). Der Besitz und Verkauf illegaler Rauschdrogen wird bestraft, ohne dass deshalb der Konsum illegaler Süchte zurückgehen würde. Im Gegenteil: Für die Zukunft ist eine weitere Zunahme der Suchtkranken zu erwarten. Nur ein Teil der Suchtformen ist gesetzlich als Krankheit anerkannt. Der darunter Leidende darf dann auf Krankenschein alle Behandlungsmöglichkeiten ausschöpfen.

SUCHT HEISST SUCHE UND VERSUCHUNG.

Medizinisch anerkannte Suchtkrankheiten

- Drogenabhängigkeit: Rauschdrogen Opium, Morphium, Heroin, Kokain
- Alkoholabhängigkeit
- Magersucht (Anorexie)
- Tablettenabhängigkeit
- Pathologisches Stehlen (Kleptomanie)
- Spielsucht (Glücksspiele mit Geld)
- Zündelsucht (Pyromanie)
- Ess- und Brechsucht (Bulimie)

Psychische Symptome bei Süchten

Vielfältig wie die Süchte sind auch die psychischen Symptome. Der Alkohol, Volksdroge Nummer eins, führt bei längerem Missbrauch zu einer ganzen Reihe psychischer und organischer Symptome. Zu den wichtigsten psychischen Störungen zählen gesteigerte Aggressivität (hinter vielen Gewaltverbrechen steht Alkoholeinfluss), eingeschränkte Konzentration und veränderte Sinneswahrnehmung. Alkoholpsychosen mit Halluzinationen und Wahnvorstellungen treten sowohl im akuten Alkoholrausch als auch bei Entzug auf.

Als Folge des Konsums **illegaler Rauschdrogen** (Heroin, Morphium, Kokain, Ecstasy) ändert sich die Bewusstseins- und Stimmungslage. Ein Teil der Rauschdrogen wirkt dämpfend-entspannend, der andere dagegen eher antriebssteigernd. Heroin und Morphium beruhigen den Konsumenten, Kokain und Ecstasy putschen auf. Schwerwiegend sind bei beiden Gruppen die **Entzugserscheinungen**: Krämpfe, Schweißausbrüche, Fieberanfälle und Durchfälle sind die Regel. Es kommt nach jahrelangem Konsum zu gefährlichen inneren Krankheiten mit Todesfolge. Süchte gleichen einem schleichendenden Suizid. Oft ist bei Todesfällen Süchtiger nicht klar, ob es sich um einen Unfall oder einen geplanten Selbstmord handelt.

JIMI HENDRIX, LEGENDÄRER ROCKSTAR, WURDE 1970 IN EINEM HOTELZIMMER TOT AUFGEFUNDEN, SCHEINBAR FOLGE SEINER DROGENSUCHT. 1998 SCHREIBT DER ROCKSTAR ERIC BURDON IN SEINER AUTOBIOGRAPHIE, ES SEI EIN GEPLANTER SELBSTMORD GEWESEN. ER SELBST HABE EINEN ABSCHIEDSBRIEF IN JENEM HOTELZIMMER GEFUNDEN

—

HAMBURGER MORGENPOST, AUGUST 1998

Tablettensucht

Tablettenabhängigkeit ist eine stille, heimliche Sucht. Der Konsum erfolgt allein zu Hause. Ein hohes Abhängigkeitspotenzial bieten alle Medikamente, die auf das Zentral-Nerven-System wirken und damit Bewusstsein, Stimmung und Antrieb verändern. Das sind die **Psychopharmaka** (Neuroleptika, Anti-Depressiva, Beruhigungsmittel, Aufputschmittel), aber auch besonders Schmerzmittel (**Analgetika**). Letztere sind überwiegend frei verkäuflich, sodass der Abhängige nicht erst ein Rezept braucht.

Symptome einer Medikamentenabhängigkeit erkennen Außenstehende nicht. Die Medikamente wirken oft ruhig stellend, sodass Abhängige in der Umgebung nicht weiter auffallen.

> ALLE SÜCHTE MACHEN EINSAM. DAS GILT ABER BESONDERS FÜR DIE TABLETTENSUCHT.

Behandlung von Suchtkrankheiten

Zur Therapie der Sucht gehört bei stoffgebundenen Süchten zunächst ein **Entzug** im Krankenhaus zur Entgiftung. Dem schließt sich eine längere **Kur** an, die oft ein halbes Jahr dauert. In einer Reha-Klinik wird der Suchtkranke medizinisch und psychotherapeutisch betreut. **Beschäftigungstherapie, Bewegungstherapie** und **Angehörigenarbeit** gehören zu den meisten Behandlungskonzepten in Reha-Kliniken. Nach der Entlassung sollte sich der Betreffende einer **Selbsthilfegruppe** an seinem Wohnort anschließen, um Rückfällen vorzubeugen.

Die Beschäftigungstherapie, zum Teil unter Anleitung eines ausgebildeten Beschäftigungstherapeuten, zielt darauf ab, den suchtkranken Patienten Angebote für neu zu entwickelnde Interessen zu machen. Durch Bewegung und Sport hofft man, dass die Betroffenen einen neuen, sorgfältigeren Zugang zu ihrem Körper finden, der die Sucht überflüssig macht. Sportlehrer und Motopäden schulen die Patienten im Training neuer Bewegungsabläufe.

Die Gefahr von Rückfällen ist bei Suchtkranken enorm groß, wenn sie nach Entzug und Kur in ihr gewohntes soziales Umfeld zurückkehren. Deshalb kommt dem Einbezug von Angehörigen in die Behandlung besondere Bedeutung zu. Diese werden geschult, ihre bisherigen Verhaltensweisen (Kontrolle, Tadel, selbst konsumieren u. a.), mit der sie die Sucht der Patienten direkt oder indirekt unterstützt haben, zu verändern. Außerdem soll der Suchtkranke nach der Entlassung aus der Reha-Klinik den Kontakt zu einer Selbsthilfegruppe aufbauen. In der Selbsthilfegruppe geben sich Betroffene der Sucht gegenseitig Rat, Hilfe und Unterstüt-

> LEIDER IST DIE RÜCKFALLQUOTE BEI SUCHTPATIENTEN NACH ENTZUG UND KUR SEHR HOCH. SIE LIEGT, JE NACH SUCHTMITTEL, ZWISCHEN 70 UND 90 PROZENT.

zung. Der gemeinsame Kampf aller Gruppenmitglieder gegen die Sucht, die soziale Unterstützung der Gruppe, motiviert den Einzelnen, auf sein Suchtmittel zu verzichten.

Depressionen

Neben Süchten gehören Depressionen heute zu den häufigsten Störungen. Ihre Symptome sind allgemeine Lustlosigkeit, Verlust des sexuellen Begehrens, Antriebslosigkeit, vermehrtes Schlafbedürfnis und dauerhaft gedrückte, traurige Stimmung. Die Betroffenen fühlen sich leer und ausgebrannt. An der Umwelt empfinden sie kaum Interesse. Sie denken unter Umständen an Selbsttötung.

Depression können mit körperlichen Beschwerden einhergehen. Vor allem Störungen des Magen-Darm-Traktes (Völlegefühl, Verdauungsstörungen, Bauchschmerzen) werden auch durch Depression ausgelöst. Gleiches gilt für Einschränkungen kognitiver Vorgänge. Depressive klagen über Denkhemmung, Konzentrationsstörungen und Kopfschmerzen. Soweit körperliche Beschwerden die depressiven Symptome überlagern, spricht man von einer **versteckten (larvierten) Depression.**

Die Behandlung der Depression erfolgt bei schweren Fällen im Allgemeinen in Kombination von Medikamenten, vor allem den **Anti-Depressiva**, und begleitender **Psychotherapie**. Medikamente, vor allem die bei psychischen Störungen eingesetzten **Psychopharmaka**, können Symptome nur kurzzeitig lindern, ändern aber nichts an den Ursachen. Hilfreich bei Depressionen ist häufig eine radikale Veränderung in der allgemeinen Lebenssituation (Berufswechsel, Trennung vom Partner, Umzug u. a.). Die bei Depression wohl wirksamsten psychotherapeutischen Maßnahmen stammen aus der **Verhaltenstherapie** (s.u.). Trainings in der gezielten Veränderung von Selbstwahrnehmung und Umweltbewertung sollen Depressiven zu einer positiveren Lebenseinstellung verhelfen.

Angstkrankheiten

Angstneurosen sind oft generalisiert. Der Betreffende hat vor allen möglichen Situationen Angst. Handelt es sich um Ängste vor ganz bestimmten Objekten und Situationen, spricht man von **Phobien**.

Weit verbreitet sind **Tierphobien** (Spinnenangst, Mäuseangst) und **soziale Phobien**. Der Betreffende traut sich nicht, auf andere zuzugehen oder vor einer Gruppe zu reden. Bei der **Agoraphobie** steht die Angst vor offenen Plätzen im Vordergrund, bei der **Klaustrophobie** die Angst vor

---

DIE WELTWEIT WOHL BEKANNTESTE SELBSTHILFEGRUPPE SIND DIE ANONYMEN ALKOHOLIKER.

DER SCHWEIZER PSYCHIATER DANIEL HELL HAT STATISTIKEN AUS VERSCHIEDENEN LÄNDERN AUSGEWERTET. IM DURCHSCHNITT LEIDEN ZWANZIG PROZENT DER BEVÖLKERUNG PHASENWEISE AN DEPRESSIONEN. DIE HÄLFTE DAVON SUCHT DESHALB ÄRZTE UND KRANKENHÄUSER AUF. DIESE BEHANDELN ABER ZUMEIST NUR DIE KÖRPERLICHEN SYMPTOME (NACH HELL 1994, S. 29).

DIE DEPRESSION GLEICHT EINER DAME IN SCHWARZ

—

C.G. JUNG

> ANGST IST DIE ABWESENHEIT VON VERTRAUEN
> — PAUL TILLICH

engen Räumen. Höhenangst bezeichnet man als **Hypsiphobie**.
Die **Post-Traumatische-Belastungsstörung (PTSB)** tritt nach schweren traumatischen Erfahrungen und Schockerlebnissen auf. Die Betroffenen haben Kriege oder Unglücksfälle überstanden, werden aber von den Erinnerungen daran gequält. Überlebende derartiger Katastrophen berichten von Albträumen und plötzlichen Panikausbrüchen.
Angstsymptome haben eine organische Basis. Schweißausbrüche, Herzrasen, Zittern und Blutanwallungen künden von der Tätigkeit des Vegetativen Nervensystems. Zentraler Bestandteil der Behandlung sind verhaltenstherapeutische Trainings. Die Person wird langsam, unter Begleitung des Therapeuten, an angstbesetzte Situationen herangeführt. Sie lernt, ihr Vermeidungsverhalten zu überwinden und die Angst zu kontrollieren.

Zwangsstörungen

Zwangskranke leben mit festen Ritualen. Diese können so viel Zeit in Anspruch nehmen, dass der Betreffende nicht mehr den Aktivitäten des täglichen Lebens nachgeht. Dann sind die Zwänge behandlungsbedürftig.

> DER ZWANGSKRANKE WILL HERRSCHAFT ÜBER SEINE UMGEBUNG AUSÜBEN. IM BEMÜHEN, ANDERE ZU VERSKLAVEN, WIRD ER SELBST ZUM SKLAVEN SEINER ZWÄNGE.

Hinter den Zwangsituanen verbirgt sich oft (unbegründete) Furcht. Putz- und Reinlichkeitszwänge im Haushalt sollen Krankheitskeime bekämpfen. Stundenlange Waschrituale in der Körperpflege stehen im Dienste eines übertriebenen Sauberkeitsideals. Zwangsgedanken (Grübelzwang) verhindern anstehende Entschlüsse und Handlungen.
Die Psychotherapie bei Zwangskranken erfolgt mit psychoanalytischen und verhaltenstherapeutischen Methoden. In Gesprächen versuchen Therapeut und Klient Sinn und Ursache der Zwänge auf die Spur zu kommen. Im praktischen Training lernt der Betreffende, auf die Zwangshandlungen zu verzichten.

Psychosomatische Störungen

Bei psychosomatischen Erkrankungen sind Körper und Psyche krank. Beide Ebenen bedürfen der Behandlung. Medikamente setzen am Organsystem an, Psychotherapie an der Psyche. Man geht heute davon aus, dass bei den meisten psychosomatischen Erkrankungen Immun- und Hormonsystem beteiligt sind. Beide werden durch die Psyche beeinflusst und wirken ihrerseits auf die Psyche zurück.

Regelkreis Psychosomatik

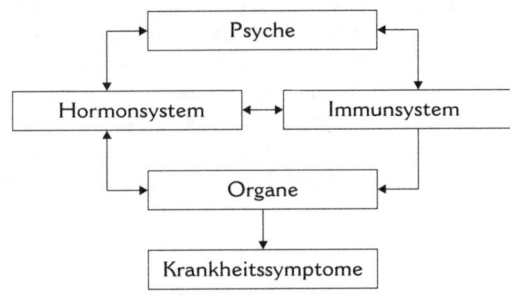

Psychosomatische Krankheiten mit Beteiligung des Immun- und Hormonsystems werden auch **Auto-Immun-Krankheiten** oder **Auto-Aggressions-Krankheiten** genannt. Fälschlich greift das Immunsystem den eigenen Körper an oder befähigt Zellen zu exzessiver Teilung und Vermehrung.
Viele Krebserkrankungen zählen dazu, auch etliche Hautkrankheiten (Neurodermitis, Ekzeme), Asthma und andere Allergien. Weitere Krankheiten aus dieser Gruppe sind die Kollagenosen, die Schädigung von Gefäßen und Bindegewebe. Auch bei einigen Krankheiten bisher unbekannter Ursache werden neuerdings Auto-Immun-Reaktionen als verantwortlich angenommen, wie etwa bei der Multiplen Sklerose. Der autoaggressive Charakter psychosomatischer Krankheiten zeigt sich bei Störungen im Magen-Darm-Trakt, wo das Immunsystem die Schleimhäute angreift (Geschwüre, Gastritis, Morbus Chron).
Stress, Angst und Spannungen fördern, unter Ausschüttung von Hormonen, den Ausbruch diverser Herz-Kreislauf-Erkrankungen (Herzinfarkt, Bluthochdruck, Angina Pectoris, Asthma). Das Stresshormon Cortisol sorgt für eine erhöhte Anfälligkeit für Infektionskrankheiten. Und auch einige Anfallsleiden, besonders Epilepsie und Migräne, haben ausgeprägt psychosomatische Kompenten. Veränderungen in der Stimmungslage lösen die Anfälle aus.
Die Behandlung psychosomatisch Erkrankter zielt häufig auf Veränderungen in der Lebensweise und Körperwahrnehmung. Verhaltenstherapeutische Trainings der Selbstkontrolle bieten ebenso Hilfe wie die Aufarbeitung der eigenen Lebensgeschichte in einer Psychoanalyse, beides mit dem Ziel der Umsteuerung.

DAS ÄRGERLICHE AM ÄRGER IST, DASS MAN SICH SCHADET, OHNE ANDEREN ZU NÜTZEN
—
KURT TUCHOLSKY

JEDER KRANKE LEIDET MIT KÖRPER UND SEELE. DIE AUF DESCARTES ZURÜCKGEHENDE TRENNUNG ZWISCHEN KÖRPER UND GEIST BEREITET DER MEDIZIN EBENSO KOPFZERBRECHEN WIE DER PSYCHOLOGIE. AUCH ORGANISCH KRANKE BENÖTIGEN HÄUFIG PSYCHOTHERAPEUTISCHE HILFE, UM MIT DER KRANKHEIT BESSER UMZUGEHEN.

10.4 Formen der Psychotherapie

EIN AKTUELLER WISSENSCHAFTLICHER PSYCHOTHERAPIEFÜHRER (KRAIKER & PETER 1998) LISTET INSGESAMT 20 VERSCHIEDENE VERFAHREN AUF, DIE WISSENSCHAFTLICH AUSGEBILDETE PSYCHOTHERAPEUTEN (ÄRZTE UND PSYCHOLOGEN) ANWENDEN. AUSSENSEITERMETHODEN AUS DEM UMFELD VON ESOTERIK, ASTROLOGIE UND FERNÖSTLICHER PHILOSOPHIE SIND DARIN GAR NICHT ENTHALTEN.

Ein wahrer Dschungel von Psychotherapieformen bietet sich dem Hilfesuchenden. Selbst Experten verlieren den Überblick über das derzeitige Angebot auf dem überquellenden Psychotherapiemarkt. Für alle obskuren Verfahren muss der Klient selbst bezahlen. Klingende Namen sind in diesem Zusammenhang Urschrei-Therapie, Reinkarnationstherapie, Rebirthing oder Astrologische Therapie. Der Therapie- und Esoterikmarkt boomt. Auf Krankenschein sind nur Behandlungen in wissenschaftlich anerkannten Verfahren möglich.

Wissenschaftlich anerkannte Verfahren besitzen ein systematisches Konzept über die Ursache psychischer Störungen und die dazugehörigen Behandlungsschritte. Außerdem führen Wissenschaftler kontrollierte experimentelle Studien über den Erfolg der jeweiligen Maßnahmen durch.

Vier Formen sind im Moment in Deutschland wissenschaftlich anerkannt: **Psychoanalyse** (einschließlich einiger Erweiterungen), **Verhaltenstherapie**, **Gesprächspsychotherapie** und **Familientherapie**. Daneben existieren noch einige Varianten, die begleitend eingesetzt werden.

Wissenschaftliche Psychotherapie

VGL. KAP. 3.2 ZUM ABLAUF EXPERIMENTELLER UNTERSUCHUNGEN DER WIRKSAMKEIT VON PSYCHOTHERAPIE

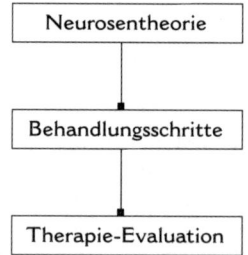

Klassische Psychoanalyse

Sie sieht als Hauptursache psychischer Störungen **Verdrängungen** von Erfahrungen ins **Unbewusste**, die lebensgeschichtlich unter Umständen weit zurückliegen. In der klassischen psychoanalytischen Therapie gilt es, das Verdrängte ins Bewusstsein zu holen und nochmals zu erfahren. Zentrale Technik der psychoanalytischen Therapie ist die „**Freie Assoziation**". Der Patient teilt dem Analytiker alles mit, was ihm spontan in den Sinn kommt. Die Ausschaltung von Reflexion und Kontrolle ermöglicht das Auftauchen

verdrängter Gedanken. Widerstände und Abwehrmechanismen des Ich werden auf diese Weise gebrochen.
In der Therapie durchlebt der Patient Zurückliegendes. Der Therapeut ist für ihn eine Projektionsfläche. Er nimmt ihn so wahr wie frühere Bezugspersonen. Diese Rollenzuweisung heißt **Übertragung**. Die Übertragung ist eine Wiederholung einer alten Beziehung – mit allen Emotionen und Fantasien. Der Therapeut reagiert darauf und teilt dem Patienten seine Empfindungen mit. Die ihm durch den Patienten zugewiesene Rolle darf er aber nicht aktiv einnehmen. Für ihn gilt die Regel der Abstinenz. Er teilt dem Patienten seine Wahrnehmung der Übertragung mit und hilft ihm dadurch, Zugang zum Verdrängten zu finden und sich bewusst seinen Konflikten zu stellen. Das Durcharbeiten früherer Erlebnisse ermöglicht dem Patienten, auf seine Symptome zu verzichten und sich gesünderen Strategien der Lebensbewältigung zuzuwenden.

> PSYCHOANALYSE IST DIE KRANKHEIT, DEREN HEILUNG ZU SEIN SIE VORGIBT
> —
> KARL KRAUS

Andere Varianten der Psychoanalyse

Psychoanalytiker, die FREUD nachfolgten, haben andere Schwerpunkte in der Psychotherapie gesetzt.

Die **Individualpsychologie** ALFRED ADLERS sieht die Ursache von Neurosen in einem Scheitern an der allen auferlegten Aufgabe, in die Gemeinschaft aufzugehen. Der Therapeut bemüht sich im Gespräch mit dem Patienten, dessen selbstschädigenden Lebensstil aufzubrechen und Lebensziele umzudefinieren. Er ermutigt ihn, Neues auszuprobieren und bietet Gespräche als begleitende Hilfe an.

In der **analytischen Therapie** nach CARL GUSTAV JUNG geht man davon aus, dass Neurosen ihre Ursachen in der unbewussten Fixierung an bestimmte **Archetypen** haben. In der Therapie lernt der Patient, sich davon zu lösen und zu sich zu finden.

> VGL. KAP. 4.5 ZUR INDIVIDUALPSYCHOLOGIE ALFRED ADLERS UND ZUR ERLÄUTERUNG DER ARCHETYPEN NACH C.G. JUNG

Sein Selbst finden, den ganz persönlichen Weg gehen, aus sich heraus leben – das sind nicht nur Leitmotive der analytischen Therapie nach ADLER und JUNG, sondern auch der **Logotherapie**, die VIKTOR FRANKL (1905–1997) entwickelt hat. Deren zentrales Konzept ist die **Existenzanalyse**. Der Therapeut richtet Fragen an den Patienten, damit dieser über den Sinn seines Handelns Klarheit gewinnt. Nur wenn der Patient sein Handeln im Einklang mit seinem persönlichen Wertesystem erlebt und nicht als aufgezwungen, ist er psychisch gesund.

> DAS GEFÜHL DER SINNLOSIGKEIT IST DIE KRANKHEIT UNSERER ZEIT
> —
> VIKTOR FRANKL

VGL. KAP. 2.4 ZUM
MENSCHENBILD DER
HUMANISTISCHEN
PSYCHOLOGIE

Gesprächspsychotherapie

Ähnlich wie die Logotherapie sieht die Gesprächstherapie des amerikanischen Psychologen CARL ROGERS den Menschen. Neurosen haben ihre Ursache im Verfehlen persönlicher Lebensziele. Im therapeutischen Gespräch kann der Klient zu sich selbst finden und sich seiner Wünsche bewusst werden.

Der Therapeut unterstützt den Klienten in dessen Ich-Findung, indem er drei Richtlinien folgt: Er verhält sich einfühlend, authentisch und nicht wertend. Zum Teil widersprechen sich diese drei Maxime allerdings.

Ein **nicht wertendes Verhalten** zeigt der Therapeut, indem er auf Äußerungen des Patienten nicht mit Lob oder Tadel reagiert, sondern mit Spiegelungen des Gesagten. Er fasst das, was der Klient sagt, in eigene Worte. Dem kann der Klient zustimmen, wenn er sich verstanden glaubt. Sich verstanden zu fühlen, gilt als Grundvoraussetzung, damit der Klient zu sich selbst findet und nichts abwehrt oder verleugnet.

Einfühlendes Verstehen, die zweite Haltung des Gesprächspsychotherapeuten, beinhaltet ein Hineinversetzen in die Gefühlswelt des Klienten. Der Therapeut sagt, welche Gefühle er beim Klienten vermutet.

Echtheit und Authentizität, die dritte Maxime, meint, dass der Therapeut sich als Person so verhält, wie er ist. Gesprächspsychotherapie ist keine Behandlungstechnik, sondern eine Haltung bzw. Begegnung zweier gleichberechtigter Menschen. Deshalb heißt die leidende, um Hilfe nachsuchende Person auch Klient und nicht Patient.

Die Gesprächspsychotherapie bezeichnet man auch als **klientenzentrierte Psychotherapie**. Das Verhalten des Therapeuten, der Ablauf der Therapie, ist vollständig auf den Klienten gerichtet. Ziel ist die Initiierung eines Prozesses, sodass der Klient zu einer Weiterentwicklung und Integration seines Fühlens und Denkens gelangt. Die Person lernt, sich zu verstehen und zu akzeptieren – mit allen Hoffnungen, Wünschen und Fehlern.

Verhaltenstherapie

Verhaltenstherapeuten glauben, dass neurotisches Verhalten erlernt ist. In der Therapie geht es darum, das Fehlverhalten durch anderes, besser angepasstes Verhalten zu ersetzen. Häufig geschieht das durch systematisches Training.

In der **Verhaltensdiagnostik** analysieren Therapeut und Klient gemeinsam, welche Konstellation an auslösenden Reizen und Verstärkern das fehlangepasste Verhalten ermöglicht und aufrechterhält. Diese Verstärkerreize muss man ausschalten. Die Verhaltenstherapie ist aus dem **Behaviorismus** entstanden.

VGL. KAP. 2.3 ZUM MENSCHENBILD DES BEHAVIORISMUS

Verhaltenstherapie ist oft eine **kognitive Therapie**. Man geht davon aus, dass Gedanken unser Handeln steuern. Indem ich anders zu denken lerne, verändere ich mein Verhalten. Dieser Ansatz ist zentral bei Therapien von Depressionen und Süchten. Die Patienten lernen, anders als bisher zu denken, zugleich ihr Leben anders zu sehen, zu gestalten und unerwünschte, schädliche Verhaltensweisen zu unterdrücken.

Familientherapie

Bei ihr nehmen mit den Angehörigen des neurotisch Kranken auch andere Personen an den Therapiesitzungen teil. Die systemische Sichtweise der Familientherapie geht davon aus, dass neurotische Symptome Ausdruck gestörter Beziehungen zwischen Menschen sind und außerdem auf unangemessenen Weltsichten des Symptomträgers beruhen.

VGL. KAP. 2.5: DIE SYSTEMTHEORIE IST BASIS DER FAMILIENTHERAPIE

In der Therapie wird vor allem an den Beziehungsproblemen der Mitglieder des Systems Familie gearbeitet. Deren Linderung führt dann meistens zu einer Besserung des Zustandes des Symptomträgers. Der Erfolg der Therapie ist abhängig von der Einsichtsfähigkeit aller Beteiligten, nicht zuletzt auch der scheinbar gesunden Personen.

Weitere Psychotherapieformen

Psychotherapeuten, die offiziell eines der vier Standardverfahren ausüben, verwenden auch Elemente aus weiteren Verfahren. Besondere Bedeutung kommt in diesem Zusammenhang Methoden zu, die Körpererleben und Gefühlsausdruck in den Mittelpunkt setzen.

Musiktherapie und **Kunsttherapie** betonen den persönlichen Ausdruck. Die Gefühlswelt des Patienten findet ihren Niederschlag in der Musik bzw. im Bild. Musizieren und Malen sollen Menschen helfen, ihr Inneres auszudrücken und damit zu sich selbst zu finden.

Verspannungen zu lösen ist das Ziel der diversen Entspannungsverfahren und der Körpertherapie. Das bekannteste Entspannungsverfahren ist das **Autogene Training**. Hierbei lernt der Patient schrittweise, seine Gliedmaßen in entspannte Zustände zu versetzen. Bei der **Körpertherapie** geht es darum, verdrängte Gefühle sichtbar zu machen, indem man sie bewusst spürt. Körperempfindungen gelten als Botschaften der unbewussten Gefühlswelt. Gemeinsam mit dem Therapeuten versucht der Klient eine Deutung. Oft ist die Körpertherapie mit einem Training von Bewegung, Haltung oder Atmung verbunden. In die gleiche Richtung gehen Tanztherapien und gymnastische Übungen.

Zu den erlebnisaktivierenden Methoden der Psychotherapie gehören die Gestalttherapie und das Psychodrama. Dies sind Methoden, die das Ausprobieren und Ausagieren in den Vordergrund stellen. Die Sitzungen finden in Gruppen statt. In Übungen und Rollenspielen werden Konflikte und Emotionen durchlebt. Hinterher sprechen die Teilnehmer über ihre Erfahrungen.

> Der Mensch spielt, was er ist
> —
> Jean Paul Sartre

Die **Gestalttherapie** thematisiert das aktuelle Erleben und Verhalten, seine Störungen und Blockaden. Das spielerische Ausprobieren neuer Handlungsmuster in den Sitzungen und die Rückmeldungen aus der Gruppe sollen den Betreffenden zu einer veränderten Wahrnehmung seines Selbst und anderer Menschen verhelfen. Das Vorgehen des Therapeuten ist oft konfrontativ. Das soll bei den Patienten Authentizität und Engagement fördern, birgt zugleich aber die Gefahr, dass selbstunsichere, depressive Menschen noch mehr an Halt verlieren und sich ihre Symptomatik verschärft. Die umstrittene Wirkung des therapeutischen Vorgehens ist ein Grund, dass der Gestalttherapie bisher die vollständige wissenschaftliche Anerkennung versagt blieb.

> Ich liebe es, Theater zu spielen. Es ist viel realistischer als das Leben
> —
> Oscar Wilde

Das **Psychodrama** ist in erster Linie eine Gruppentherapie. JAKOB L. MORENO (1890–1974) hat es aus den spontanen Rollen- und Stegreifspielen von Kindern entwickelt. Psychodrama ist eine Form psychotherapeutischen Theaterspielens. In den Spielszenen werden reale Probleme und Konflikte der Gruppenmitglieder inszeniert. Das soll den Protagonisten – so heißen Akteure, die ihre Probleme einbringen – helfen, sich selbst besser zu erfahren und an sich zu arbeiten. Die Mitspieler haben die Rolle von Spiegeln. Sie können Bezugspersonen des Protagonisten oder auch dessen Gefühle oder Gegenstände darstellen. Wie bei der Gestalttherapie erweist sich die Unsicherheit in der Wirkungsweise als Problem bei der Anerkennung des Psychodramas als seriöse Psychotherapie.

> Es ist gar nicht so leicht, seine Probleme eins nach dem anderen anzupacken, wenn sie sich nicht der Reihe nach anstellen.

Eine stark im Aufwind befindliche Therapievariante ist das **Neuro-Linguistische-Programmieren (NLP)**. Die Amerikaner RICHARD BANDLER und JOHN GRINDER, ein Unternehmensberater und ein Sprachwissenschaftler, haben die ihrer Meinung nach besten Techniken aus verschiedenen Psychotherapieformen zu einem einheitlichen Trainingskonzept verarbeitet. Übungen zum **Wahrnehmen, Vorstellen** und **Denken** sollen die Problemlösekompetenz im Alltag verbessern. NLP besteht aus vielen praktischen Übungen, ohne ein Menschenbild zur theoretischen Absicherung anzubieten (vgl. BANDLER 1992).

Indikation für Psychotherapie
Über die Notwendigkeit einer Psychotherapie entscheiden zumeist nicht-psychotherapeutisch ausgebildete Ärzte. Diese überweisen Patienten an Psychotherapeuten. Da häufig ein komplexes Störungsbild vorliegt, ist oft eine Kombination verschiedener psychotherapeutischer Techniken nötig. Verhaltenstherapien sind wohl bei Depressionen und Süchten angezeigt, Psychoanalyse besonders bei Sexualstörungen aber auch in allgemeinen Lebenskrisen. Gleiches gilt für die Gesprächspsychotherapie. Bei psychosomatisch gestörten Kindern hilft eine Familientherapie.

BEI VIELEN STÖRUNGEN, NICHT NUR WENN KINDER BETROFFEN SIND, IST DER EINBEZUG DER ANGEHÖRIGEN IN DIE THERAPIE ANGEZEIGT. DIESE STRÄUBEN SICH OFT. SIE BEGREIFEN SICH ALS GESUND.

11. Pädagogische Psychologie

Die Tätigkeiten von Pädagogischen und Klinischen Psychologen überschneiden sich. Domäne Pädagogischer Psychologen ist das Beraten, Schulen und Trainieren. Im Unterschied zu Klinischen Psychologen führen Pädagogische Psychologen keine Psychotherapien bei schweren psychischen Störungen durch.
Aufgaben von Pädagogischen Psychologen sind Beratung, Einzelfallhilfe, Organisation und Durchführung von Fortbildungen für verschiedene Berufsgruppen, die Entwicklung von Präventions- und Aufklärungsprogrammen sowie die Fortbildung und Supervision von Lehrern.
Pädagogische Psychologen arbeiten in Heimen, Beratungsstellen, Schulen und Schulaufsichtsbehörden. Sie befassen sich vor allem mit Problemen, die in Schule, Erziehung und Familie eine Rolle spielen. Sie begreifen sich im schulischen Bereich als Anwalt der Schüler, beraten aber auch Lehrer bei ihren Problemen.

Schülerhilfetelefon

Aus Erfahrung weiß man, dass sich die Probleme der Schüler mit dem Herannahen der Zeugnisse verschärfen. Die Hamburger Schülerhilfe richtet deshalb regelmäßig Beratungstelefone zum Halbjahresende ein. Um Hilfe und Beistand suchen Schüler, die sich dem Notendruck nicht gewachsen fühlen, bei den Psychologen am Telefon nach. Oft haben Schüler Angst, nach Hause zu gehen, weil sie Bestrafungen der Eltern wegen schlechter Noten fürchten.

Psychologen können an der Institution Schule nichts ändern, an der oft Lehrer wie Schüler leiden. Die Schule verteilt Zukunftschancen. Lehrer kämpfen mit zu großen Klassen und zum Teil unmotivierten, lernunwilligen Schülern. Ein Teil der Schüler fühlt sich überfordert, ein anderer unterfordert. Disziplinierungsmittel für Lehrer sind Noten. Anders wissen sich Lehrer oft im Kampf mit der Klasse nicht zu helfen. Psychologen fällt die undankbare Aufgabe zu, die Verlierer dieses Systems aufzubauen. Klienten der Schulpsychologen sind einerseits Schüler, die mit **Lernstörungen** und **Verhaltens-** bzw. **Entwicklungsstörungen** zu kämpfen haben. Andererseits benötigen die Lehrer Hilfe und Schulungen in Psychologie. Sie fühlen sich überfordert, wenn Konflikte und Aggressionen in Schulklassen überhand nehmen.

11.1 Normale Entwicklung im Kindesalter

Entwicklungsstörungen liegen vor, wenn Verhaltensweisen, die mit bestimmten Altersstufen einhergehen, gar nicht oder nicht ausreichend auftreten. Es gibt Durchschnittswerte, ab welchem Lebensalter Kinder gewisse Fähigkeiten der Sprache, Motorik und Intelligenz erreichen.

Normale Entwicklung der Artikulation

ab 6–8 Wochen	gurrende Laute
ab 2–4 Monaten	Lachen, Nachahmung Einzellaute
ab 6–9 Monaten	Lallen (Bebebe, dadada usw.)
ab 10–14 Monaten	Einwortstadium, Benennen von Einzeldingen (Mama, Ball, Auto)
ab 18 Monaten	Zweiwortstadium („Tanja Ball")
ab 2 Jahren	Telegrammstil („Peter Ball Fenster hauen")
ab 3 Jahren	vollständige Sätze

Normale Entwicklung der Motorik

1 Monat	Kinn anheben.
3 Monate	Greifversuche
6 Monate	allein sitzen
8 Monate	Stehen mit Unterstützung
10 Monate	Krabbeln
12 Monate	sich in Stand hochziehen, Gehen mit Hilfe
15 Monate	allein gehen

Die gesamte Intelligenzentwicklung steht im Zusammenhang mit der Entwicklung von Sprache und Motorik. JEAN PIAGET (1896–1980) hat vier **Stufen der Intelligenz** in der Entwicklung vom Baby bis zur Pubertät unterschieden (vgl. ZIMBARDO 1995, S. 74 f.).

In der ersten Phase, den ersten beiden Lebensjahren, besitzt das Kind noch keine anschauliche Vorstellung und keine begriffliche Repräsentation der Welt. Bei der Aufnahme von Informationen dominiert der Tastsinn. PIAGET spricht deshalb von der **senso-motorischen Stufe**. Das Kind begreift allmählich, dass es einen Zusammenhang zwischen seinem Tun und der Umgebung gibt, ohne diesen benennen zu können.

Die nächste Phase, die **Stufe des präoperationalen Denkens**, durchzieht das dritte bis zum siebten Lebensjahr. Nun kann das Kind seine Wahrnehmung der Welt in Worte fassen, denkt aber noch nicht logisch. Das Denken des Kindes ist auf das bezogen, was es unmittelbar vor sich sieht. Gegen-

---

EIN MENSCH ERBLICKT DAS LICHT DER WELT, JEDOCH SCHON OFT HAT SICH HERAUSGESTELLT, NACH MANCHEM TRÜB VERBRACHTEN JAHR, DASS DIES DER EINZIGE LICHTBLICK WAR
—
EUGEN ROTH

WENN DU EIN KIND SIEHST, HAST DU GOTT AUF FRISCHER TAT ERTAPPT
—
MARTIN LUTHER

> WER EINEM KIND DIE LÖSUNG EINES PROBLEMS SAGT, BETRÜGT ES UM SEINE ERFAHRUNGEN
> — JEAN PIAGET

ständen aus seiner Umwelt betrachtet es immer aus der gleichen Perspektive. Das Denken ist unmittelbar anschaulich. Das Kind kann noch nicht im Geiste verschiedene Perspektiven einnehmen und auch nicht Schlussfolgerungen sehen. Das ändert sich mit der nächsten Phase, der **Stufe der konkreten Operationen**, die bis zum elften Lebensjahr reicht. Nun führt das Kind geistige Operationen durch, die sich von der konkreten Wahrnehmung lösen. Unterschiedliche Perspektiven finden Berücksichtigung.

Erhaltung

Berühmt wurde PIAGETS Umschüttexperiment: Man stellt zwei gleich breite Behälter mit Flüssigkeit vor das Kind. Anschließend gießt der Versuchsleiter den Inhalt des einen in einen länglichen, schmalen Behälter. Kinder auf der Stufe der konkreten Operationen erkennen, dass die Flüssigkeitsmenge, trotz veränderter Form, gleich geblieben ist. Auf entsprechende Fragen geben sie an, dass im flachen und breiten Behälter genauso viel Wasser ist wie im schmalen und langen. Im Geiste haben die Kinder die Handlung des Umgießen umgekehrt und deshalb das Prinzip der Mengenerhaltung verstanden. Kinder auf der zweiten Stufe meinen dagegen, dass sich die Menge der Flüssigkeit verändert habe. Sie können noch nicht die beiden Aspekte Höhe und Breite, die zusammen das Volumen ausmachen, gemeinsam in Rechnung stellen.

> DIE FRAGE, WAS IST ERKENNTNIS, HABE ICH IN MEINEN UNTERSUCHUNGEN IN DIE FRAGE, WIE WIRD ERKENNTNIS, VERWANDELT
> — JEAN PIAGET

Die vierte und letzte Stufe der kognitiven Entwicklung, die **Phase der abstrakten Operationen**, erreichen Kinder normalerweise mit dem zwölften Lebensjahr. Nun sind sie in der Lage, abstrakte Regeln auf konkrete Gegenstände anzuwenden und logisch folgerichtig in Gedanken Schlüsse ziehen. Das Denken hat sich jetzt vollständig von der unmittelbaren Wahrnehmung gelöst.

Stufen der Intelligenz nach JEAN PIAGET

Sensomotorische Stufe (0–2 Jahre)	Erkunden der Welt durch Greifen ohne begriffliche Vorstellung
Präoperatorische Stufe (3–6 Jahre)	begriffliche Vorstellung des unmittelbar Gesehenen ohne logische Schlüsse
Konkrete Operationen (7–10 Jahre)	geistige Umarbeitung des unmittelbar Gesehenen, ohne abstrakte Gesetze zu erkennen
Abstrakte Operationen (ab 11 Jahren)	Anwendung abstrakter Regeln ohne konkrete Anschauung

11.2 Entwicklungsstörungen

Die jeweilige Störung tritt zumeist schon vor der Schulreife auf und zieht sich dann, wird sie nicht optimal behandelt, bis in die Pubertät und das Erwachsenenalter. Lehrern fallen die betreffenden Schüler schon in den ersten Klassen auf. Doch nicht immer bemühen sie sich ausreichend um Hilfe. Ihre Aufgabe wäre es, Kontakte zu Psychologen und Ärzten herzustellen.

Man unterscheidet **Kontaktstörungen (Autismus)**, **Sprachstörungen** und **motorische Störungen**.

Autismus

Frühkindlicher Autismus ist eine tiefgreifende Störung der sozialen Interaktion, die sich zumeist schon im 3. Lebensjahr zeigt. Das Kind leidet an gestörter Kontaktfähigkeit. Es isoliert sich von anderen, zeigt kaum emotionalen Ausdruck und vermag auch nicht auf die Gefühle der anderen einzugehen. Bestimmte Handlungen führt es immer wieder in bedeutungslosen Ritualen durch. Es beschäftigt sich stundenlang mit dem selben Objekt. In Schulklassen sondern sich autistische Kinder ab, äußern sich nicht im Unterricht und starren vor sich hin.

Zur Behandlung des Autismus ist eine vorsichtige Kontaktaufnahme angezeigt. Ein psychologisch ausgebildeter Betreuer spielt mit dem Kind oft mehrere Stunden am Tag. Ziel ist es, die Kontaktbarriere aufzubrechen. **Logopäden** führen ein Sprach- und Artikulationsstraining durch, um das Kind allmählich zum Sprechen zu motivieren.

Sprachstörungen

Störungen der Sprache zeigen sich zumeist auch schon im 3. Lebensjahr, wenn das Kind die Sprache in seinen Grundzügen erlernt hat. Zu den häufigsten Störungen zählt das **Stottern**. Der Betreffende hat Probleme mit der Artikulation, kann Worte nicht oder nur verzögert aussprechen. Verkrampfungen der Sprachmuskulatur sind eine wichtige Ursache des Stotterns. In Schulklassen stehen Stotterer vor besonderen Problemen. Sie wagen nicht, sich zu äußern und sind oft versteckten Hänseleien ausgesetzt.

Sprachfehler, wie **Lispeln** oder **verwaschene Aussprache**, ziehen sich oft durch das ganze Leben. Bei starker Ausprägung hemmen sie die Kontaktfähigkeit des Betreffenden. Logopädische Trainings, die schon früh im Kindesalter beginnen sollten, schaffen Abhilfe.

NIMM' MICH NICHT BEIM WORT. NIMM' MICH IN DEN ARM.

DER MENSCH IST EIN SOZIALES WESEN
—
ARISTOTELES

Motorische Störungen

Störungen der Motorik, bei intakter Intelligenz, erweisen sich für Schulkinder oft als Hindernis für die Integration in den Klassenverband.

Hyperaktive Kinder, umgangsprachlich als „Zappelphillip" bezeichnet, sind für Eltern und Lehrer wahre Quälgeister. Sie sind permanent in Bewegung, können nicht still sitzen, tollen herum. Eltern und Lehrer, die sich mit hyperaktiven Kindern an Ärzte und Psychologen wenden, übersehen oft, dass Kinder einen ganz natürlichen Bewegungsdrang haben, den unsere Gesellschaft ihnen nicht zubilligt. Im Allgemeinen sind so genannte hyperaktive Kinder ganz gesunde Kinder.

Kinder, bei denen der Bewegungsdrang unterbunden wird, entwickeln häufig **Gleichgewichts- und Koordinationsstörungen**. Diese Entwicklungsstörung ist eine typische Zivilisationskrankheit. Stadtkinder können auf Grund des immensen Verkehrs heute oft nicht mehr gefahrlos auf der Straße spielen. In der Wohnung sitzen sie passiv vor dem Fernseher, anstatt die Welt aktiv zu erkunden. Motorische und sensorische Probleme sind die Folge, da die Kinder nicht lernen, ihre Sinne zu schulen und Muskeln zu gebrauchen.

Motorische Störungen werden mit vielfältigen Übungen und Spielen, die allesamt auf eine Verbesserung der Körperwahrnehmung zielen, behandelt. Auch Elemente aus der Kunst- und Maltherapie kommen zum Einsatz.

11.3 Lernstörungen und Lernbehinderungen

Zu den auffallendsten Lernstörungen gehört die **Legasthenie**, die **Lese- und Rechtschreibschwäche**. Umstellungen, Auslassungen, Probleme mit der Groß- und Kleinschreibung sowie Wortverdrehungen kennzeichnen die Schrift von Legasthenikern. In der Regel kommen ausgeprägte Lesestörungen hinzu. Die Betroffenen lesen Worte falsch und haben Probleme, den Sinn des Gelesenen zu erfassen und wiederzugeben.

Die Legasthenie tritt im Deutschunterricht am deutlichsten hervor, behindert aber die Lernleistungen in nahezu allen Fächern, denn überall ist der Umgang mit Sprache erforderlich. Oft haben die Betroffenen auch Rechenprobleme.

Die Behandlung der Legasthenie erfordert ein systematisches Lese- und Schreibtraining. Psychologen arbeiten mit Familien mit Legasthenikern, um das private Umfeld der Kinder zu verbessern und um auf Eltern einzuwirken, ihre Kinder zu Hause zu fördern.

Leider werden viele lebendige, aktive Kinder mit der Diagnose hyperaktiv abgestempelt und erhalten von Ärzten und Eltern Beruhigungsmittel.

Liebe kann man nicht lernen, man muss sie geben.

Siebzig Jahre lernt der Mensch und stirbt unwissend
— *jüdisches Sprichwort*

Beratung oder Therapie?
Die Grenzen zwischen Beratung und Therapie sind fließend. Oft beinhaltet die psychologische oder pädagogische Beratung Teile gängiger psychotherapeutischer Methoden. Besonders die Diagnostik und die Trainingsschritte aus der Verhaltenstherapie, mit der störende Verhaltensweisen bewusst verändert werden, ist bei Lernstörungen angezeigt.
Bei Heranwachsenden ab etwa 10 bis 12 Jahren, die Probleme mit dem schulischen Lernen haben, spricht man von **Lernschwierigkeiten** statt von Lernbehinderung. Die geistige Entwicklung ist nicht gestört. In der Regel sind es Motivationsprobleme, das fehlende Interesse am Lernstoff und der Zweifel an der Nützlichkeit für das eigene Leben, was zu Arbeitsstörungen führt.
Eine psychologische Einzelfallhilfe ohne Beteiligung der Eltern ist angezeigt, wenn der Betreffende dies selbst wünscht. Beratungsstellen und Schulpsychologen bieten entsprechende Hilfe an.

Arbeitsstörungen

Ein Abiturient sucht bei einem Psychologen um Hilfe nach. Er klagt über Arbeitsstörungen. Kaum sitzt er an seinem Schreibtisch, glaubt er, gleich wieder aufstehen zu müssen, um andere Dinge zu erledigen. Er vermag sich nicht auf seine Bücher zu konzentrieren. Die Verhaltensanalyse ergibt, dass sein Arbeitsplatz mit ablenkenden Reizen übersät ist (Essbares, Computerspiele, Fotos, Zeitungen, Illustrierte).
Sitzt er am Schreibtisch, kommen sofort negative Gedanken in ihm hoch. Er denkt daran, eigentlich keine Lust zum Lernen zu haben, dass andere Dinge wichtiger sind und er den Lernstoff nicht bewältigen kann.
In der Therapie lernt der Abiturient, seine Gedanken zu kontrollieren, bewusst positiv zu denken („Ich schaffe es. Das Lernen ist anregend, denn ich erfahre Neues.") Außerdem gestaltet er seinen Arbeitsplatz neu, damit dieser eher eine Aufforderung zum Lernen enthält.

Im Allgemeinen gliedert sich die psychologische Beratung bei der Einzelfall- oder Familienhilfe in eine Befunderhebung, Anamnese genannt, eine Definition des gewünschten Zieles, der Entwicklung einzelner Lernschritte, um das störende Verhalten abzustellen, und deren Durchführung.

DER MENSCH IST DAS EINZIGE GESCHÖPF, DAS ERZOGEN WERDEN MUSS
—
IMMANUEL KANT

PÄDAGOGEN STREITEN SICH DARÜBER, OB SCHULBILDUNG DER AUSBILDUNG PRAKTISCHER FÄHIGKEITEN ODER DER PERSÖNLICHKEITSBILDUNG DIENEN SOLL. LETZTERES BRAUCHT SELBSTVERANTWORTLICHE, AUS EIGENEM INTERESSE HERAUS LERNENDE SCHÜLER.

Psychologisch-Pädagogische Beratung

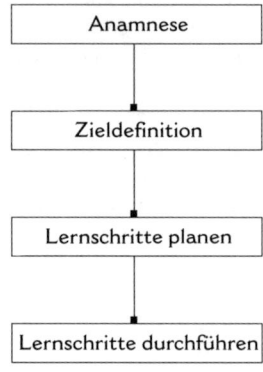

> DEN GEIST DES KIN-
> DES SICH FREI ENT-
> FALTEN LASSEN ZUM
> WAHREN, SCHÖNEN
> UND GUTEN, DAS
> IST DIE AUFGABE,
> DEREN LÖSBARKEIT
> WIR ALS PÄDAGO-
> GEN ZU BEWEISEN
> SUCHEN
> —
> BERTHOLD OTTO,
> REFORMPÄDAGOGE

Die **Anamnese** legt Art und Ausmaß der Störung fest. Zur Anamnese gehören Gespräche des Psychologen mit dem betroffenen Kind, den Eltern und Lehrern sowie oft auch die Durchführung **psychologischer Tests**. Unter Umständen konsultiert der Psychologe einen Arzt, um organische Gründe für die Störung auszuschließen.

Mit der Zieldefinition wird umrissen, inwieweit das Problemverhalten verändert werden soll. Oft ist keine völlige Beseitigung der Problematik möglich. Aus einem stark lernbehinderten Schüler wird niemals ein Klassenprimus. Es gilt, realistische Ziele anzustreben.

Um die Schwächen in verschiedenen Schulfächern abzustellen, bedarf es eines komplexen **Lernprogramms**. Es kann mit Spielen und motorischen Trainings ergänzt werden. Die Durchführung des Programms ist nicht unbedingt Sache des Psychologen, sondern obliegt Pädagogen, Motopäden (Bewegungstherapeuten) und Logopäden (Sprachtherapeuten).

> DIE BILDUNG EINES
> MENSCHEN ZEIGT
> SICH AM DEUTLICHS-
> TEN IN SEINEM VER-
> HALTEN GEGENÜBER
> UNGEBILDETEN
> —
> HANS KILIAN

Der Erfolg psychologisch-pädagogischer Trainings ist häufig unbefriedigend. Grund ist, dass im Allgemeinen eine komplexe Ursachenkette für die Probleme verantwortlich zeichnet. Hinter der Lern- und Entwicklungsstörung, mit der das Kind in der Schule auffällt, steht ein großes Bündel persönlicher und familiärer Probleme. Lernbehinderte Kinder stammen oft aus sozial schwachen Familien. Psychologen und Pädagogen können an diesem ungünstigen Umfeld wenig ändern. Um die Ursachen des Schulversagens zu beseitigen, müsste eigentlich eine neue Familie für das Kind geschaffen werden.

11.4 Psychologie an Schulen

Ein Teil der Aufgaben der schulpsychologischen Dienste erschöpft sich in Routinetätigkeiten der psychologischen Begutachtung, um festzustellen, wie es um die geistige Leistungsfähigkeit eines Kindes bestellt ist und welche Schule angemessen ist.

Schullaufbahnberatung

Die schulpsychologische Begutachtung hat, neben dem Lehrerurteil, Einfluss darauf, welche Schule für das Kind in Frage kommt. Nach der Einschulung, in den ersten Schuljahren, entscheidet sich oft schon das Schicksal des Kindes. Lernbehinderte Kinder werden von der Grundschule genommen und kommen auf die Sonderschule, wenn entsprechende Gutachten der Schulpsychologen vorliegen.

Nach der vierten und zum Teil nach der sechsten Klasse, am Ende der Orientierungsstufe, haben schulpsychologische Gutachten Einfluss auf die Möglichkeiten der Kinder, weiterführende Schulen zu besuchen. Mit zunehmendem Alter der Kinder und Jugendlichen ist schon eher eine gezielte Einzelfallhilfe der betroffenen Schüler möglich. Der Heranwachsende ist dann in der Lage, selbst Verantwortung für sein Leben zu übernehmen. Dennoch bildet eine gründliche Schullaufbahnberatung für den einzelnen Schüler seitens der Schulpsychologen eher die Ausnahme. Psychologen sind zu oft in der Rolle des „Notnagels" für Probleme und Krisen.

> DAS GEHEIMNIS DER ERZIEHUNGSKUNST IST DER RESPEKT VOR DEM SCHÜLER
> —
> RALPH WALDO EMERSON, AMERIKANISCHER PHILOSOPH

Aufklärungsprogramme

Eine weitere Aufgabe von Schulpsychologen kann die Entwicklung von Aufklärungscampagnen sein. Bevorzugte Themen sind dabei Drogen, Sexualität und Aids. Man verspricht sich von den Aufklärungscampagnen eine Veränderung im Verhalten der Jugendlichen. Doch der Erfolg dieser Programme ist zweifelhaft. Das gefährliche Verhalten der Jugendlichen lässt sich durch Mahnungen und Warnungen nicht aus der Welt schaffen. Es ist zu einem guten Teil aus der Lust am Risiko, der Aufregung des Neuen motiviert. Die Wirkung von Drogen wird zum Teil als positiv und berauschend empfunden. Mahnungen und Appelle nützen wenig.

> VGL. KAP. 10.3 ZU DEN HÄUFIGSTEN SÜCHTEN UND IHREN SYMPTOMEN

Drogenprogramme an der Schule

Nordrhein-Westfalen war das erste Bundesland, das flächendeckend ein Drogenbekämpfungsprogramm an Schulen initiierte. Das Programm „Sucht und Vorbeugung in der Schule" versuchte, Wissen, Einstellungen und Verhaltens-

> BEI ALLEN KRANKHEITEN, SÜCHTE GEHÖREN DAZU, GEHT PRÄVENTION VOR HEILUNG. DAS AUSPROBIEREN, DER REIZ AM NEUEN, STEHT BEIM JUGENDLICHEN DROGENKONSUM ZUNÄCHST IM VORDERGRUND. DER GELEGENTLICHE KONSUM LEICHTERER DROGEN (ALKOHOL, HASCH, ECSTASY) RECHTFERTIGT NOCH NICHT DIE BEWERTUNG ALS SUCHTKRANK.

> DER VERNÜNFTIGE RATIONALISIERT DIE WELT UND TUT IHR GEWALT AN. ER NEIGT ZU GRIMMIGEM ERNST. ER IST ERZIEHER
> —
> HERMANN HESSE

> ICH BILDE MIR NICHT EIN, ICH KÖNNTE ETWAS LEHREN, DIE MENSCHEN ZU BESSERN UND ZU BEKEHREN
> —
> GOETHE, FAUST

weisen zu ändern. Ziel war, Jugendliche zum Nachdenken über eigene Ziele anzuregen. Sie sollten lernen, Entscheidungen bewusster zu treffen und dem Druck Gleichaltriger zu Alkohol- und Drogenmissbrauch zu widerstehen. An vielen Schulen in NRW wurden etwa 30 Stunden Fachunterricht in der 8. Klasse für Informationen und praktische Übungen aufgewendet. Nachuntersuchungen zeigten aber, dass der Suchtmittelkonsum in Schulklassen, in denen das Programm unterrichtet wurde, genauso hoch war wie in anderen Klassen (nach OERTER & MONTADA 1995, S. 1067).

Schulaufsichtsbehörden und Schulpsychologen benötigen Fachlehrer als Verbündete, damit ihre **Präventionsprogramme** auch Eingang in den Unterricht finden. Außerhalb des normalen Curriculums sind Projektwochen erforderlich. Das findet nicht immer die Zustimmung der Fachlehrer, die schließlich „ihr" Thema unterrichten müssen.

11.5 Supervision von Lehrern

Lehrer sind vor allem in Fortbildungen und Supervisionen Klienten von Psychologen. In Fortbildungen vermitteln Psychologen bestimmte Themen an Lehrer, die sie für ihren Unterricht praktisch einsetzen können. Beliebte Themen sind Seminare zur Kommunikations- und Gruppenpsychologie und zum Aggressions- und Konfliktmanagement.

Supervision definiert sich als die aufgabenorientierte Beratung von Personen, Gruppen oder Teams mit dem Ziel, berufliche Konflikte zu bearbeiten. Es gilt für die Personen, die an Supervisionen teilnehmen, die eigene berufliche Rolle zu überdenken, Handlungsspielräume realistisch einzuschätzen, sowie die Kooperation und Kommunikation am Arbeitsplatz zu verbessern.

Ablauf Supervision

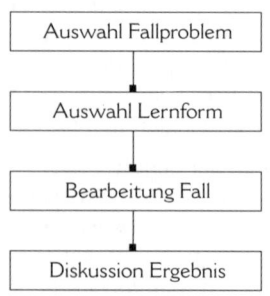

Den Supervisoren – häufig sind es Psychologen, aber auch andere Berufsgruppen kommen dabei zum Zug – obliegt die Moderation der Supervisionsgruppe. Dabei bringen sie ihr professionelles Wissen ein. Sie moderieren die Supervisionsgruppe nach psychologisch anerkannten Methoden, etwa TZI.

Bei der **Teamsupervision** nehmen die Mitglieder einer Arbeitsgruppe, in Schulen also das Lehrerkollegium, an regelmäßigen Supervisisionssitzungen teil. Das Supervisionsziel ist teilnehmerzentriert. Bei der **Organisationssupervision** wird der Supervisor von der Leitung einer Organisation, bei Schulen also das Direktorium, engagiert. Das Supervisionsziel ist einer Verbesserung von Strukturen und Abläufen in der Organisation. Supervison wird so zur Organisations- und Unternehmensberatung.

Teilnehmerzentrierung

Die Teilnehmer suchen sich Probleme und Fälle aus ihrem Berufsalltag, die sie darstellen und dann in Übungen, vor allem Rollenspielen, bearbeiten. Der Leiter wählt geeignete Übungsformen aus und moderiert den Gruppenprozess. Anschließend wird das Ergebnis der Übung gemeinsam in der Gruppe besprochen und überlegt, wie sich das Gruppenergebnis in den Berufsalltag übertragen lässt.

Supervisionsgruppen ähneln Therapiegruppen, sind aber stärker aufgabenorientiert. Dennoch finden sich in ihnen Methoden und Übungen aus der Psychotherapie, besonders den erlebnisaktivierenden Richtungen Gestalttherapie und Psychodrama.

VGL. KAP. 6.5 ZUR TZI IN GRUPPEN

RÜCKBLICKEND GLAUBE ICH, DASS BEI DEN MEISTEN VON UNS DIE NEUROSEN UNSERER LEHRER VIEL MEHR AUFMERKSAMKEIT ERREGTEN ALS DER UNTERRICHTSSTOFF
—
SIGMUND FREUD ÜBER SEINE SCHULZEIT

VGL. KAP. 10.4 ZU PSYCHODRAMA UND GESTALTTHERAPIE

12. Arbeits-, Betriebs- und Berufspsychologie

In der Wirtschaft konkurrieren Psychologen mit anderen akademischen Berufsgruppen bei der Besetzung höherer Positionen. Von der Ausbildung her sind Psychologen für Funktionen in Marketing, Marktforschung, Werbung, Personalleitung und Fortbildung qualifiziert.

Viele Arbeits- und Betriebspsychologen arbeiten in Beratungsfirmen. Sie führen in Betrieben Umfragen durch, schulen das Personal und entwickeln Vorschläge zur Verbesserung von Arbeitsabläufen. Beratungsaufgaben von Betriebspsychologen beziehen sich auf die Arbeitsplatzgestaltung, die Kommunikation und Atmosphäre in Betrieben.

Die Beratung von Auszubildenden, Arbeitnehmern und Führungskräften erfordert psychologisches Fingerspitzengefühl. Psychologen, die sich überwiegend mit Berufsberatung befassen, arbeiten zumeist für das Arbeitsamt. Sie beraten vor allem jüngere Menschen bei der Berufsfindung. Außerdem schulen sie Arbeitslose und helfen bei deren beruflicher Wiedereingliederung. Berufsberatung und Karriereplanung in der Wirtschaft findet in der Regel im Betrieb durch Personalmanager und Vorgesetzte statt.

Psychologen in der Wirtschaft heißen **Betriebspsychologen**. Sie begreifen sich zumeist nicht als Psychologen, sondern als **Trainer, Unternehmensberater** oder **Marktforscher** mit psychologischem Know-How. Theoretische Kenntnisse aus ihrem Studium können sie kaum anwenden. Zum praktischen psychologischen *Know-How* gehört Geschick in der Organisation und Durchführung von Seminaren, der Umgang mit Gruppen aller Art sowie die Entwicklung und Präsentation neuer Ideen in Marktforschung und Werbung.

Akademiker, Psychologen eingeschlossen, leiden heute wie andere Berufsgruppen unter Arbeitslosigkeit. Ein Psychologiestudium garantiert keine Karriere. Dennoch, Psychologen haben in Großbetrieben grundsätzlich die gleichen Aufstiegsmöglichkeiten wie andere Akademiker. Im Betrieb ist die Kooperation mit allen Berufsgruppen nötig. Fachwissen spielt für den beruflichen Erfolg eher eine untergeordnete Rolle. Maßgeblich für den Aufstieg im Wirtschaftsleben sind Managementfähigkeiten. Wer nach Führungspositionen strebt, muss sich durchsetzen können und über ein überzeugendes Auftreten verfügen. Ein akademisches Studium, gleichgültig welcher Fachrichtung, markiert da nur den Startpunkt.

12.1 Verbesserung von Arbeitsbedingungen

Qualifizierte Arbeitsplätze in der Industrie, ob in Büros oder im produzierenden Gewerbe, sind heute größtenteils Bildschirmarbeitsplätze. Der Computer ist das Hauptarbeitsmittel für den Kaufmann wie den Facharbeiter. Kalkulation, Steuerung des Warentransfers und Buchhaltung ist heute ohne den Computer nicht mehr denkbar. Aber auch Architekten, Ärzte und Juristen arbeiten mit Computern.

In der Industrieproduktion verwenden Designer und Ingenieure Computer, um Güter und Maschinen zu entwerfen. Facharbeiter, die in der Produktion arbeiten, stehen vor computergesteuerten Maschinen, den CNC-Werkzeugmaschinen, die vollautomatisch den Produktionsprozess lenken. Aus vielen ursprünglich handwerklichen Tätigkeiten sind Aufgaben der Planung, Kontrolle und Überwachung geworden.

Psychologen befassen sich damit, Computerarbeitsplätze in Büro und Produktion zu verbessern. Für eine Analyse von Arbeitsplätzen, mit dem Ziel einer verbesserten Gestaltung, ist eine umfangreiche Datenerhebung am Arbeitsplatz erforderlich. Der beratende Psychologe beobachtet den Arbeitsvorgang, spricht mit den arbeitenden Menschen und sammelt Daten zu folgenden Bereichen:

> JEDE WIRTSCHAFT BERUHT AUF DEM KREDITSYSTEM, DASS HEISST AUF DER IRRTÜMLICHEN ANNAHME, DER ANDERE WERDE GEPUMPTES GELD ZURÜCKZAHLEN
> —
> KURT TUCHOLSKY

> DIE MEISTEN MENSCHEN WISSEN NICHT, OB SIE ARBEITEN, UM ZU LEBEN, ODER OB SIE LEBEN, UM ZU ARBEITEN.

Arbeitsanalyse

1.	*Arbeitsplatz*	Merkmale der Arbeitsplatzgestaltung (Sitze, Beweglichkeit, Handlungskoordination)
2.	*Beteiligung*	Anteil der Beteiligung des Arbeitnehmers am Gesamtprozess (Verantwortung, Kraft)
3.	*Arbeitsmittel*	verwendete Gegenstände (Werkstoffe, Maschinen, Protokolle)
4.	*Arbeitsablauf*	Struktur und Verlauf (Hierarchie der Anweisungen, Zeitvorgaben, Fertigungsdauer)
5.	*Arbeitsumgebung*	soziales und räumliches Umfeld (Räumlichkeiten, Kontakte, Gruppen-/ Einzelarbeit)
6.	*Arbeitsbewertung*	Qualifikationsstufe (Vergütungshöhe, Leistungshöhe)
7.	*Arbeitsbelastung*	Gesundheitsgefahren (Gefährdungspotenzial, Unfallanalysen, Berufskrankheiten)
8.	*Arbeitsbedingungen*	Organisation des Arbeitstages (Schichtarbeit, Erholzeiten, Pausen, Hygiene)

> Ursprünglich sollten die technischen Erfindungen den Menschen dienen. Die technische Entwicklung hat sich verselbständigt. Heute sind wir fast zum Diener der Technik geworden.

Mensch-Maschine-System

Psychologen und Ingenieure, die Arbeitsplätze gestalten, haben es auf Grund der Computerisierung der Arbeitswelt heute häufig mit Mensch-Computer-Maschinen-Systemen zu tun. Der Mensch interagiert mit dem Computer, der die Maschine steuert, und der Maschine, die Produktion und Verarbeitung besorgt.

Arbeitsplatz als Mensch-Maschine-System

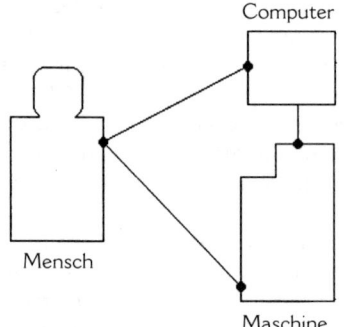

CNC-Produktion

> In der Welt wird zu viel gearbeitet, und die Überzeugung, Arbeit sei schon Tugend, richtet ungeheuren Schaden an
>
> — Bertrand Russell

Die Produktion in der Werkzeugindustrie geschieht heute überwiegend mit CNC-Menschen (CNC = Computerized Numerical Control). Die Facharbeiter, früher einmal Werkzeugmacher genannt, stehen vor Computerbildschirmen. Sie geben dem Computer ein, wie das zu bearbeitende Werkstück gefräst werden soll. Entsprechend der Programmierung geschieht die Fertigung des Werkstücks weitgehend maschinell-automatisch ohne manuelle Eingriffe. Der Facharbeiter überwacht den Fertigungsprozess und achtet darauf, dass es in der Fließbandproduktion zu keinen Stockungen oder Störungen kommt.

> Gott schuf die Welt in sechs Tagen. Erst die Menschen erfanden die Fünf-Tage-Woche
>
> — Peter Ustinov

Eine **Verbesserung der Arbeitsbedingungen** kann am Menschen oder an den technischen Vorrichtungen ansetzen. Der Mensch als Arbeitsfaktor ist durch psychologische und pädagogische Maßnahmen erreichbar: Aufklärung, Ausbildung und Fortbildung sorgen für ein verbessertes, qualifiziertes Arbeitsverhalten. Maschinen können menschengerechter gestaltet werden, wenn man weiß, welche Gefahren und Belastungen von ihnen ausgehen.

Ansatz am Menschen

Aufklärung über **Gesundheitsgefahren** und andere Risiken am Arbeitsplatz kann zu einem verantwortungsvollen Umgang mit sich selbst führen.

Der Arbeitende lernt in Seminaren zum **Gesundheitsverhalten**, auf die Signale des Körpers zu achten, wenn dieser Stress und Belastung ausgesetzt ist.
Stressursachen sind zumeist sozialer und interpersoneller Art. Äußere Einwirkungen führen zur zeitweisen Überforderung des Arbeitnehmers. Er reagiert unter Umständen mit Krankheit oder mit einer „inneren Kündigung". Man tut nur noch das Nötigste, ohne besonderes Engagement.

Quellen von Stress in der Arbeitswelt

aufgabenbedingter Stress	Schwierigkeit, Über- und Unterforderung
rollenbedingter Stress	Konflikte, Ambiguität, Rollenüberforderung
Stress aus dem Verhaltenssetting	hohe Personendichte, unklare Aufgaben, Kompetenzgerangel
Stress aus der physikalischen Umgebung	Lärm, Hitze, Chemikalien, hohes Unfallrisiko
Stress aus den interpersonalen Beziehungen	Streit, Isolation, Ausgrenzung, Vorurteile
Stress in den Personen	Faktoren, die man selbst zur Arbeit mitbringt (private Probleme, Angst)

Stressbewältigungsseminare gehören heute zum Fortbildungsangebot vieler Betriebe. Sie zielen auf Einstellungs- und Wahrnehmungsveränderungen der Person, damit diese besser mit dem Stress umgeht. Stressabbauend wirken Veränderungen in der Arbeitsorganisation, die den Betroffenen besseren Einfluss auf ihre Arbeitsbedingungen einräumen. Wer seine Arbeit selbst kontrolliert, fühlt sich weniger von außen unter Druck gesetzt. Teilautonome Gruppen, die selbstständig ihre Arbeitsziele und Arbeitsabläufe definieren, gelten heute als optimale Möglichkeit der Mitgestaltung am Arbeitsplatz.
Schulungen machen den Arbeitnehmer mit neuer Technik vertraut, sodass er sich am Arbeitsplatz nicht überfordert fühlt. Da die Technik sich immer weiter entwickelt, besonders die Hard- und Software des Computers, müssen sich Beschäftigte heute nahezu ihr ganzes Leben lang fortbilden.

Ansatz an der Maschine
Konstrukteure von Maschinen und Entwickler von Softwareprogrammen sind aufgerufen, für eine benutzerfreundliche Technik zu sorgen. **Bildschirmarbeitsplätze** müssen übersichtlich und leicht zugänglich gestaltet sein. Es gibt

---

DIE MEISTEN MENSCHEN DENKEN ERST DANN AN IHRE GESUNDHEIT, WENN SIE IHNEN UNWIEDERBRINGLICH VERLOREN GEGANGEN IST

—

SEBASTIAN KNEIPP

FREUDE AN DER ARBEIT LÄSST DAS WERK TREFFLICH GERATEN

—

ARISTOTELES

Richtwerte für den Abstand des Arbeitnehmers vom Bildschirm und den optimalen Sehwinkel.
Die Softwareindustrie hat in den letzten Jahren mit der grafischen Darstellung des Bildschirms und den zahlreichen Hilfsfunktionen, die in die Computerprogramme integriert sind, dafür gesorgt, dass auch Ungeübte sich mit neuen Programmen relativ schnell zurechtfinden.

◆ Verbesserungen in der Arbeitsplatzgestaltung dienen der Gesundheit der Beschäftigten. Entsprechende psychologische Maßnahmen setzen an technischen Geräten oder am Menschen an.

12.2 Berufsberatung

Berufsberatung hat die Aufgabe, die zum Teil unbewussten Motive des Rat Suchenden zu klären und ihm zu helfen, einen Beruf zu ergreifen, der seiner **Leistungsfähigkeit** und **Persönlichkeit** entspricht.

Klienten von Berufsberatern sind überwiegend junge Menschen, die gerade vor ihrem Schulabschluss stehen oder bereits eine Ausbildung abgeschlossen haben und keine Anstellung finden. Der Berufsberater hilft bei der Entscheidungsfindung. Er macht sich ein Bild vom Charakter und der Leistungsstärke, vor allem mittels Tests. Er unterrichtet seinen Klienten darüber, welche Berufe es überhaupt gibt und wo er den für ihn optimalen Ausbildungsplatz findet. Außerdem weist er den Ratsuchenden auf persönliche Qualifikationen hin, die im jeweiligen Berufsfeld gefordert sind. Zunächst gilt es für die Betreffenden, eine Grundsatzentscheidung hinsichtlich der Berufssparte zu fällen.

Ein Abiturient sucht Rat

Der Berufsberater fragt einen Rat suchenden Abiturienten, ob er sich Gedanken gemacht hat, welcher Bereich – kaufmännisch, industriell, handwerklich, sozial, pädagogisch oder künstlerisch-kreativ – ihn beruflich am meisten reizt. Der junge Mann berichtet, dass er gerade seinen Zivildienst im Krankenhaus absolviere und dieses Arbeitsfeld ihn durchaus anspreche. Eine Ausbildung zur Krankenpflegekraft liege ihm aber nicht. Die Tätigkeit sei zu praktisch und biete kaum Aufstiegsmöglichkeiten. Der Berater informiert ihn über andere Möglichkeiten im sozial-pflegerischen Bereich. Besonders ans Herz legt er dem Ratsuchenden Fachhochschulgänge. Sie eröffnen höher qualifizierte Tätigkeiten im sozialen Bereich, die

---

DER BERUF IST DAS RÜCKGRAT DES LEBENS
—
FRIEDRICH NIETZSCHE

DAS WICHTIGSTE IM LEBEN IST DIE WAHL EINES BERUFES. DER ZUFALL ENTSCHEIDET DARÜBER
—
BLAISE PASCAL

in der Hierachie zwar unterhalb des Arztberufes, dennoch aber deutlich über den Aufgaben eines Pflegers liegen. So sei eine weitgehend eigenverantwortliche Tätigkeit möglich, die Theorie und Praxis miteinander verbindet. Man spricht ausführlich über die Studiengänge Sozialpädagogik und Sozialarbeit sowie die Ausbildung als Logopäde an einer Fachschule.

Die gängigen Berufsfelder (sozial, pädagogisch, kaufmännisch, handwerklich und künstlerisch-kreativ) lassen sich nach Art und Ausmaß der sozialen Kontakte unterteilen. Es gibt Berufe, in denen Kontaktfreude und der geschickte Umgang mit anderen groß geschrieben wird. Dies sind **extraversive Berufe**. Wer lieber allein und zurückgezogen arbeitet, ist mit **introversiven Berufen** besser bedient.

VGL. AUCH KAP. 5.1 ZUM VERHÄLTNIS VON PERSÖNLICHKEIT UND BERUFSWAHL

Introversive und extraversive Berufsarten

Introversive Berufsarten	
Gestaltende Berufe	Der Mensch entwirft etwas allein am Computer (Ingenieur, Designer, Architekt).
Ländliche Berufe	Die Person arbeitet allein auf dem Feld (Landwirt, Hirte).
Industrielle Berufe	Der Betreffende arbeitet überwiegend allein mit einem Gerät (Facharbeiter Industrie / Chemie).
Handwerkliche Berufe	Der Betreffende bearbeitet Gegenstände, allein oder mit wenigen anderen (Tischler, Schreiner, Maurer, Gärtner).
Künstlerische Berufe	Der Mensch schafft allein ein Kunstprodukt oder Druckerzeugnis (Schriftsteller, Maler, Bildhauer, Fotograf, neue Medienberufe).
Extraversive Berufsarten	
Machtbewusste Berufe	Die Person muss sich gegenüber anderen durchsetzen (Polizist, Richter, Politiker).
Künstlerische Berufe	Das Individuum stellt sich gegenüber anderen dar (Schauspieler, Tänzer).
Helfende Berufe	Der Mensch hilft anderen Menschen (Pflegekraft, Pädagoge, Sozialarbeiter, Arzt).
Kaufmännische Berufe	Die Person spricht mit anderen, um zum Warenkauf zu animieren (Verkäufer, Vertreter).

DER WAHRE BERUF DES MENSCHEN IST, ZU SICH SELBST ZU KOMMEN
—
HERMANN HESSE

Die Unterscheidung zwischen extraversiven und introversiven Berufen lässt sich im Einzelfall nicht durchhalten. Wichtig ist auch das Beschäftigungsverhältnis (angestellt, selbstständig) und die Organisation der Arbeitsabläufe (Gruppen-

> AM SCHNELLSTEN KOMMT MAN AUF DEM STECKENPFERD DES VORGESETZTEN VORAN
> —
> RUMÄNISCHES SPRICHWORT

arbeit, Einzelarbeit). Teamfähigkeit und Kontaktfreude ist heute überall gefragt.

Fast alle Berufe bieten Aufstiegs- und Karrieremöglichkeiten. Ob es dazu kommt, hängt vom Leistungswillen und der Karrierebereitschaft des Betreffenden ab. Grundsätzlich gilt: Je weiter man in der Hierarchie eines Unternehmens aufsteigt, desto mehr geraten fachliche Kenntnisse in den Hintergrund und desto wichtiger werden zwischenmenschliche Kompetenzen.

Vom Entwicklungsingenieur zum Topmanager

Ferdinand Piech wurde 1993 Vorstandsvorsitzender des Volkswagenkonzerns. Eine ungewöhnliche Karriere, denn Piech ist von der Ausbildung her Entwicklungsingenieur und prädestiniert für das einsame Planen und Entwerfen. Mit seinem Aufstieg wechselt er von einem introversiven in einen extraversiven Beruf. Als Topmanager ist seine Aufgabe das Verhandeln und Verkaufen sowie die Darstellung des Konzerns nach außen. Techniker und Ingenieure gelangen nur selten in derartig hohe Positionen, da Wirtschafts- und Sozialwissenschaftler sowie Juristen zumeist kontaktfreudiger sind, eine Voraussetzung für Positionen in Chefetagen.

> DAS UNFREIWILLIGE HOCHHÜPFEN AUF DER KARRIERELEITER HEBT NICHT DIE LEISTUNGSFÄHIGKEIT
> —
> FERDINAND PIËCH

Beruflich erfolgreiche Menschen zeichnen sich überall durch ähnliche Eigenschaften aus, die über das rein fachliche Können hinausgehen: Kontaktstärke, Durchsetzungsfähigkeit, Flexibilität, Organisationstalent und Egoismus. Das sind **allgemeine Managementfähigkeiten**, die für Führungspositionen im wirtschaftlichen, sozialen und künstlerischen Bereich prädestinieren.

Arbeitslosenberatung

In Zeiten der Massenarbeitslosigkeit wird die Beratung und Schulung von Arbeitslosen immer mehr zu einer Aufgabe, die psychologische Kompetenz erfordert. Arbeitslose nehmen an **Trainingskursen** teil, in denen es um eine bessere Präsentation der eigenen Fähigkeiten in Bewerbungen geht. In der Beratung von Langzeitarbeitslosen wird angestrebt, dass die Betroffenen lernen, besser mit ihrer Arbeitslosigkeit umzugehen und schädlichen Langzeitfolgen (Depression, Sucht) aktiv vorzubeugen. Veränderungen in der Lebensführung, die Schaffung neuer Interessen und Hobbys können dazu beitragen, das eigene Leben auch ohne die Anerkennung durch Erwerbsarbeit als sinnvoll und positiv zu bewerten. **Umschulungen** kommen für einen Teil der Betroffenen in Frage, wenn sich dadurch die Beschäftigungs-

> WER VORWÄRTS DRÄNGT, GRÜSST SEINEN NACHBARN MIT DEN ELLENBOGEN
> —
> POLNISCHES SPRICHWORT

chancen verbessern. Die Berater sind gefordert, den Rat Suchenden neue Berufsfelder zu eröffnen und Qualifizierungsangebote zu eröffnen.

Manager sind heute zunehmend von Arbeitslosigkeit betroffen. Die **Outplacement-Beratung** von arbeitslosen Mangern zielt darauf ab, sie zu motivieren, sich weiterhin um Führungsaufgaben zu bemühen. In regelmäßigen Treffen geben sich die Manager unter fachkundiger psychologischer Anleitung gegenseitig Tipps und Unterstützung, um bald in eine Führungsposition zu gelangen.

12.3 Unternehmensberatung

Unternehmensberatungen bieten ihre Dienste an, um betriebliche Abläufe zu effektivieren und den wirtschaftlichen Erfolg eines Unternehmens zu verbessern. Psychologisch relevante Themen sind dabei die **Kommunikation** und das **Führungsverhalten** sowie eine allgemeine Verbesserung des **Betriebsklimas** und der **Zusammenarbeit**.

Anzeichen eines schlechten Betriebsklimas sind häufige Konflikte zwischen Kollegen und mit Vorgesetzten, hoher Krankenstand sowie Intrigen, auch **Mobbing** genannt. Mobbingopfer haben unter Ausgrenzungen und Schikanen durch Vorgesetzte und Kollegen zu leiden. Häufig sind versteckt ausgetragene Beziehungskonflikte die Ursache des Mobbing.

Das Betriebsklima lässt sich durch eine ganze Reihe von Maßnahmen verbessern: Schulungen und Trainings in Seminaren, Verbesserung der Informationswege im Betrieb sowie Umgestaltungen in der Arbeitsorganisation. Dies sind Maßnahmen der **Organisationsentwicklung**.

Für Programme der Organisationsentwicklung wird häufig eine externe Beratungsfirma engagiert. Die Unternehmensberatung empfiehlt nach umfangreichen Recherchen und Befragungen im Unternehmen ihrem Auftraggeber ein Maßnahmenbündel, um betriebliche Abläufe, die wirtschaftliche Effizienz wie den sozialen Umgang, zu verbessern. Die Entscheidung, welchen Empfehlungen man folgt, liegt allein beim Auftraggeber.

DER KAPITALISMUS ENTWICKELT SICH IN KRISEN: ZEITEN HOHEN ABSATZES UND ANNÄHERNDER VOLLBESCHÄFTIGUNG FOLGEN WIEDERKEHRENDE PHASEN DER REZESSION UND MASSENARBEITSLOSIGKEIT
—
FRIEDRICH ENGELS

VGL. KAP. 9.5 ZUR GRUPPENDYNAMIK VON BEZIEHUNGSKONFLIKTEN

Psychologische Unternehmensberatung

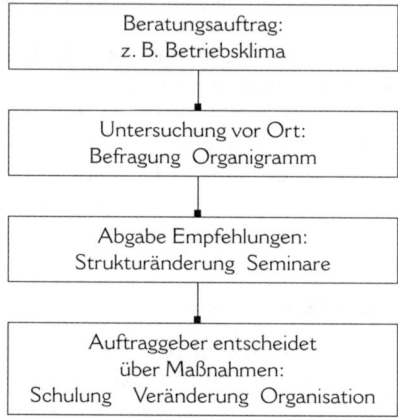

DIE ÖKONOMIE IST
IM GRUNDE EINE
WISSENSCHAFT VOM
GLÜCK
—
WOLFRAM ENGELS,
ÖKONOM

Die meisten Unternehmensberatungen konzentrieren sich auf **ökonomische Faktoren**. Sie messen betriebswirtschaftliche Kennwerte (Umsatz, Warenumschlag, Arbeitszeit u. a.) Unternehmensberatungen, die eher psychologische Dienstleistungen anbieten, kommen zum Zuge, wenn in Betrieben ein Bewusstsein für die Bedeutung psychologischer und soziologischer Faktoren für Arbeitsleistung und Arbeitserfolg herrscht.

Psychologische Faktoren sind auch für den ökonomischen Erfolg von Bedeutung, sind aber nicht so leicht zu messen wie ökonomische. Zu den psychologischen Faktoren gehört eine positive Einstellung zu den Zielen eines Unternehmens, also **Loyalität** des Angestellten gegenüber seinem Arbeitgeber. Außerdem ist die subjektiv empfundene **Arbeitszufriedenheit** der Mitarbeiter ein wichtiger Faktor für den wirtschaftlichen Erfolg eines Unternehmens. Arbeitszufriedenheit stellt sich bei den Beschäftigten ein, wenn das soziale Klima, die Kooperation und Kommunikation mit den Kollegen, als positiv erlebt und die Entlohnung als angemessen empfunden wird. Außerdem muss der Arbeitsplatz Gestaltungsmöglichkeiten, Eigenverantwortung und Aufstiegschancen bieten.

ZUFRIEDENHEIT
HÄLT EINEM SOGAR
EINE ERKÄLTUNG
VOM LEIBE
—
FRIEDRICH
NIETZSCHE

◆ Eine psychologische Unternehmensberatung legt Wert auf Veränderungen in der Organisation und der Kommunikation. Die Beratungsfirma entwickelt Konzepte zur Veränderung der Organisationsstruktur und schult bei Bedarf die Mitarbeiter.

Teamwork und Corporate Identity
Das Zusammengehörigkeitsgefühl, die gemeinsame Identität einer Firma oder einer Abteilung, bestimmt mit über den wirtschaftlichen Erfolg. Ideal ist es, wenn die Angestellten gerne miteinander arbeiten und kein Mobbing stattfindet. Spezielle Maßnahmen sorgen für die innere Corporate Identity. Sie zielen allesamt darauf ab, den Einzelnen stärker in die Entscheidungsabläufe einzugliedern und die Zusammenarbeit untereinander zu verbessern. Einige Unternehmen setzen darauf, dass auch Aktivitäten außerhalb des Arbeitsplatzes gemeinsam durchgeführt werden, um die Identifikation der Beschäftigten mit ihrer Firma zu erhöhen und das Verständnis untereinander zu fördern. Die Mitbeteiligung am Arbeitsplatz und bei Veränderungen im Arbeitsablauf, Mitsprache bei der Anschaffung neuer Geräte oder einer Neugestaltung der Arbeitsräume sowie die Schaffung von **Qualitätszirkeln** (das sind regelmäßige Besprechungsrunden) garantieren am ehesten ein gutes **Teamwork**.

Nach außen hin, gegenüber potenziellen Kunden, müssen Unternehmen als einheitlich und unverwechselbar auftreten. Programme der Corporate Identity stehen für den Versuch, eine Unternehmens-Persönlichkeit, eine Identität, zu kommunizieren. Das geschieht durch **Marketing** und **Werbung**. Leitbegriffe, Symbole und Logos sorgen für das einheitliche Erscheinungsbild eines Unternehmens. Maßnahmen der Corporate Identity können einheitliche, wiederkehrende Werbeslogans oder Werbesymbole sein, eine (weitgehend) uniforme Kleidung der Mitarbeiter oder ein ähnliches Design verschiedener Produkte. Unternehmensberatungsfirmen entwickeln entsprechende Vorschläge zur Produkt- und Werbegestaltung.

Unternehmensberatungen, die Programme der Corporate Identity entwickeln, sind häufig Werbeagenturen. Das Programm ist eine Werbemaßnahme. Sie dient dazu, ein **Markenimage** zu schaffen und hilft der Verkaufsförderung. Wenn öffentliche Institutionen Corporate-Identity-Campagnen starten, steht die Imagepflege im Dienste der Schaffung einer gemeinsamen Wir-Identität von Institution und Werbeadressat.

WICHTIGES HILFSMITTEL DES TRAININGS IST ES, DASS DEM MENSCHEN DIE BEDEUTUNG DES GEMEINSCHAFTSGEFÜHLS BEWUSST WERDE, ALS DIE DEM MENSCHEN ANGEMESSENE FORM DES STREBENS NACH VOLLKOMMENHEIT
—
ALFRED ADLER

VGL. AUCH KAP. 9.3: LEBEN UND REDEN IN GRUPPEN

> Das Image ist ein Massanzug, den man sich nach den Massen der öffentlichen Meinung anfertigen lässt
> —
> Siegfried Lenz

Öffentliche Verbreitung eines Image

Besonders nach Regierungswechseln und einem vermeintlich schlechten Ansehen in der Öffentlichkeit dienen Corporate-Identity-Programme von Regierungen dazu, ein neues Image aufzubauen und für ein Gemeinschaftsgefühl aller Einwohner zu sorgen. So startete das Bundesland Hessen Ende der Achtzigerjahre, nachdem erstmalig eine rot-grüne Regierung an die Macht gekommen war, eine Anzeigencampagne mit dem Motto: „Hessen – wer Erfolg sucht, kommt zu uns." Unter diesem Slogan wurde über verschiedene Forschungs- und Industrieprojekte und Neuansiedlungen von Technikunternehmen in ganzseitigen Anzeigen berichtet. Die Botschaft war klar: Bevölkerung und potenziellen Investoren sollte deutlich werden, dass die neue Regierung, trotz der Beteiligung der Grünen, weiterhin einen industriefreundlichen Kurs steuert. Man kämpfte gegen das Negativ-Image, eine angeblich die Wirtschaft gefährdende Politik zu betreiben.

Maßnahmen der Corporate Identity sollen Identität und Gemeinschaft stiften. Sie richten sich nach Innen, an die Mitarbeiter eines Unternehmens, und nach außen, an die Kunden.

13. Marktforschung und Werbung

In der Marktwirtschaft entscheidet der Absatz der Produkte über den Erfolg eines Unternehmens. Marktforschung und Werbung sorgen dafür, die Akzeptanz der Produkte beim Konsumenten zu erhöhen und die Nachfrage anzukurbeln. Die Marktforschung befasst sich mit dem **Konsumentenverhalten**, die Werbung mit der **Beeinflussung der Konsumenten**.

Marktforschung ist zum Großteil **Wirkungsforschung**. Man beobachtet und zählt, wie oft bestimmte Produkte gekauft oder genutzt werden. Man misst Warenströme, Besucherfrequenzen und Einschaltquoten. Die Produkte, Angebote und Dienstleistungen sind bereits auf dem Markt und ihre Beliebtheit wird untersucht.

Ein kleiner Teil der Marktforschung ist **Einstellungsforschung**. Dabei wird die Akzeptanz und die Wertschätzung von Gütern ermittelt – oft bevor sie auf den Markt kommen. Lohnt es sich überhaupt, ein neues Produkt auf den Markt zu bringen und eine größere Kampagne zu starten? Der psychologische Aspekt der Marktforschung ist in der Einstellungsforschung wichtiger als in der Wirkungsforschung. Bei letzterer reicht eine quantitative Bestimmung des Kauf- und Nutzungsverhaltens. Bei der Einstellungsforschung sind dagegen persönliche Urteile und Bewertungen der Produkte gefragt.

Alle Branchen führen Marktforschungsstudien durch. Untersucht wird nicht nur das Konsumverhalten, sondern auch das Freizeitverhalten. Mediennutzung und Reisen sind Säulen unserer Freizeitkultur. Kein Wunder, dass besonders Reise- und Tourismusunternehmen sowie die Medienbranche umfangreiche Untersuchungen starten. Ein anderer großer Bereich ist die **Meinungsforschung**. Parteien, Verbände und Medien beauftragen regelmäßig Marktforschungsinstitute, die Verteilung der Wählergunst zu untersuchen

Werbung ist darauf ausgerichtet, das Interesse der Bürger auf Produkte zu richten und ihr Konsum-, Wahl- und Freizeitverhalten zu beeinflussen. Dazu werden oft große **Werbekampagnen** gestartet. Anzeigen übermitteln eine bestimmte Werbebotschaft. Die Botschaft beinhaltet Informationen, Slogans und Symbole. Sie enthalten teils versteckte, unterschwellige Appelle an Motive und Bedürfnisse der Kunden. Der Erfolg von Werbemaßnahmen ist in erster Linie abhängig von der Reichweite einer Kampagne. Man wirbt in Medien, die viele Menschen erreichen. Die Gestaltung der Anzeigen bestimmen Werbeagenturen. Inhaltlich sind Anzeigen und Spots so aufgebaut, dass sie ein bestimmtes Image des Produkts, für das geworben wird, schaffen. Psychologisches Fachwissen aus den Bereichen Wahrnehmung und Kommunikation ist dabei von untergeordneter Bedeutung. Eher zählen fantasiereiche Optik, Ideenreichtum und Formulierungswitz. Soweit Psychologen überhaupt in der Werbebranche tätig sind, üben sie häufig beratende Funktionen aus.

13.1 Psychologische Marktforschung

Konsum ist Therapie

—

Wolfgang Joop

Konsum-, Nutzungs- und Kaufentscheidungen hängen nur zu einem Teil von Marktforschung und Werbung ab.

Aspekte bei Konsumentscheidungen

Persönliche Faktoren	unbewusste und bewusste Bedürfnisse Gewohnheiten, Hobbys und Interessen soziologischer Status: Alter, Beruf, Geschlecht Erfahrungen mit diesem und vergleichbaren Produkten
Faktoren auf Produktseite	Nützlichkeit und Wichtigkeit für das tägliche Leben Preis im Vergleich zu anderen Angeboten Werbemaßnahmen und allgemeines Produktimage Produktqualität im Urteil anderer und im eigenen Urteil

Die Wirkung von Produkten auf Menschen ist nur schwer abzuschätzen. Man geht in der Marktforschung davon aus, dass eine hohe Käuferzahl mit Akzeptanz und Sympathie für das Produkt einhergeht. Dies kann aber auch der Effekt einer geschickten **Werbekampagne** sein. Nicht das Produkt, sondern die Werbung hat dann über Nutzerverhalten und Kaufentscheidung entschieden.

Marktforschung arbeitet mit den Methoden der empirischen Sozialforschung. Die meisten der in Kap. 3 dargestellten Verfahren finden Verwendung in der Marktforschung, allen voran die Befragung.

Umfragen in der Marktforschung

Fast alle Branchen und Organisationen führen Umfragen in der Bevölkerung durch, um die Akzeptanz ihrer Produkte abzuschätzen. Dies geschieht mit schriftlichen oder telefonischen Befragungen, zum Teil auch mit direkter Ansprache auf der Straße, im Büro oder vor der Wohnungstür.

Als Instrument der Absatzpolitik bedienen sich vor allem Firmen und Institutionen der Marktforschung, die mit ihrem Angebot große Menschenmengen ansprechen und sich auf einem hart umkämpften Markt behaupten müssen. Bei kleinen, spezialisierten Märkten mit fest umrissenen Zielgruppen und wenigen Wettbewerbern spielt Marktforschung weit weniger eine Rolle. Auch ohne Umfragen finden die Güter den Weg zum Kunden.

Kleine, spezialisierte Märkte eröffnen sich zum Beispiel für Agrarhersteller oder Werkzeugbetriebe. Sie betreiben kaum Marktforschung. Großen Märkten mit einem weitumspannenden, wechselnden Käuferfeld sehen sich dagegen die Freizeit-/Tourismusindustrie und Medienkonzerne gegenüber. Sie vergeben deshalb viele Aufträge an Marktforschungsinstitute.

Medienforschung

Bei der Mediennutzung entscheidet oft allein die **Nutzerfrequenz** über Erfolg und Zukunft der Medien. Ein wichtiger Auftraggeber für Marktforschungsstudien ist das Fernsehen.

Einschaltquoten im Fernsehen

Alle Sendeanstalten beauftragen Marktforschungsinstitute mit der Ermittlung von Einschaltquoten. Die Institute haben eine Auswahl privater Haushalte mit einem Decoder ausgestattet, der angibt, welches Programm die Nutzer gerade sehen. Welchen Sendeplatz eine Sendung erhält und ob sie sogar aus dem Programm genommen wird, hängt in erster Linie von der zu erwartenden Quote ab. Private Fernsehanbieter sind zudem von Werbeeinnahmen abhängig. Zahlungskräftige Werbekunden wenden sich ab, falls ihre Werbung zu einem Zeitpunkt mit niedriger Einschaltquote ausgestrahlt wird.

Eine differenzierte Betrachtung der Medienwirkung, die über die Registrierung von Nutzerzahlen hinausgeht, ist mit Experimenten möglich. Man legt Versuchspersonen verschiedene Filme, Szenenfolgen, Radiosequenzen oder Illustriertenbilder vor und bittet sie, ein inhaltlich begründetes, psychologisches Urteil darüber abzugeben. Dies geschieht in der Medienforschung oft in **Gruppendiskussionen**. Auf diese Weise wird genauer als mit reinen Nutzerzahlen bestimmt, was wie und warum beim Medienkonsumenten ankommt.

Sympathie für Radiospots

Eine Werbeagentur hat verschiedene Radiospots für ein Produkt entwickelt. Bevor ein Spot gesendet wird, möchte sie wissen, welcher am besten beim Publikum ankommt. Die Werbespots unterscheiden sich hinsichtlich der Sprecher, der Musikeinspielungen und der gesprochenen Texte. Ein Marktforschungsinstitut führt mehrere Gruppendiskussionen mit jeweils sechs Personen durch. Sie sollen einschätzen, welche Spots am sympathischsten wirken. Die Teilnehmer der Diskussionsrunden machen Angaben zur Seriösität der Texte, zur emotionalen Qualität der Musik, zum Klang der Sprecherstimme, zur Einprägbarkeit des Gesagten und zum Aufforderungscharakter der Spots im Ganzen.

> BILDUNG KOMMT NATÜRLICH VON BILDSCHIRM UND NICHT VON BUCH, SONST HIESSE ES JA BUCHUNG
>
> — DIETER HILDEBRANDT

> SOLANGE UNS DAS FERNSEHEN NOCH BLÖDER MACHEN KANN, IST DIE UNTERSTE STUFE NOCH NICHT ERREICHT
>
> — HELMUT SCHMIDT

> MAN MUSS BEDÜRFNISSE SCHAFFEN, STATT SIE ZU BEDIENEN
>
> — ROGER WILLEMSEN, FERNSEHMODERATOR

> Marktforschung konzentriert sich auf ökonomische Fragen (Käuferzahl, Nutzerzahl). Die Psychologie der Konsumenten (Motive, Interessen, Einstellungen) gerät selten ins Blickfeld.

> DER WAHRE HERRSCHER DER WELT IST DIE WERBUNG
> —
> GERD GEERKEN, UNTERNEHMENSBERATER

13.2 Werbeerfolg

Der psychologische Werbeerfolg bemisst sich am Ausmaß der positiven Beeinflussung potenzieller Käufer im Sinne der Werbebotschaft. Es ist das Ziel der Werbemaßnahmen, die Adressaten der Werbung, die Zielgruppen, zu erreichen und zu beeinflussen. Bei ihnen wird eine **Einstellungsänderung** gegenüber dem beworbenen Gut gewünscht. Sie sollen das in Rede stehende Produkt – das kann auch eine Firma, Organisation oder Person sein – besser beurteilen als zuvor oder es häufiger nutzen bzw. kaufen.

Will man den Werbeerfolg genauer bestimmen, kann dies im Vorhinein als **Prognose** oder im Nachhinein als **Erfolgskontrolle** geschehen.

Überprüfung des Werbeerfolgs

Messung des Werbeerfolgs durch

Pretests (Vortests)		Posttests (Nachtests)	
Vorhersage: Werbewirkung psychologisch	Vorhersage: Werbeerfolg ökonomisch	Kontrolle: Werbewirkung psychologisch	Kontrolle: Werbeerfolg ökonomisch

> OHNE WERBUNG KÄME DER KONSUMENT WOMÖGLICH NOCH AUF DIE IDEE, SICH SELBST ZU ENTSCHEIDEN
> —
> MARIA VON WELSER, FERNSEHMODERATORIN

Nachtests kommen oft ohne besondere psychologische Untersuchungen zur Werbewirkung aus, da gestiegene Absatzzahlen für sich sprechen. Fällt die Steigerung des Absatzes in den Zeitraum der Werbecampagnen oder unmittelbar danach, wird immer von einer positiven Wirkung der Werbemaßnahmen ausgegangen. Man beschränkt sich auf die Messung ökonomischer Faktoren, ohne die Kundenpsychologie, etwa gestiegene Sympathie oder ein besseres Qualitätsurteil über ein Produkt, genauer zu erheben.

Anders verhält es sich bei Vortests. Hier wird in Experimenten, Befragungen und Beobachtungen die Bewertung der Werbemaßnahmen, der Anzeigen und Spots, genauer untersucht. Danach erst beginnen die Anzeigenkampagnen.

Werbemittel

Marktforschungsinstitute legen vor dem Start von Kampagnen Personen probeweise die entwickelten **Werbemittel** vor. Werbemittel sind Anzeigen, Werbeklip, Radiospots, Prospekte, Dekorationen, Plakate oder auch das Design von Verpackungen.

Von Werbemitteln sind die **Werbeträger** zu unterscheiden. Werbeträger sind die Transporteure der Werbemittel. Das sind in erster Linie **Medien** (Zeitungen, Illustrierte, Bücher, Fernsehen, Rundfunk, Kino, Schaufenster und Litfaßsäulen). Die Wahl der Medien, in denen geworben wird, ist ebenso wichtig wie die Gestaltung der Werbeträger. Vom Medium hängt die **Reichweite** der Werbekampagne ab. Bestimmte Medien werden von unterschiedlichen Zielgruppen genutzt.

> DIE GENUGTUUNG LIEGT IN DER MÜHE, SEIN ZIEL ZU ERREICHEN, NICHT IM ERREICHEN SELBST
> —
> MAHATMA GANDHI

Zielgruppen

Ein bestimmtes Werbemittel wirkt auf die Adressaten unterschiedlich. Es soll in der Regel auch nicht die gesamte Bevölkerung ansprechen, sondern einen Teil davon, die Zielgruppe. Die Zielgruppe kann vorher feststehen oder von Auftraggeber und Werbeagentur definiert werden. Sie liegt ohne Zutun der Werbung fest, wenn die Motivation, ein bestimmtes Produkt zu nutzen, eindeutig von Verhaltensstilen abhängt.

Lebensstil Raucher

Die Zigarettenwerbung richtet sich an eine fest umrissene Zielgruppe, die Raucher. Die große Gruppe der Nichtraucher bleibt außen vor. Die Werbekampagnen der Zigarettenindustrie hatten in den letzten Jahrzehnten einen messbaren Einfluss auf das Konsumverhalten der Raucher. Die Marktanteile der verschiedenen Zigarettenmarken haben sich permanent verändert. Vor zwanzig Jahren lagen ganz andere Marken in der Gunst vorne als heute. Neue Konsumenten hat man dagegen nicht gewonnen. Der Anteil der Nichtraucher ist in den letzten Jahren sogar leicht gestiegen. Ob jemand raucht oder nicht, ist eine grundsätzliche Frage der persönlichen Lebensweise, die die Werbung nicht berührt.

> ÜBRIGENS IST GEGEN DAS RAUCHEN KEIN KRAUT GEWACHSEN
> —
> WOLFGANG MOCKER, DEUTSCHER APHORISTIKER

Auch bei Ansprache der ganzen Bevölkerung werden Zielgruppen festgelegt, um spezielle Werbeformen und Werbeträger zu entwerfen, die Lebensgefühl und Motive der Zielgruppe thematisieren. Die Zielgruppen werden zumeist nach allgemeinen soziologischen Indikatoren definiert (Alter, Beruf, Einkommen, Familienstand). Es kann aber auch sein, dass mittels Marktforschung zum Konsumverhalten erst Zielgruppen für das eigene Produkt aus dem Gesamt der Bevölkerung herausgearbeitet werden.

Zielgruppenspezifische Wahlwerbung

> JE MEHR FLÜGEL EINE PARTEI HAT, DESTO WENIGER KOMMT SIE VOM FLECK
> —
> HANS APEL, DEUTSCHER POLITIKER

Politische Parteien wollen die gesamte Bevölkerung erreichen. Personen unterschiedlichen Alters haben unterschiedliche Lebensstile, variierenden Geschmack, andere Konsumgewohnheiten und Freizeitinteressen. Die Parteien entwickeln unterschiedliche Werbemittel und werben in diversen Werbeträgern, um Zielgruppen unterschiedlichen Alters und verschiedene Berufsgruppen anzusprechen. Es unterscheiden sich die Bilder, die Texte und das farbliche Design der Werbeträger. Junge Leute sind zum Beispiel eine besondere Gruppe. Entsprechende Anzeigen der Parteien zeigen gerne junge Menschen und thematisieren Jugendprobleme, etwa Fragen der Ausbildung. Nicht mehr im Erwerbsleben stehende Personen sind ebenso im Visier der Parteien. An sie richten sich Anzeigen mit fröhlichen Alten, oft mit einem Satz zur Rentensicherheit garniert.

Werbung richtet sich an verschiedene Zielgruppen. Die Psychologie der Zielgruppe ist wichtig für die Gestaltung von Werbeträger und Werbemittel.

13.3 Werbebotschaften und Werbewirkung

> WERBUNG IST KEINE ERFINDUNG DES KAPITALISMUS. IM ALTEN GRIECHENLAND HABEN KAUFLEUTE GEWORBEN, INDEM SIE WERBESPRÜCHE VON LEICHT GESCHÜRZTEN MÄDCHEN IN DEN SAND DES STRANDES TRETEN LIESSEN.

Werbung wirkt nicht eindimensional. Noch so ausgefeilte Werbeträger können sowohl Zustimmung als auch Ablehnung bei Adressaten hervorrufen. Werbung transportiert über das **Werbemittel** eine **Botschaft** an die Zielgruppe. Die Botschaft enthält – die bereits im Kap. 6.1 besprochenen – vier Seiten einer Nachricht: Sachinhalt, Selbstoffenbarung, Beziehung und Appell.

Kommunikationsmodell der Werbung

Gestaltung von Inhalt und Appell
Bei der Gestaltung der Werbung liegen Beziehungs- und

Selbstoffenbarungsebene vorher fest. Die Beziehung auf Warenmärkten ist eindeutig: Anbieter und Konsument stehen sich gegenüber.

Sachinformation und **Selbstoffenbarung** fallen zusammen und werden im Werbemittel ausgedrückt: Anzeigen und Spots enthalten Aussagen über das Produkt und / oder seinen Hersteller. Der **offene Appell** richtet sich an die **Motive** und Bedürfnisse des Konsumenten: Kauf mich, um deine Bedürfnisse zu befriedigen. Auf der Sachseite steht die **Präsentation** eines Produkts im Vordergrund. Dazu gehört ein bestimmtes **Produktimage**. Dieses schafft beim potenziellen Käufer Bilder und Assoziationen, die er mit dem Konsum des jeweiligen Produkts verbindet. Die subjektiven Assoziationen motivieren zur Kaufentscheidung.

> IM KAPITALISMUS WIRD ALLES ZUR WARE
> —
> KARL MARX

Assoziationen der Zigarettenwerbung

Die Zigarettenwerbung arbeitet häufig mit dem Bild des einsamen Cowboys. Kauf und Genuss der Zigarette sollen dem Konsumenten, so die entsprechende Assoziation, ein Gefühl von Freiheit und Abenteuer vermitteln. Nachdem im letzten Jahrzehnt diese Idee immer weniger zog und der Zigarettenkonsum zurückging, entschloss sich eine Marke mit viel Erfolg für eine andere Imagekampagne. In ihrer Werbung wurde die Begegnung zwischen sehr unterschiedlichen, teils extravaganten Menschentypen dargestellt. Der Konsum der Zigarette, so die Botschaft, stiftet Verbindungen zwischen Menschen. Der Erfolg gab der Kampagne recht.

Werbeappell

Die menschlichen Grundbedürfnisse nach Essen, Kontakt, Gesundheit, Sicherheit, sexueller Lust und Ich-Erhöhung knüpft der Hersteller mittels **Symbolen** an sein Produkt.

> DIE BEDÜRFNISPYRAMIDE VON MASLOW (VGL. KAP. 6.2) LIEFERT DER WERBEBRANCHE EINE GUTE SYSTEMATIK FÜR DIE GESTALTUNG IHRER BOTSCHAFTEN.

Symbolik als Appell

Versicherungen werben gerne mit Bildern von Haus und Familie, um an das Sicherheitsbedürfnis zu appellieren. Sexuelle Reize, besonders leichtbekleidete Frauen, haben in der Auto- und Motorradwerbung ihren festen Platz. Man appelliert an das männliche Ego und die Sexualität. Die Bierwerbung arbeitet gerne mit Bildern, in denen es zu Begegnungen zwischen Menschen kommt. Appelliert wird an das Bedürfnis nach Zuwendung und Kontakt.

Das **Image** eines Produkts knüpft sich in der Regel an **Symbole**, mit denen man wirbt. Bei der klassischen Zigarettenwerbung war dies der Cowboy, der Abenteurertum und Freiheit symbolisierte. Die Werbewirtschaft richtet sich bei

> EIN WERBESPRUCH EINER BEKANNTEN MINERALÖLFIRMA LAUTETE: „PACK DEN TIGER IN DEINEN TANK!" DEUTLICHER KONNTE IN DER BENZINWERBUNG WOHL KAUM AN DIE MÄNNLICHE AGGRESSIVITÄT APPELLIERT WERDEN.

> Den Reiz des Verbotenen kann man nur auskosten, wenn man es sofort tut – morgen ist es vielleicht schon erlaubt
> —
> Jean Genet

der Auswahl der Symbole nach dem, was vermeintlich an Reizlust und Grundmotiven im Menschen vorhanden ist. An diese appelliert sie mit der Kampagne. Der Appell erfolgt in der Regel indirekt oder versteckt. Er wird nicht direkt ausgesprochen, sondern durch die auf dem Werbeträger abgebildeten Symbole assoziiert. Produkt und bildliche Symbolik müssen so angeordnet werden, dass sie für den Betrachter eine unauflösliche Einheit bilden. Ihm wird suggeriert, dass er mit dem Konsum des jeweiligen Produkts gleichzeitig sein Grundbedürfnis erfüllt, obwohl es sich häufig nur um Ersatzbefriedigungen handelt.

Ersatzbefriedigung

Die angesprochenen Symbole der Versicherungs-, Auto- und Bierwerbungen arbeiten mit Ersatzbefriedigungen und lenken von der Realität ab. Wer sich versichert, lebt nicht sicherer als andere und ist nicht vor Unfällen und Krankheiten gefeit. Wer ein neues Auto kauft, verbessert deshalb noch lange nicht seine Chancen bei Frauen. Und vehemente Biertrinker lernen nicht automatisch nette Menschen kennen.

Werbewirkung

Als Grundregel für die Gestaltung der Werbeträger und die Form der Werbecampagnen gilt, um Wirkung beim Konsumenten zu erzielen, das **AIDA-Modell**. Es besteht aus vier Komponenten. Diese vier Faktoren sollen die Kundenpsyche optimal ansprechen.

AIDA-Modell der Werbewirkung

A	für *„attention"* – Aufmerksamkeit
I	für *„interest"* – Interesse
D	für *„desire"* – Wunsch, Verlangen
A	für *„action"* – Handlung

> Gerne wird in Werbeslogans auch an die Individualität des Käufers appelliert. Mit Erwerb oder Konsum des Produkts hebe man sich, so die Botschaft, von der Masse ab. Entsprechende Sprüche lauten „der besondere Weg, das etwas andere Vergnügen" u. a.

Werbemittel müssen demzufolge so gestaltet sein, dass sie die Neugier der Konsumenten wecken, das Verlangen nach dem Produkt erhöhen und zur Handlung, dem Kauf, führen. Ungewöhnliche, bizarre und witzige Kampagnen versprechen heute den größten Neugiererfolg. Bei Produkten, die bereits ein bewährtes **Image** haben und gut am Markt platziert ist, setzen Werbestrategen dagegen eher auf Wiedererkennungseffekte.
Sie handeln nach den MAYA-Prinzip, um die optimale Balance neu – vertraut einzuhalten:

M	für „*most*" – soweit wie möglich
A	für „*advanced*" – neuartig
Y	für „*yet*" – dennoch
A	für „*acceptable*" – zu akzeptieren

Wahrnehmung des Werbemittels

Anzeigen, das immer noch wichtigste Werbemittel, bestehen aus Illustrationen (Grafiken oder Fotos) und Texten. Sie richten sich an den optischen Sinn der Zielgruppe. Anzeigen bedürfen klarer optischer Strukturierung. **Botschaft** und **Appell** müssen prägnant ins Auge springen.

Hier spielt die räumliche Anordnung von Text und Bild, die Platzierung, eine bedeutende Rolle. Das menschliche **Bewusstsein** strukturiert die **Wahrnehmung** der Anzeige. Es gilt, den subjektiven Strukturierungsprozessen bei der Gestaltung des Werbemittels entgegenzukommen.

VGL. KAP. 7.2 ZU STRUKTURIERUNGSVORGÄNGEN IN DER WAHRNEHMUNG

Eine einfache Strukturbildung besteht in der Unterscheidung von Figur und Hintergrund. Text und Illustration können beide zum Vorder- wie Hintergrund werden. Es lässt sich mit psychologischen Experimenten überprüfen, was die Aufmerksamkeit des Betrachters gewinnt und zum Vordergrund wird.

Anordnung von Text (T) und Illustration (I)

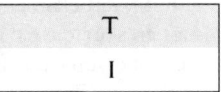

WERBEMITTEL, TEXT UND ILLUSTRATION SOLLEN DEN APPETIT DES BETRACHTERS ANREGEN.

Experimente zum Wiedererkennungseffekt

Bei Anzeigen wird der Vordergrund grundsätzlich besser behalten als der Hintergrund. Geht man davon aus, dass Dauer und Reihenfolge der Fixierung (zuerst Text oder Bild) über Vorder- und Hintergrund entscheiden, wird im obigen Beispiel der rechtsseitig angeordnete Text eher zum Vordergrund als der linksseitige. Beim unteren Beispiel springt dem Betrachter der oberhalb des Bildes stehende Text ins Auge (nach MOSER 1990, S. 165).

> QUALITÄT BEDEU-
> TET, DASS DER
> KUNDE UND NICHT
> DIE WARE ZURÜCK-
> KOMMT
>
> —
>
> HERMANN TIETZ,
> BEGRÜNDER EINER
> GROSSEN KAUFHAUS-
> KETTE

Werbung mit und für Personen

Personen haben vermittelnde Funktionen in Anzeigen und Werbespots. Zu unterscheiden ist, ob sie für sich selbst bzw. ihre Organisation oder Firma werben oder für etwas anderes, eine Marke oder ein Produkt. Wahlwerbung ist ein Beispiel dafür, dass Personen für sich selbst werben
Bei Werbung für Konsumprodukte verhält es sich anders. Eine Person kann als **Symbol** die Bedürfnisse des Kunden repräsentieren. Von der Motorradwerbung, die mit leichtbekleideten Mädchen auf männliche Bedürfnisse von Macht und Sexualität zielt, war schon die Rede. Bei der Werbung für Kleidung haben die abgebildeten Personen zumeist die Funktion der **Präsentation**. Gut anzuschauende Modelle tragen die Kollektion. Damit ist kein Appell verbunden. Wenn bekannte Persönlichkeiten für etwas werben, kann die abgebildete Person auch die Rolle eines **Vorbildes** übernehmen. Dem Kunden wird suggeriert, dass er mit dem Kauf der Ware der Person ähnlich wird.

Public Relations

Werbung dient dazu, Öffentlichkeit herzustellen, den eigenen Namen bekannt zu machen. Viele Werbemaßnahmen sind kaum von Öffentlichkeitsarbeit, den Publicrelations, zu trennen. Im Unterschied zu den klassischen Kampagnen zielen Publicrelations nicht direkt auf Konsumentscheidungen und spezielle Zielgruppen. Sie dienen in erster Linie der Selbstdarstellung von Unternehmen und Verbänden. Neben der **Pressearbeit** gewinnt das **Sponsoring** von Kultur, Sport und Sozialarbeit immer mehr an Bedeutung.

> TUE GUTES UND
> SORGE DAFÜR, DASS
> DARÜBER GE-
> SPROCHEN WIRD
>
> —
>
> SPRUCH UNTER
> WERBEFACHLEUTEN

Reichweite der Werbung

Es gilt heute, mit Werbekampagnen und Publicrelations in Medien präsent zu sein, die ein breites Publikum erreichen. Fernsehen, Kino und auflagenstarke Zeitungen versprechen die größte Reichweite. Tragende Teile der Kampagnen sind neben der Reichweite das durch den Werbeträger aufgebaute positive **Image** und das Funktionieren der **Symbole** als **Appell** an die Bedürfnisse des Kunden.

Werbewirkungsfaktoren

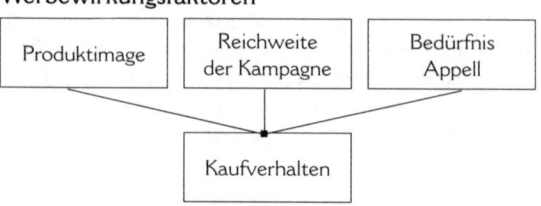

Literatur

Bandler, Richard (1992): Veränderung des subjektiven Erlebens. Fortgeschrittene Methoden des NLP. Paderborn: Junfermann.
Benesch, Hellmuth (1992): Anwendungsfelder der Psychologie. Weinheim: Psychologie-Verlags-Union.
Bühler, Karl (1966): Die Krise der Psychologie. 3., unveränderte Auflage. Stuttgart: Fischer (Erstausgabe 1927).
Carnegie, Dale (1998): Sorge dich nicht, lebe. 83. Auflage. München: Scherz (Erstausgabe auf Englisch 1944).
Cohn, Ruth (1996): Von der Psychoanalyse zur Themenzentrierten Interaktion. 13. Auflage. Stuttgart: Klett (Erstausgabe 1975).
Csikszentmihalyi, Mihalyi (1998): Flow. Das Geheimnis des Glücks. 6. Auflage. Stuttgart: Klett (Erstausgabe auf Englisch 1990).
Denzler, Petra u. a. (1989): Demenz im Alter. Pathologie, Diagnostik, Therapieansätze. Weinheim: Beltz.
Fallada, Hans (1995): Der Trinker. Sonderausgabe. Berlin: Aufbau (Erstausgabe 1953).
Freud, Sigmund (1991): Die Traumdeutung. Neue Taschenbuchausgabe. Frankfurt am Main: Fischer (Erstausgabe 1900).
Freud, Simund (1994) Das Unbehagen an der Kultur. Neue Taschenbuchausgabe. Frankfurt am Main: Fischer (Erstuasgabe 1930).
Fromm, Erich (1996): Märchen, Mythen, Träume. Neue Taschenbuchausgabe. Reinbek: Rowohlt (Erstausgabe auf Englisch 1951).
Goleman, Daniel (1998): Emotionale Intelligenz. 5. Auflage, Taschenbuchausgabe. München: DTV (Erstausgabe auf Englisch 1995).
Hell, Daniel (1994): Welchen Sinn macht Depression? Ein integrativer Ansatz. Taschenbuchausgabe Reinbek:Rowohlt (Erstausgabe 1992).
Hoffmann-Riem, Christa (1984): Das adoptierte Kind. Familienleben mit doppelter Elternschaft. München: Fink.
Kisch, Egon Erwin (1990): Der rasende Reporter. Gesammelte Reportagen. Neudruck. Berlin: Aufbau-Verlag (Erstausgabe 1924).
König, Karl (1995): Kleine psychoanalytische Charakterkunde. 4. Auflage. Göttingen: Vandenhoeck & Ruprecht (Erstausgabe 1991).
Kraiker, Christoph, Peter, Burkhard (Hg.) (1994): Psychotherapieführer. 4, unveränderte Auflage. München: Beck (Erstausgabe 1983).
Maslow, Abraham (1981): Motivation und Persönlichkeit. Deutsche Taschenbuchausgabe. Reinbek: Rowohlt. (Erstausgabe auf Englisch 1954).
Moser, Klaus (1990) Werbepsychologie. Eine Einführung. München: Psychologie-Verlags-Union.
Oerter, Rolf, Montada, Leo (Hg.) (1998): Entwicklungspsychologie. Ein Lehrbuch. 4., korrigierte Auflage. München: Psychologie-Verlags-Union (Erstausgabe 1982).
Piaget Jean (1981): Das Weltbild des Kindes. Dt. Neuausgabe. Neue Taschenbuchausgabe. Frankfurt am Main: Ullstein. (Originalausgabe auf Französisch, 1926).
Piaget, Jean (1975): Der Aufbau der Wirklichkeit beim Kinde. Stuttgart: Klett. (Gesammelte Werke, Band 2) (Erstausgabe auf Französisch 1937).
Schorr, Angela (1991): Psychologen im Beruf. Qualifikationsmerkmale, Tätigkeitsfelder, Perspektiven. Bonn: Deutscher-Psychologen-Verlag.
Schulz v. Thun (1981): Miteinander reden. Störungen und Klärungen. Reinbek: Rowohlt.

Stevenson, Robert Louis (1996): Dr. Jekyll und Mr. Hyde. Deutsche Neuausgabe. Zürich: Diogenes (Erstausgabe auf Englisch 1886).
Straub, Jürgen (1997): Gedächtnis. In: J. Straub, W. Kempf, H. Werbik: Psychologie – Eine Einführung. München: dtv.
Stroebe, Wolfgang, Hewstone, Miles, Codol, Jean Paul, Stephenson, Geoffrey (1997): Sozialpsychologie. Eine Einführung. 3. Auflage. Berlin und Heidelberg: Springer (Erstausgabe 1992).
Tausch, Reinhard, Tausch, Annemarie (1998): Erziehungspsychologie. 11., korrigierte Auflage. Göttingen: Hogrefe (Erstausgabe 1971).
Tölle, Rainer (1998): Psychiatrie, einschließlich Psychotherapie. 11., überarbeitete und ergänzte Auflage. Berlin und Heidelberg: Springer (Erstausgabe 1971).
Vollmers, Burkhard (1997): Einladung zur Psychologie. Göttingen: Vandenhoeck & Ruprecht.
Vollmers, Burkhard (1998): Streben, leben und bewegen. Kleiner Abriss der Motivationspsychologie. Göttingen: Vandenhoeck & Ruprecht.
Wallraff, Günter (1992): Ganz unten. Erweiterte Neuausgabe. Köln: Kiepenheuer & Witsch (Erstausgabe 1985).
Zimbardo, Philip G. (1995): Psychologie. 6. Deutsche Auflage. Berlin und Heidelberg: Springer (Erstausgabe auf Englisch 1988).

Sach- und Personenregister

Abwehr 62
Abwehrmechanismen 60
ADLER, ALFRED 62 f., 139
Affekte 86
Aggression 89
Aggressionstrieb 23
Agoraphobie 135
Aha-Erlebnis 104
AIDA-Modell 172
Alkohol 133
Allgemeine Psychologie 11
Analgetika 134
analytische Therapie 139
Anamnese 150
Angehörigenarbeit 134
Angst 16, 70, 90
Angstdiagnostik 17
Angstkrankheiten 135
Angstneurosen 60, 73, 131
Anti-Depressiva 135
Antike Typologie 21
Antipathie 89
Anziehungskonflikte 85
Anziehungs-Vermeidungs-Konflikte 86
Appell 117 f., 173 f.
Appetenz-Appetenz-Konflikt 85
Appetenz-Aversions-Konflikt 86
Arbeits- und Betriebspsychologie 12
Arbeitslosenberatung 160
Arbeitszufriedenheit 162
archaisches und modernes Denken 109
Archetypen 63, 139
ARISTOTELES 21
ASCH, SOLOMON 121
Assessment-Center 40
Assoziationen 171
ästhetische Gefühle 90
Athlet 76
Aufklärung 151, 156
Außenperspektive 16
Autismus 131, 147
Auto-Aggressions-Krankheiten 137
Autogenes Training 141
Auto-Immun-Krankheiten 137
Aversions-Aversions-Konflikt 86

BANDLER, RICHARD 142 f.
BECKER, JUREK 7
Bedürfnispyramide 82
Befragung 46, 52
Begreifen 103
Behaviorismus 99, 141
BENESCH 128
Beobachtung 48, 52
Beratung 128, 149
Beratungsstelle 14
berufliche Tätigkeiten von Diplom-Psychologen 9
Berufsverband Deutscher Psychologen (BDP) 9
Beschäftigungstherapie 134
Besorgnis 89
Bestrafung 27
Betriebsklima 161
Betriebspsychologen 154
Bewegungstherapie 134
Bewusstsein 87, 93, 173
Beziehung 77, 117, 118
Beziehungskonflikt 77
Bilder 104 f.
Bildschirmarbeitsplätze 157
Bindung 82
biografische Interviews 52
biologisches System 31, 34
Biopsychologie 12
Borderline-Patienten 131
Borderline-Symptomatik 129
Botschaft 170, 173
BÜHLER, KARL 22, 103 f.

CARNEGIES, DALE 8
Charakter 24, 65
COHN, RUTH 124
CSIKSZENTMIHALYI, MICHAEL 101

Deja-Vu-Erlebnis 105
Denken 55, 104, 143
Depressionen 72, 131, 135
DESCARTES, RENÉ 54 f.
Deutung 57, 60
Diagnostik 13, 130
Differentielle Psychologie 11
DUNCKER, KARL 106 f.

EBNER-ESCHENBACH, MARIE V. 7
Echtheit und Authentizität 140
Einstellungsänderung 168
Einstellungsforschung 165
Emotion 55, 91, 122, 125
Enkodierung 111
Entschlüsselung 59
Entwicklungspsychologie 12
Entwicklungsstörungen 131, 144
Entzug 133 f.
Erfolgskontrolle 168
ERIKSON, ERIK 64
Erkenntnisinteresse 15
Erklärung 16
Erkundungsexperimente 46
Erzähltests 42
Es 23, 57
Evaluation 16
Existenzanalyse 139
Experiment 46, 52, 106, 173
Extraversion 42
extraversive Berufe 159
extrinsische Motivation 80, 100
Familie 31, 120
Familientherapie 138, 141
Flow-Erlebnis 101
Flucht 87
FRANKL, VIKTOR 139
Freiburger Persönlichkeitsinventar (FPI) 42
Freie Assoziation 138
Freizeitgruppen 120

FREUD, SIGMUND 22 ff., 55 f., 58 ff., 60, 62 f., 79, 139
Freude 89
FROMM, ERICH 63
Führung 122
Führungsverhalten 161

ganzheitliches Lernen 102
Gedächtnis 55, 104
Gedächtnisspeicher 110 f.
Gedächtnisverlust 112 f.
Gefühle 88 ff.
Gefühlsdifferenzierung 91
Geistesgeschichte 109
Geisteswissenschaft 10
Gene 77
Geruch 94
Geschmack 94
Gespräche 36
Gesprächspsychotherapie 138, 140
Gestalttherapie 142
Gestaltungstests 42
Gestik 119
Gesundheitsgefahren 156
Gesundheitsverhalten 157
Gleichgewicht 94, 124
Gleichgewichts- und Koordinationsstörungen 148
GRINDER, JOHN 142
Größenwahn 73, 129
gruppenbezogene Verfahren 49
Gruppennorm 120
Gruppenprozesse 55, 125, 167
Gruppierung 114

Halluzinationen 97, 129
Handlungsregelkreis 32
Hass 89
Hass-Liebe 91
Helligkeitskontrast 96
Herz und Kopf 87
Hierarchie 121
Hieroglyphen 109
HIPPOKRATES 21
Hochbegabungen 39
HOFFMANN-RIEM, CHRISTA 52
Hoffnung 90

Hören 93
Hormonreaktion 33
HORNEY, KAREN 64
Humanistische Psychologie 29, 81
Hyperaktive Kinder 148
Hypsiphobie 136
Hysterie 66, 71 ff., 78

Ich 23, 57
Ich-Spaltung 61
Idealisierung 72
illegale Rauschdrogen 133
Image 171, 172, 174
Imitation 99
Indikation für Psychotherapie 143
Individualität 21
Individualpsychologie 139
Individuum 80
Industrie 9
Informationsverarbeitung 29
instrumentelle Konditionierung 26
Intelligenz 40, 145
Intelligenzquotient 38
Intelligenztests 37 f.
intrinsische Motivation 80, 85, 100
Introversion 42, 159
Intuition 105

JUNG, CARL GUSTAV 62 f., 139

KIPPFIGUR 98
KLAUSTROPHOBIE 135
KLEIN, MELANIE 64
klientenzentrierte Psychotherapie 140
Klinische Psychologie 12, 128
Klinische Psychologen 9
Kognition 28, 103
kognitive Gefühle 88 f.
kognitive Therapie 141
Kommunikation 55, 116 f., 161
Kommunikationsstil 121
Konditionierung 25 f., 99
Konflikte 24, 65
Konformität 120
KÖNIG 66
Konstitutionstypologie 76
Konstruktivismus 35

Konsumentenbefragung 47
Konsumentenverhalten 165
Kontaktstörungen 147
Kontrastwirkung 95
Kontrollgruppe 44
Kontrollverlust 87
Körpertherapie 141
Kreativitätstest 40
KRETSCHMER 76 f.
Kunsttherapie 141
Kur 134
Kurzzeit-Gedächtnis 111

Labor 36
Laborexperiment 46
Längsschnittuntersuchung 51
lebenslanges Lernen 102
Legasthenie 148
Lehre und Forschung 10
Leidenschaften 86
Leistungsfähigkeit 158
Leitung 122 f.
Leptosomer 76
Lernen 55, 92, 99 f., 102
Lernprogramm 150
Lernschwierigkeiten 100, 149
Lernstörungen 144
Lese- und Rechtschreibschwäche 148
Libido 24
Liebe 88
Lispeln 147
Logopäden 147
Logotherapie 139
Longitudinalstudien 51
Löschung 26
Loyalität 162

manisch-depressive Psychose 73, 130
Marketing 163
Markt- und Meinungsforschung 36, 134
MASLOW, ABRAHAM 81
Medien 116, 169
Medizin 128
Meinungsforschung 165
Mensch 18, 22, 80
Mensch-Maschine-System 156
Messrelation 36
Methoden 13, 49, 51, 107

metrische Persönlichkeitstests 41
Mimik 119
Minderwertigkeitsgefühl 62
Mnemotechniken 110, 113
Mobbing 161
MONTADA 152
MORENO, JAKOB L. 142
MOSER 173
Motivation 55, 79, 83, 85
Motivationspsychologie 79
Motive 171
Motorik 131, 147 f.
Müller-Lyrschen-Streckentäuschung 96
Musiktherapie 141
Mythen 109

narzisstischer Typ 66, 73 ff., 78
negative Verstärker 27
Nervenbahnen 92
Neuro-Linguistisches-Programmieren (NLP) 142
Neuropsychologie 13
Neurose 129
NIETZSCHE, FRIEDRICH 103
NORMALVERTEILUNG 38

OERTER 152
ÖKONOMISCHE FAKTOREN 162
OPTISCHE TÄUSCHUNGEN 96
ORGANEMPFINDUNGEN 95
ORGANIGRAMM 50
ORGANISATIONSENTWICKLUNG 161
ORGANISATIONSSUPERVISION 153
OUTPLACEMENT-BERATUNG 161

PAARBEZIEHUNGEN 74
PÄDAGOGISCHE PSYCHOLOGIE 12
PARANOIDE SCHIZOPHRENIE 73
PARTNERSCHAFTSPROBLEME 14

PAWLOW, IWAN PETROWITSCH 26
Personenwahrnehmung 97
Persönlichkeit 24, 55, 85, 97 f., 158
Persönlichkeitsmodell 41
Persönlichkeitsspaltung 129
Persönlichkeitsstörungen 72, 78
Persönlichkeitstests 37, 40 f.
Phobien 70, 78, 135
phobischer Typ 78
PIAGET, JEAN 52 f., 110, 145 f.
Polarität und Widerspruch 91
positive Verstärker 27
posttraumatische-Belastungsstörung 136
Präsentation 171, 174
Prävention 16
PRIBRAM, KARL 31
Problemlösung 106, 108
Produktimage 171
Prognose 16, 168
Projektion 42, 61 f.
projektive Verfahren 37, 42, 69
Psychiatrie 128
psychische Gesundheit 72
Psychoanalyse 22 f., 138
Psychodrama 142
Psychologen 128
Psychologie 20, 128
Psychopharmaka 134, 135
Psychosen 64, 129
Psychosomatik 128, 136
Psychotherapeut 9, 128
Psychotherapie 128, 135
Pykniker 76

qualitative Methoden 49 ff.
Qualitätszirkel 163

Reaktion 25, 119
REICH, WILHELM 64
Reiz-Reaktion 26
retrograde Amnesie 113
Rezeptoren 93
ROGERS, CARL 29, 140

Rorschachtest 42
Rückfallquote 45
RUSSELL, BERTRAND 127

SACHINFORMATION 171
SACHSEITE 117 F.
SCHALLWELLE 93
SCHAM 89
SCHICHTEN DER SEELE 64
SCHIZOIDE 67, 75, 78
SCHIZOPHRENIE 130
SCHORR 9
Schreck 90
Schuldgefühle 90
Schülerhilfetelefon 144
schulisches Lernen 81
Schullaufbahnberatung 151
Schulpsychologe 15
Schwachsinn 39
Sehen 93
Selbstaktualisierung 30
Selbsthilfegruppe 134
Selbstoffenbarung 117, 118, 171
Selbstverwirklichung 30, 83
Selbstwahrnehmung 88
Selbstwertgefühle 90
Sexualstörungen 131
Sexualtrieb 23
Sinne 93
Situationsanalyse 107
situative Gefühle 89
SKINNER, FREDERIC 27
somatische Gefühle 88, 90
soziale Gefühle 88
soziale Phobien 135
Sozialpsychologie 11
Soziogramm 50
Spaltung 61
Sponsoring 174
Sprache 116
Sprachstörungen 131, 147
Statistik 12
STERN, WILLIAM 38
STEVENSON, ROBERT LOUIS 61
Störungen des Sozialverhaltens 131
Stottern 147
STRAUB 112
Stress 18 f., 157
STROEBE 121

Strukturdiagramme 34
Suchtformen 132 f.
Suchtkrankheiten 132
Suchtverhalten 131
Supervision 152
Symbol 58, 171, 174
Sympathie 89
Synapse 92
Systemtheorien 31, 34

Tablettensucht 134
Tastsinn 94
TAUSCH, REINHARD 122
Teamsupervision 153
Teamwork 163
Teilnehmerzentrierung 153
Temperamente 21
Testverfahren 36, 150
Thematischer Apperzeptions-Test (TAT) 42
Themen-Zentrierte-Interaktion (TZI) 124
THEOPHRAST 21
Therapieerfolg 45
THUN, FRIEDEMANN SCHULZ V. 117
Tiefeninterviews 52
Tiefenpsychologie 56, 64
Tierphobien 135
TÖLLE 130
Tötung 87
Tötungsmotive 79
Training 44, 99, 154, 160
Traumdeutung 59
Träume 58 f.
Triebziele 24

Über- oder Unterforderung 101
Über-Ich 23, 57
Überraschungsgefühle 89
Übertragung 139
Umschulungen 160
Umwelt 80
Umweltwahrnehmung 88
unbedingte Reaktion 26
Unbewusstes 55 ff., 63, 138
Unternehmensberater 154
Ursachen 130

Valenzen 84
Verdrängung 24, 60, 138

Verfolgungswahn 129
Vergessen 110
Verhaltensdiagnostik 141
Verhaltenstherapie 17, 135, 138, 140
Vermeidungskonflikte 86
Verstand 87
Versuchsanordnung 44
Visualisierung 114
VOLLMERS 32, 38 ff., 43, 79 f., 82, 93, 101, 103, 106
Vorbild 174
Vorstellen 104, 143
Vorstellungsexperiment 104

Wahlprognosen 47
Wahnhafte Störungen 129
Wahrnehmen 143
Wahrnehmung 55, 92, 97 f., 173
WALLRAFF, GÜNTER 48
Wartegg-Zeichentest 42
Werbeappell 171
Werbung 163, 165 f., 169 ff., 174
Wertesystem 120
Wirkungsforschung 165
WUNDT, WILHELM 21

Zielanalyse 107
ZIMBARDO 145
Zorn 89
Zufriedenheit 90
Zuneigung 89
Zusammenarbeit 161
Zwänge 131
Zwanghafter Typ 68, 78
Zwangsneurotiker 72
Zwangsstörungen 136
Zwillingsforschung 51